Sanktionsmöglichkeiten gegen juristische Personen und Personenvereinigungen

Schriften zum Strafrecht und Strafprozeßrecht

Herausgegeben von Manfred Maiwald

Band 87

PETER LANG
Frankfurt am Main · Berlin · Bern · Bruxelles · New York · Oxford · Wien

Andreas Quante

Sanktionsmöglichkeiten gegen juristische Personen und Personenvereinigungen

PETER LANG
Europäischer Verlag der Wissenschaften

Bibliografische Information Der Deutschen Bibliothek
Die Deutsche Bibliothek verzeichnet diese Publikation in der Deutschen Nationalbibliografie; detaillierte bibliografische Daten sind im Internet über <http://dnb.ddb.de> abrufbar.

Zugl.: Göttingen, Univ., Diss., 2004

D 7
ISSN 0938-6181
ISBN 3-631-54092-2

www.peterlang.de

Für meine Eltern

Danksagung

Diese Arbeit entstand auf Anregung meines Doktorvaters Prof. Dr. Manfred Maiwald. Sie wurde im Wintersemester 2004/2005 von der juristischen Fakultät der Universität Göttingen zur Promotion angenommen. Literatur und Rechtsprechung konnten bis Herbst 2003 berücksichtigt werden.

Mein besonderer Dank gebührt meinem verehrten Doktorvater Herrn Prof. Dr. Manfred Maiwald, der sich spontan zur Betreuung dieser Arbeit bereit erklärt hat. Seine Hilfsbereitschaft, seine wissenschaftlichen Ratschläge und seine konstruktiven Anregungen waren eine große Hilfe. Auch für die Aufnahme meiner Dissertation in die von ihm herausgegebene Schriftenreiche sei an dieser Stelle gedankt.

Danke sagen möchte ich an dieser Stelle darüber hinaus auch allen anderen, die mich während der Zeit des Schreibens unterstützt haben, die mit mir diskutiert haben, Korrektur gelesen haben oder mir auf andere Weise mit Rat und Tat zur Seite gestanden haben.

Besonders lieben Dank Tanja dafür, dass sie da war und mich stets motivierte weiter zu schreiben.

Schließlich gilt mein ganz besonderer Dank meinen Eltern für ihre Unterstützung im Studium und bei dieser Arbeit.

Goslar, im März 2005 Andreas Quante

Inhaltsverzeichnis

Einleitung

I. Problemstellung

Die Frage nach dem Bedürfnis, den Möglichkeiten und dem Sinn von Sanktionen gegen juristische Personen und Personenvereinigungen wurde bereits in den fünfziger Jahren des letzten Jahrhunderts lebhaft diskutiert. Vor allem Bestimmungen des Besatzungsrechts gaben damals den Anlass zu Überlegungen, ob es sich empfehle, die Strafbarkeit juristischer Personen gesetzlich vorzusehen. Ausgangspunkt für die Diskussion war zur damaligen Zeit vor allem das so genannte „Stahlhändlerurteil" des BGH[1] vom 27.10.1953, in dem der BGH zwar einerseits zugestand, dass es dem deutschen Rechtsdenken widerspreche, gegen juristische Personen oder Personenvereinigungen eine Kriminalstrafe zu verhängen.[2] Andererseits erklärte der BGH in dieser Entscheidung gleichwohl Bestimmungen des Besatzungsrechts als für die deutsche Rechtsprechung verbindlich, die eine strafrechtliche Verantwortung auch von juristischen Personen für devisenrechtliche Verstöße vorsahen.
Auch die strafrechtliche Abteilung des 40. Deutschen Juristentages von 1953 beschäftigte sich daraufhin ausschließlich mit dieser Frage und beantwortete sie fast einstimmig abschlägig.[3] Es wurde angeführt, dass es Verbänden für gegen sie gerichtete Sanktionen strafrechtlicher Art vor allem an personalen Qualitäten wie etwa der Handlungs- und Schuldfähigkeit fehle.

Nach der eindeutigen Stellungnahme des 40. Deutschen Juristentages verstummte die Debatte für einige Jahre fast völlig und fand erst mit der Einführung der Verbandsgeldbuße in § 26 OWiG a.F.[4] wieder neuen Nährboden. Mit Einführung dieser Regelung im Jahre 1968 wurde der Möglichkeit der Verhängung einer Verbandsgeldbuße eine neue einheitliche Rechtsgrundlage gegeben. Eine derartige Vereinheitlichung war erforderlich geworden, um der drohenden Aufsplitterung der in zahlreichen Normen des Bundes- und Landesrechts bestehenden Einzelregelungen, die inhaltlich zum Teil erhebliche und nicht zu rechtfertigende Unterschiede aufwiesen, entgegenzuwirken. Um den geäußerten schuldstrafrechtlichen Vorbehalten gegen eine Sanktionierung juristischer Personen

---

1 BGHSt 5, 28 ff.

2 Zum „Stahlhändlerurteil" des BGH siehe auch: Heinitz, JR 1954, 67; Blau, MDR 1954, 466 f.; Weber, GA 1954, 237 ff.; Wilfferodt, JR 1954, 190 f.; Bruns, JZ 1954, 251 ff.

3 Vgl. Heinitz, Verh. 40. DJT, Band I, S. 65 ff.; Engisch, Verh. 40. DJT, Band II, S. E 7 ff; Hartung, Verh. 40. DJT, Band II, S. E 43 ff; sowie die Diskussion und Beschlussfassung, Verh. 40. DJT, Band II, S. E 61 ff.

4 Heute ist die Verbandsgeldbuße in § 30 OWiG geregelt.

und Personenvereinigungen Rechnung zu tragen, wurde die Verbandsgeldbuße zunächst als Nebenfolge einer Straftat oder Ordnungswidrigkeit konstruiert.[5] Die Zunahme der Wirtschaftskriminalität und gewandelte kriminalpolitische Auffassungen hielten den Anwendungsbereich des heutigen § 30 OWiG in der Diskussion. Dies führte schließlich zur Ausweitung der Möglichkeiten eines selbständigen Verfahrens und zur Aufgabe der Nebenfolgenregelung durch das Zweite Gesetz zur Bekämpfung der Wirtschaftskriminalität von 1986 (2. WiKG).[6] Der vielfach geäußerten Kritik und der Forderung nach der Ausweitung des Kreises tauglicher Täter wurde durch das Zweite Gesetz zur Bekämpfung der Umweltkriminalität von 1994 (2. UKG)[7] insoweit Rechnung getragen, als seitdem auch Zuwiderhandlungen von Generalbevollmächtigten sowie Prokuristen und Handlungsbevollmächtigten in leitender Stellung die Verhängung einer Verbandsgeldbuße auszulösen vermögen. Einen vorläufigen Höhepunkt fand diese Entwicklung in dem EU-Rechtsinstrumente-AG vom 22.08.2002[8]. Um den Vorgaben aus den Vereinbarungen zum Schutz der finanziellen Interessen der Europäischen Gemeinschaft nachzukommen, wurde der Kreis der Personen, deren Verhalten eine Verbandsgeldbuße auszulösen vermag, noch einmal erheblich ausgeweitet. Seither kann das Verhalten jeder Person eine Sanktion gegen einen Verband gemäß § 30 OWiG auslösen, die in leitender Stellung verantwortlich für diesen handelt.

Auch die Entwicklung in verschiedenen europäischen Nachbarstaaten und nicht zuletzt in der Europäischen Union weist in den letzten Jahren deutlich in Richtung einer Ausweitung der Sanktionsmöglichkeiten gegen juristische Personen und Personenvereinigungen.[9] So besteht zum einen nach dem Recht der Europäischen Union selbst die Möglichkeit, gegen Unternehmen Geldbußen festzusetzen. Zum anderen hat das Ministerkomitee des Europarates in seiner Empfehlung Nr. R (88) 18 vom Oktober 1988 den Regierungen der Mitgliedstaaten empfohlen, Maßnahmen zu ergreifen, durch die Unternehmen für die in Ausführung ihrer Tätigkeit begangenen Gesetzesverletzungen verantwortlich gemacht

---

5 BT-Drucks. 5/1269, EOWiG, S. 59; BR-Drucks. 420/66, S. 59.

6 BT-Drucks. 10/318, S. 6, 11 ff.

7 BT-Drucks. 12/192, S. 7, 31 f.; 12/376, S. 6, 37.

8 BT-Drucks. 14/8998; Der vollständige Titel des Gesetzes lautet: „Gesetz zur Ausführung des Zweiten Protokolls vom 19. Juni 1997 zum Übereinkommen über den Schutz der finanziellen Interessen der Europäischen Gemeinschaft, der Gemeinsamen Maßnahmen betreffend die Bestechung im privaten Sektor vom 22. Dezember 1998 und des Rahmenbeschlusses vom 29. Mai 2000 über die Verstärkung des mit strafrechtlichen und anderen Sanktionen bewehrten Schutzes gegen Geldfälschung im Hinblick auf die Einführung des Euro", im Weiteren EU-Rechtsinstrumente-AG genannt.

9 Vgl. hierzu nur: Eidam, Straftäter, S. 30 ff.; Schroth, Sanktionsobjekte, S. 140 ff.; Ackermann, S. 75 ff.

werden können. Darüber hinaus enthalten auch das schon erwähnte „Übereinkommen über den Schutz der finanziellen Interessen der Europäischen Gemeinschaft“ vom 27.11.1995[10] und die dieses Übereinkommen ergänzenden Protokolle sowie das von der Organisation für wirtschaftliche Zusammenarbeit und Entwicklung (OECD) beschlossene Übereinkommen vom 17. Dezember 1997[11] verbindliche Bestimmungen, die die einzelnen Mitgliedsstaaten dazu auffordern, gewisse Sanktionsmöglichkeiten gegen juristische Personen in das jeweilige nationale Recht einzuführen.

Inzwischen ist die strafrechtliche Haftung eines Unternehmens unter anderem in Artikel 51 Abs. 1 des niederländischen Strafgesetzbuches[12] sowie in Artikel 121-1 des neuen französischen Code Pénal[13] fest verankert. Auch Dänemark ist dem niederländischen und französischen Beispiel in der Zwischenzeit gefolgt und hat eine Verbandssanktionenregelung in das dänische Strafgesetzbuch übernommen. Darüber hinaus erwägen weitere europäische Staaten, zum Beispiel die Schweiz, Belgien[14], Portugal sowie fast alle osteuropäischen Staaten, eine entsprechende Unternehmensstrafbarkeit einzuführen.[15] Auch außerhalb Kontinentaleuropas sind strafrechtliche Sanktionen gegen juristische Personen oder Personenvereinigungen nichts Unbekanntes. Namentlich in Ländern des angloamerikanischen Rechtskreises, wie den USA und Großbritannien, hat die strafrechtliche Haftung von Unternehmen eine lange Tradition.[16]

II. Gang der Untersuchung

Gegenstand der vorliegenden Arbeit soll es sein, das in der deutschen Rechtsordnung bestehende System von Sanktionen gegen juristische Personen und Personenvereinigungen auf seine Wirksamkeit hin zu untersuchen. Das Hauptaugenmerk der Untersuchung wird sich dabei auf das aus dem Bereich der wirtschaftlich tätigen Unternehmen in Verbandsform heraus entstehende rechtswidrige Verhalten richten. Wesentlicher Grund hierfür ist, dass eine praktische Relevanz des Problems der Verbandssanktionen bisher nahezu ausschließlich im Bereich von in Verbandsform organisierten Wirtschaftsunternehmen aufgetreten

---

10 ABlEG Nr. C 316, v. 27.11.1995, S. 48 ff.; siehe auch: ABlEG Nr. C 313, v. 23.10.1996, S. 1 ff. und ABlEG Nr. C 221, v. 19.07.1997, S. 11 ff.

11 BT-Drucks. 13/10428; vgl. hierzu auch: Korte, NJW 1997, 2556 ff.

12 De Doelder, S. 311 f.

13 Delmas-Marty, S. 305 ff.; Koch, ZStW 107 (1995), S. 405 ff.

14 Deruyck, Verbandsdelikt, S. 143 ff.; derselbe, ZStW 103 (1991) 705 ff.

15 Vgl. BReg., BT-Drucks. 13/9682, S. 4 f.

16 Schroth, Sanktionsobjekte, S. 141 ff.; Ackermann, S. 75 ff.; Ehrhardt, S. 90 ff.; KK-Rogall, § 30, Rn. 233 ff.

ist. Im Zusammenhang mit nicht wirtschaftlich tätigen Organisationen ist das Phänomen der Verbandsdelinquenz bisher hingegen nicht besonders in Erscheinung getreten. Die strukturellen Ergebnisse der Arbeit sollten im Wesentlichen aber auch auf nicht wirtschaftlich tätige Verbände Anwendung finden können. Ausgangspunkt zur Beantwortung der zahlreichen Fragen, die sich in diesem Zusammenhang stellen, wird dabei die Verbandsgeldbußenregelung des § 30 OWiG als Grundnorm des deutschen Rechts zur Sanktionierung von juristischen Personen und Personenvereinigungen bilden. Hierbei soll insbesondere auf die Entwicklung der Verbandsgeldbußenregelung eingegangen werden. Besonderes Augenmerk wird dabei auf die durch das EU-Rechtsinstrumente-AG erfolgten Reformen zu richten sein. Doch wird sich die Arbeit nicht in einer Besprechung dieser Norm erschöpfen, vielmehr sollen die im Zusammenhang mit der Verbandsgeldbußenregelung geführten Diskussionen stets nur den Ausgangspunkt für weitere Überlegungen bilden.

Einer Klärung bedarf in diesem Kontext zunächst die Frage, was genau unter einer Verbandstat als eigentlichem Gegenstand der Untersuchung zu verstehen ist. Der Antwort hierauf soll sich auf dreierlei Wegen genähert werden: Es wird zum einen zu klären sein, in welcher Beziehung eine natürliche Person zum Verband stehen muss, um die von dieser Person begangene Tat dem Verband als Anknüpfungstat für eine Verbandssanktion zurechnen zu können. Aber auch die Beziehung der Tat selbst zum Verband wird zu untersuchen sein. So scheint es nicht sinngebend, den Verband für jedwede Tat eines tauglichen Täters haften zu lassen, so etwa, wenn die Tat sogar zu einem Schaden für den Verband führt. Schließlich wird danach zu fragen sein, welchen Formen menschlicher Zusammenschlüsse überhaupt eine hinreichende Bedeutung beizumessen ist, um sie als Verband mit einer Sanktion zu treffen und nicht lediglich auf eine strafrechtliche Verfolgung ihrer Mitglieder abzustellen.

Ist geklärt worden, was unter einer Verbandstat verstanden werden soll, sollen die Argumente all derer untersucht werden, die sich für eine Ausweitung der Verbandssanktionen bis hin zur Einführung einer Verbandsstrafe nach dem Kernstrafrecht aussprechen. In diesem Zusammenhang werden viele Argumente, die in der schon lange währenden Diskussion um die Verbandssanktionen bereits früher vorgebracht wurden, unter Berücksichtigung der aktuellen Situation, erneut zu thematisieren sein. Im Anschluss daran sollen die bestehenden Sanktionsmöglichkeiten der deutschen Rechtsordnung zusammengetragen und daraufhin untersucht werden, ob ihnen tatsächlich die Schwächen anhaften, die als Argumente zur Ausweitung der Verbandssanktionen vorgebracht werden. Am Ende des ersten Teils soll ein historischer Überblick über die Entstehung und Entwicklung der Verbandssanktionen die Darstellung über die aktuelle Situation abschließen.

Ebenso konsequent wie die Argumente für die Notwendigkeit einer Ausweitung und Verschärfung der Sanktionsmöglichkeiten gegen juristische Personen und Personenvereinigungen vorgebracht werden, verfechten auch die Gegner einer Strafbarkeit von Verbänden ihre Auffassung. Während die Befürworter zur Untermauerung ihrer Meinung überwiegend pragmatische und kriminalpolitische Aspekte anführen, wenden sich die Gegner einer Ausweitung von Verbandssanktionen vornehmlich aus dogmatischen Gesichtspunkten gegen eine strafrechtliche Verantwortlichkeit von juristischen Personen und Personenvereinigungen und vor allem gegen die Einführung einer echten Kriminalstrafbarkeit von Verbänden nach dem Strafgesetzbuch. Ohne der weiteren Besprechung vorzugreifen, kann schon an dieser Stelle auf die Probleme hingewiesen werden, die im Zusammenhang mit der Handlungs- und vor allem der Schuldfähigkeit von juristischen Personen und Personenvereinigungen bestehen. Diese Problemkreise haben die Debatte um die Verbandssanktionen seit jeher begleitet und ihre Aktualität bis heute nicht eingebüßt. In diesem Zusammenhang wird besonderes Augenmerk auch darauf zu richten sein, ob die aktuelle Fassung der Verbandsgeldbußenregelung des § 30 OWiG mit den im deutschen Strafrecht fest etablierten Grundsätzen der Handlungs- und Schuldfähigkeit zu vereinbaren ist. Aber auch noch weitere in der Diskussion befindliche Argumente gegen Verbandssanktionen werden auf ihre Stichhaltigkeit hin zu untersuchen sein.

Schließlich soll der Blick auf die Gesetzgebung gerichtet werden. Dabei wird zu untersuchen sein, welche aktuellen Entwicklungen auf Seiten der Gesetzgebungsorgane zur Sanktionierung von juristischen Personen und Personenvereinigungen zu erkennen sind. Nachdem die aktuelle Rechtslage und der Stand der gesetzgeberischen Arbeit in Deutschland erläutert wurden, wird ein Blick auf die Rechtsordnungen anderer europäischer und außereuropäischer Staaten im Umgang mit der Frage der Verbandsdelinquenz die anzustellenden Überlegungen abrunden.

Teil 1: Entwicklung und aktueller Stand der Sanktionsmöglichkeiten gegen Verbände

A. Die Verbandstat

Betrachtet man das wirtschaftliche, soziale oder kulturelle Leben in unserer heutigen modernen Gesellschaft, so fällt auf, dass der einzelne Mensch als Individuum in vielfältigster Weise nicht nur mit anderen Individuen, sondern vor allem mit Verbänden verschiedenster Art in Kontakt steht. Menschen sind Angestellte von Unternehmen, investieren privates Vermögen in Aktien, Fonds oder andere Unternehmensbeteiligungen, organisieren sich in Vereinen, sind (zwangsweise) Mitglieder von Gebietskörperschaften und Institutionen des Sozialversicherungssystems oder sind auf andere Weise als Mitglieder, Angestellte, Organe oder einfach durch wirtschaftliche, soziale oder kulturelle Kontakte in verschiedensten Arten von Verbänden eingebunden. Darauf, dass juristische Personen und Personenvereinigungen in unserer heutigen Gesellschaft eine überragende Stellung einnehmen und dass ihre Bedeutung gerade in den letzten Jahrzehnten immer mehr zugenommen hat, wird in der Literatur vielfach hingewiesen.[17] Doch dies ist nicht etwa ein Charakteristikum des 21. Jahrhunderts. Schon seit den Gründungstagen der Bundesrepublik Deutschland wird dieses Phänomen erkannt und diskutiert. So stellte Jescheck[18] bereits 1953 fest, dass Verbände „heute als Parteien das politische, als Unternehmer, Arbeitgeberverbände oder Gewerkschaften das wirtschaftliche Leben, als Banken das Kreditwesen“ beherrschen. „Verbände bestimmen als Verlage, Zeitungsbetriebe oder Nachrichtenagenturen das Gesicht der Publizistik, als Standesorganisationen haben sie maßgebenden Einfluss auf das Berufs- und kulturelle Leben.“ Über die Existenz und die Zunahme der Bedeutung und des Einflusses, den Verbände in unserer Gesellschaft ausüben, besteht also unter den wissenschaftlichen Stimmen, die sich mit der Sanktionierung von Verbänden beschäftigen, ein weitgehender Konsens.[19]

Die enorme Aktivität juristischer Personen und Personenvereinigungen resultiert dabei überhaupt erst daraus, dass unsere Rechtsordnung es ihnen ermöglicht, im gesellschaftlichen und wirtschaftlichen Leben zu agieren. Sie werden mit eige-

---

[17] Brender, S. 4 f.; Hetzer, wistra 1999, 361 ff.; v. Weber, JZ 1953, 293, 294; Schmitt, Maßnahmen, S. 132.

[18] Jescheck, DÖV 1953, 539, 541.

[19] Vgl. Brender, S. 5.

nen Rechten und Pflichten ausgestattet und als Träger sozialer Freiheit angesehen. Mithin sind Verbände heute neben natürlichen Personen als eigenständige Rechtssubjekte und selbständige Mitglieder der Rechtsordnung anerkannt. Wo immer aber Rechte und Pflichten verliehen werden, besteht auch die Gefahr, dass diese nicht beachtet oder missbraucht werden. Geschieht dies im Zusammenhang mit der Tätigkeit juristischer Personen oder Personenvereinigungen und in Bezug auf die ihnen verliehenen Rechte und Pflichten, liegt hier also ein Verstoß gegen eine Rechtsnorm vor, dann stehen wir vor dem Phänomen der Verbandstat oder des Verbandsdelikts, dem wir uns nähern wollen.

Auf welche Art und Weise kann aber ein Verband nun gegen eine Rechtsnorm verstoßen? Ein solcher Rechtsverstoß kann einmal in einem Verhalten vorliegen, das in einem Handeln gegen eine Verbotsnorm besteht. Zum anderen kann eine Zuwiderhandlung durch ein Nicht-Handeln verwirklicht werden, durch welches ein Gebot missachtet wird, das gerade ein bestimmtes Verhalten in einer konkreten Situation fordert. Sucht man damit nach dem Verhalten eines Verbandes, wird man unweigerlich mit der Frage nach der Handlungsfähigkeit von juristischen Personen und Personenvereinigungen konfrontiert. Ohne der Erörterung dieser Frage, die an späterer Stelle eingehend behandelt werden soll, vorzugreifen, wird man schon hier sagen können, dass juristische Personen oder Personenvereinigungen im natürlichen Sinne nicht selbst handeln können. Mangels eigener Hände, Arme, sonstiger Gliedmaßen, sowie der fehlenden Möglichkeit, sich ohne die Hilfe natürlicher Personen artikulieren zu können, kann die Handlungsfähigkeit einer juristischen Person ohne jegliche Beteiligung eines Menschen nicht angenommen werden.[20] Wird vom Verhalten und damit von der Handlung einer juristischen Person oder Personenvereinigung gesprochen, handelt es sich dabei also stets um die Handlung einer für den Verband tätigen natürlichen Person, die diesem auf irgendeine Weise zugerechnet wird. Soll ein Verband nun für die Handlung eines Menschen haften, wird die Frage aufgeworfen, welche Kriterien die Tat, der individuelle Täter und der Verband selbst aufweisen müssen, um den Verband für die Rechtsverletzung haftbar machen zu können. Um also bestimmen zu können, was genau sich hinter dem Phänomen einer Verbandstat verbirgt, werden wir verschiedene Fragen klären müssen.

Zunächst wird zu klären sein, in welcher Beziehung der Täter der Anknüpfungstat zu dem Verband stehen muss, dem die Tat zugerechnet werden soll. Kann ein Verband etwa für das Verhalten eines Menschen haftbar gemacht werden, der in keiner erkennbaren Weise in der Sphäre der juristischen Person oder der Personenvereinigung steht? Wie eng muss das Verhältnis zwischen dem Täter der Anknüpfungstat und dem Verband sein? Die genaue Bestimmung der erforderli-

[20] Eingehend zur Frage der Handlungsfähigkeit von Verbänden siehe: Teil 2, A, I.

chen Beziehung zwischen dem Verband und der die Verbandssanktion auslösenden Individualhandlung ist dabei eine der Kernfragen des Verbandsstrafrechts überhaupt.[21]

Allein die Betrachtung des Verhältnisses zwischen Individualtäter und haftendem Verband reicht jedoch für die Charakterisierung dessen, was unter einer Verbandstat zu verstehen ist, nicht aus. In gleicher Weise relevant ist die Beziehung der Tat oder des Deliktes selbst zum Verband. Denn ist auch die oben aufgeworfene Frage nach der Beziehung des Individualtäters zum Verband in der Weise beantwortet, dass er hinreichend eng in der Sphäre des Verbandes steht, um dem Verband seine Tat zurechnen zu können, wird der juristischen Person oder Personenvereinigung dennoch schwerlich jedwedes Fehlverhalten der natürlichen Person zur Last zu legen sein. Wie ist es etwa mit Taten, die den Interessen des Verbandes zuwider laufen, wie mit Taten, die sich völlig außerhalb des Betätigungsfeldes der juristischen Person oder Personenvereinigung befinden, wie mit Taten, die womöglich sogar zum Schaden des Verbandes begangen werden?

Zur Erreichung eines gemeinsamen Zweckes bedienen sich Menschen der unterschiedlichsten Formen des Zusammenwirkens. Bei welchen Arten von Zusammenschlüssen von Menschen liegt nun ein Verband in einer Form vor, der es erforderlich macht und gleichzeitig rechtfertigt, Sanktionen gegen den Verband insgesamt und nicht nur gegen den handelnden Einzelnen zu verhängen? Wann also liegt ein Zusammenschluss vor, der von einem Rechtsverstoß in einer Weise profitiert, dass ihm zwar die Vorteile aus der Tat zufließen, ihn aber nicht die Nachteile aus Sanktionen treffen, die gegen den individuellen Täter verhängt werden? Wann handelt der Täter nicht nur für sich selbst, sondern zumindest auch für den Verband oder verletzt Pflichten, die nicht oder nicht nur den Handelnden, sondern auch den hinter ihm stehenden Verband treffen?

I. Die Beziehung des Täters der Anknüpfungstat zum Verband

Im Rechtsverkehr agieren ständig Menschen mit anderen Menschen. Sie treten auf vielfältige Weise in Kontakt mit den unterschiedlichsten juristischen Personen und Personenvereinigungen. Verbände agieren untereinander und reagieren auf das Verhalten der Menschen. Bei dieser hohen Zahl sozialer, wirtschaftlicher und kultureller Kontakte kommt es fast selbstverständlich regelmäßig auch zu Normüberschreitungen und Rechtsverstößen. Wie aber muss nun das Verhältnis

21 Schmitt, FS-Lange, S. 879; Müller S. 61.

zwischen einem Menschen und einer juristischen Person oder Personenvereinigung aussehen, damit dem Verband die Anknüpfungstat des Individualtäters zur Last gelegt werden kann?

Die zentrale Norm der deutschen Rechtsordnung, wenn es darum geht, Verbände mit einer Sanktion zu belegen, weil ihnen das Fehlverhalten einer natürlichen Person zugerechnet wird, findet sich in § 30 OWiG. Danach kann gegen eine juristische Person oder Personenvereinigung eine Geldbuße verhängt werden, wenn jemand als vertretungsberechtigtes Organ einer juristischen Person oder als Mitglied eines solchen Organs, als Vorstand eines nicht rechtsfähigen Vereins oder als Mitglied eines solchen Vorstandes, als vertretungsberechtigter Gesellschafter einer rechtsfähigen Personengesellschaft, als Generalbevollmächtigter oder in leitender Stellung als Prokurist oder Handlungsbevollmächtigter oder als sonstige Person, die für die Leitung des Betriebs oder Unternehmens verantwortlich handelt, eine Straftat oder Ordnungswidrigkeit begangen hat, durch die Pflichten, welche die juristische Person oder die Personenvereinigungen treffen, verletzt worden sind oder die juristische Person oder die Personenvereinigung bereichert worden ist oder werden sollte. Seit der Einführung dieser Norm im Jahr 1968, durch ihre Aufnahme als § 26 OWiG a.F. in das damals neu geschaffene Ordnungswidrigkeitengesetz, deren damaliger Wortlaut natürlich nicht exakt dem des heutigen § 30 OWiG entsprach, knüpft die Diskussion, wer als tauglicher Täter durch seine Zuwiderhandlung eine Verbandsgeldbuße, mithin also eine Verbandssanktion überhaupt auslösen kann, an ihren Tatbestand an.

Die damalige Rechtsentwicklung hatte aufgrund der fortschreitenden Industrialisierung und dem mit ihr wachsenden Einfluss der juristischen Personen und Personenvereinigungen am wirtschaftlichen Leben ein zunehmendes Bedürfnis nach Verbandssanktionen erkennen lassen.[22] Aufgrund dieser Entwicklung waren in der Zeit zuvor im Nebenstrafrecht eine große Zahl von bundes- oder landesrechtlichen Sondervorschriften über Geldbußen gegen juristische Personen eingeführt worden. Diese differierten aber zum Teil nicht unerheblich in ihren Voraussetzungen. So knüpften manche Regelungen Geldbußen an Aufsichtspflichtverletzungen von Organen, durch die Straftaten oder Ordnungswidrigkeiten ermöglicht wurden, andere an Taten, die von einem Organ selbst vorgenommen wurden. Einige Vorschriften ließen Verbandsgeldbußen bereits wegen der Tat des Prokuristen eines Unternehmens zu, nach anderen Normen genügte dies wiederum nicht.[23]
Mit der einheitlichen Regelung der Verbandssanktionen im Ordnungswidrigkeitenrecht verfolgte der Gesetzgeber das Ziel, die in zahlreichen Einzelregelungen

---

22 Müller, S. 44; BT-Drucks. 5/1269, EOWiG, S. 57 f.
23 Vgl. Schroth, wistra 1986, 158, 162; Rebmann/Roth/Herrmann, Vor § 30, Rn. 4.

verstreuten und inhaltlich im Einzelnen nicht gerechtfertigte Unterschiede aufweisenden Verbandsgeldbußenregelungen zu vereinheitlichen.[24] Zweck der Vorschrift war es, einen Ausgleich dafür zu schaffen, dass Personenverbände zwar aus der Tätigkeit der für sie handelnden Personen wirtschaftliche Vorteile ziehen, sich jedoch bei in ihrem Interesse begangenen Gesetzesverstößen nicht den Nachteilen ausgesetzt sehen, die gegen natürliche Personen bei entsprechenden Pflichtverletzungen angeordnet werden können.[25] Und auch die hinter den Personenverbänden stehenden natürlichen Personen, wie etwa Aktionäre oder Gesellschafter, werden auf diese Weise zumindest mittelbar von einer Sanktion getroffen. In gleichem Maße wie sie an möglicherweise auf rechtswidrige Weise erlangten Gewinnen des Unternehmens beteiligt werden, wirkt sich so auch ihnen gegenüber eine Minderung des Gewinnes aufgrund einer Verbandsgeldbuße aus.

Neben dem Zweck, die Personenverbände mit einer ihren wirtschaftlichen Verhältnissen angemessenen Sanktion treffen zu können, sollte die Verbandsgeldbuße auch dazu dienen, unrechtmäßige Vorteile, insbesondere in Form mittelbarer Gewinne, abzuschöpfen.[26] Um den vorgebrachten schuldstrafrechtlichen Bedenken gegen eine Bestrafung von juristischen Personen und Personenvereinigungen zu begegnen, wurde die Verbandsgeldbuße in ihrer damaligen Form als Nebenfolge einer Straftat oder Ordnungswidrigkeit und nicht als selbständige Sanktion entworfen. Jedoch war, wenn eine Verurteilung einer bestimmten Person aus tatsächlichen Gründen nicht möglich war, die Festsetzung einer Geldbuße gegen die juristische Person oder Personenvereinigung auch in einem selbständigen Verfahren möglich.[27]

Die bestehenden Regelungen wurden jedoch unter dem Eindruck der zunehmenden Wirtschaftskriminalität und sich wandelnder kriminalpolitischer Ansichten schon bald als nicht ausreichend kritisiert und die Forderung nach einer Verbesserung der Regelungen über die Verbandsgeldbuße erhoben.[28] Im Rahmen des Entwurfes eines Zweiten Gesetzes zur Bekämpfung der Wirtschaftskriminalität (2. WiKG)[29] wurden als Reaktion auf die sich häufende Kritik weit-

---

24 BT-Drucks. 5/1269, EOWiG, S. 58; Göhler, Vor § 29 Rn. 6; Brender, S. 83 ff.; Müller, S. 44 ff.; Rebmann/Roth/Herrmann, Vor § 30 Rn. 1 ff.

25 BT-Drucks. 5/1269, EOWiG, S. 59.; Müller, S. 44 ff.

26 BT-Drucks. 5/1269, EOWiG, S. 59 f.

27 BT-Drucks. 5/1269, EOWiG, S. 58f.; KK-Rogall, § 30, Rn. 25.

28 Schünemann, Unternehmenskriminalität, S. 155 ff., 162 ff., 172 ff., 232 ff.; Schmitt, FS-Lange, S. 878 ff.; Pohl-Sichtermann, Geldbuße, S. 112 ff.; dies., VOR 1973, 411, 426 ff.; KK-Rogall, § 30, Rn. 26; vgl. auch: Immenga/Mestmäcker, Vor § 38, Rn 49 ff.

29 Zum Inhalt des 2. WiKG siehe auch: Tiedemann, JZ 1986, 865 ff.; Möhrenschlager, wistra 1983, 49 ff.

reichende Änderungen des § 30 OWiG diskutiert. Kern der Reformvorschläge war schon damals die Ausweitung des Kreises derjenigen Unternehmensangehörigen, deren Verhalten eine Verbandssanktion auszulösen vermag. Es sollte nach dem Gesetzentwurf der Bundesregierung für die Verhängung einer Verbandsgeldbuße genügen, dass „der Täter zu dem Kreis der für die Leitung des Betriebes verantwortlich handelnden Personen gehört".[30] Die Erweiterung des Kreises tauglicher Täter der Anknüpfungstat fand jedoch im Rechtsausschuss keine Zustimmung, so dass die bisherige Regelung beibehalten wurde.[31] Angenommen wurde hingegen der Vorschlag, die Möglichkeit der Durchführung des selbständigen Verfahrens zu erweitern. Dies ist seitdem bereits dann möglich, wenn wegen der Straftat oder Ordnungswidrigkeit ein Straf- oder Bußgeldverfahren nicht durchgeführt oder wenn es eingestellt wurde. Da für die selbständige Verhängung einer Verbandsgeldbuße seither anders als zuvor kein erfolgreich durchgeführtes Verfahren gegen den Individualtäter mehr erforderlich ist, wurde auf die Bezeichnung „Nebenfolge" verzichtet.[32]

Die Entscheidung des Gesetzgebers, der vielfach vorgetragenen Forderung nach der Ausweitung des als zu eng betrachteten Kreises tauglicher Täter der Anknüpfungstat nicht zu folgen, stieß erneut auf Ablehnung.[33] Auch der 57. Deutsche Juristentag von 1988 befasste sich mit der Geldbuße gegen juristische Personen und Personenvereinigungen und empfahl eine Änderung des § 30 OWiG dahingehend, „dass gegen juristische Personen und Personenvereinigungen eine Geldbuße festgesetzt werden kann, wenn der Täter zu dem Kreis der für die Leitung des Betriebes verantwortlich handelnden Personen gehört".[34] Er griff dabei also erneut die Formulierung auf, die bereits im Entwurf der Bundesregierung zum 2. WiKG vorgeschlagen worden war.[35]

Durch die Reform des Umweltstrafrechts ergab sich erneut die Gelegenheit zur Reform der Verbandssanktionen. Der Entwurf des Zweiten Gesetzes zur Bekämpfung der Umweltkriminalität (2. UKG)[36] nahm die vorgebrachte Kritik erneut auf. Jedoch wurden die in der Diskussion befindlichen Reformvorschläge nur insoweit übernommen, als von nun an auch Generalbevollmächtigte und in leitender Stellung als Prokuristen oder Handlungsbevollmächtigte eines Verbandes Tätige durch ihr Verhalten eine Verbandsgeldbuße auszulösen in der Lage

---

30 BT-Drucks. 10/318, EWiKG 2, S. 6, 38 ff.

31 BT-Drucks. 10/5058, Beschlussempfehlung und Bericht des Rechtsausschusses, S. 36.

32 BT-Drucks. 10/318, S. 6, 41 und 10/5058, S. 11, 36 f.

33 Weber, NStZ 1986, 481, 482 f.; Achenbach, NJW 1986, 1835, 1840 f.; KK-Rogall, § 30 Rn. 26 f., m.w.N.

34 Verh. 57. DJT, Band II, S. L 290.

35 BT-Drucks. 10/318, S. 6.

36 BT-Drucks. 12/192, EUKG 2, S. 6 f., 31 ff.

sein sollten. Eine Anknüpfung an das Verhalten jedweder natürlichen Person, die befugterweise für die juristische Person handelt, wurde zu diesem Zeitpunkt noch als zu weitgehend abgelehnt. Der Verzicht, sämtliche leitenden Angestellten in die Regelung einzubeziehen, wurde mit dem Interesse an klare Anknüpfungspunkte an verantwortliches, der juristischen Person zurechenbares Handeln begründet.[37]

Erst mehrere Vorgaben der Europäischen Gemeinschaft brachten die notwendige politische Schubkraft, um den Täterkreis des § 30 Abs. 1 OWiG schließlich doch umfassend zu erweitern. Vor allem das „Übereinkommen über den Schutz der finanziellen Interessen der Europäischen Gemeinschaft" vom 27.11.1995[38], die dieses Übereinkommen ergänzenden Protokolle, den Erläuternden Bericht zum Zweiten Protokoll[39] sowie den Vorschlag des Europäischen Parlaments und des Rates für eine Richtlinie über den strafrechtlichen Schutz der finanziellen Interessen der Gemeinschaft vom 23.05.2001[40] veranlassten den Gesetzgeber erneut tätig zu werden. Insbesondere das Zweite Protokoll vom 19.07.1997[41] und der Richtlinienvorschlag des Europäischen Parlaments und des Rates über den Schutz der finanziellen Interessen der Europäischen Gemeinschaft vom 23.05.2001[42] enthalten wortlautgleiche Bestimmungen zur Sanktionierbarkeit von juristischen Personen, die deren Verantwortlichkeit auch für Handlungen von Personen fordern, die eine Führungsposition innerhalb einer juristischen Person aufgrund von bloßen Kontrollbefugnissen inne haben.[43]
Die durch das EU-Rechtsinstrumente-AG vom 22.08.2002[44] in § 30 Abs. 1 OWiG neu angefügte Nummer fünf soll vor allem diese Anforderungen erfüllen. Die schon zuvor bestehenden Regelungen des § 30 Abs. 1 Nr. 1 bis 4 OWiG knüpfen die Verbandsgeldbuße ausschließlich an Handlungen von Leitungsper-

---

37 BT-Drucks. 12/192, EUKG 2, S. 32.

38 ABlEG Nr. C 316, v. 27.11.1995, S. 48 ff.; siehe auch: ABlEG Nr. C 313, v. 23.10.1996, S. 1 ff. und ABlEG Nr. C 221, v. 19.07.1997, S. 11 ff.

39 ABlEG Nr. C 91, v. 31.03.1999, S. 8 ff.

40 ABlEG Nr. C 240 E, v. 28.08.2001, S. 125 ff.

41 ABlEG Nr. C 221, v. 19.07.1997, S. 11 ff.; Vgl. zum „Zweiten Protokoll": Korte, NJW 1998, 1464 ff.

42 ABlEG Nr. C 240 E, v. 28.08.2001, S. 125 ff.

43 Siehe hierzu auch den Erläuternden Bericht zum Zweiten Protokoll, AblEG Nr. C 91 vom 31.03.1999, S. 10 ff.

44 BT-Drucks. 14/8998; Der vollständige Titel des Gesetzes lautet: „Gesetz zur Ausführung des Zweiten Protokolls vom 19. Juni 1997 zum Übereinkommen über den Schutz der finanziellen Interessen der Europäischen Gemeinschaft, der Gemeinsamen Maßnahmen betreffend die Bestechung im privaten Sektor vom 22. Dezember 1998 und des Rahmenbeschlusses vom 29. Mai 2000 über die Verstärkung des mit strafrechtlichen und anderen Sanktionen bewehrten Schutzes gegen Geldfälschung im Hinblick auf die Einführung des Euro", im Weiteren EU-Rechtsinstrumente-AG genannt.

sonen, die ihre Stellung innerhalb des Verbandes aufgrund von Vertretungsbefugnissen ausüben. Handlungen von Leitungspersonen, denen keinerlei Vertretungsbefugnisse zustehen, waren von der alten Fassung des § 30 Abs. 1 Nr. 1 bis 4 OWiG nicht erfasst.[45]
Zu den Leitungspersonen, die ihre leitende Stellung „nur" auf Kontrollbefugnisse gründen, zählen nach der Gesetzesbegründung zum Beispiel diejenigen, denen innerhalb des Verbandes die Verantwortung für einen bestimmten Unternehmensbereich obliegt. Hierzu gehören etwa die für die interne Finanzkontrolle oder Rechnungsprüfung Verantwortlichen aber auch der mit Leitungsaufgaben betraute Umweltbeauftragte. Vor allem aber zählen zu dem Kreis derer, die ihre Leitungsposition von Kontrollbefugnissen ableiten, die Mitglieder von leitenden Aufsichts- oder Kontrollgremien, insbesondere also die Aufsichtsratsmitglieder einer Aktiengesellschaft oder einer GmbH (§ 52 GmbHG). Von besonderer praktischer Bedeutung war hierbei für den Gesetzgeber der Fall, dass etwa ein Mitglied des Aufsichtsrates selbst Bestechungshandlungen zugunsten der juristischen Person vornimmt.[46]
Die gemäß dem Zweiten Protokoll notwendige Ausdehnung des Personenkreises des § 30 Abs. 1 OWiG auf Leitungspersonen mit Kontrollbefugnissen nahm der Gesetzgeber darüber hinaus zum Anlass, den Personenkreis des § 30 Abs. 1 OWiG generell auf alle Personen zu erstrecken, die zum Kreis der für die Leitung des Betriebs oder Unternehmens verantwortlich handelnden Personen gehören. Der Gesetzgeber griff damit die Formulierung der schon früher die Diskussion belebenden Vorschläge zum 2. WiKG[47] und des 57. Deutschen Juristentages[48] wieder auf und ging damit im Ergebnis sogar über die Anforderungen des Zweiten Protokolls hinaus.[49]
Mit der gewählten allgemeinen Formulierung soll nach dem Willen des Gesetzgebers auch Umgehungsstrategien der Anreiz genommen werden, die eine Sanktion nach der alten Fassung dadurch zu umgehen suchten, dass Verantwortung an Führungspersonen außerhalb des Kreises der formalen Funktionsträger des § 30 Abs. 1 Nr. 1 bis 4 OWiG delegiert wurde. Die generelle Ausdehnung auf alle Leitungspersonen wurde zudem damit begründet, dass anders als in den bisherigen Regelungen des § 30 Abs. 1 Nr. 1 bis 4 OWiG eine exakte Definition der auf Kontrollbefugnissen beruhenden Leitungsfunktionen mangels entsprechender Formalpositionen – abgesehen von der Mitgliedschaft in einem Aufsichtsrat – nicht möglich sei.[50]

---

45 BT-Drucks. 14/8998, S. 10; Rebmann/Roth/Herrmann, § 30, Rn. 18d; Eidam, wistra 2003, 447, 451.
46 BT-Drucks. 14/8998, S. 10.
47 BT-Drucks. 10/318, EWiKG 2, S. 6, 38 ff.
48 Verh. 57. DJT, Band II, S. L 290.
49 BT-Drucks. 14/8998, S. 11.
50 BT-Drucks. 14/8998, S. 11.

1. Der Täterkreis des § 30 Abs. 1 Nr. 1 – 4 OWiG

Voraussetzung für die Festsetzung einer Verbandsgeldbuße gegen eine juristische Person oder eine Personenvereinigung nach § 30 OWiG ist eine Straftat oder Ordnungswidrigkeit einer Führungsperson des Verbandes. Welcher Personenkreis genau in der Lage ist, diese Sanktion auszulösen, wird durch das Gesetz in abschließender Form aufgezählt. Hierzu zählen gemäß § 30 Abs. 1 Nr. 1 bis 4 OWiG zunächst alle gesetzlichen Vertreter von juristischen Personen, nichtrechtsfähigen Vereinen und von rechtsfähigen Personengesellschaften sowie Generalbevollmächtigte und Prokuristen oder Handlungsbevollmächtigte, sofern sie in leitender Stellung tätig werden.

Ohne Bedeutung für die Haftung des Verbandes ist dabei, ob der Bestellungsakt, mit dem der Täter in seine jeweilige Position berufen wurde, wirksam ist oder nicht. Handelt der Täter trotz unwirksamen Bestellungsaktes als das Organ, zu dem er hätte berufen werden sollen, kann dies für die Haftung des Verbandes keinen Unterschied machen. Dies zeigt sich auch im Blick auf die Regelungen der §§ 9 Abs. 3, 29 Abs. 2 OWiG und § 14 Abs. 3 StGB. Wird dort das nicht wirksam bestellte Organ durch die Zurechnung der Eigenschaften des Verbandes zum tauglichen Täter eines Sonderdeliktes gemacht, muss der Verband sich im Gegenzug auch die Handlungen des vermeintlichen Organs zurechnen und so zum Täter machen lassen. Es ist hier insoweit nicht auf die zivilrechtliche Wirksamkeit des Bestellungsaktes, sondern auf eine faktische Betrachtungsweise abzustellen.[51]

Welche der im Einzelnen für die verschiedenen juristischen Personen und Personenvereinigungen tätigen Personen zählen nun aber genau zu dem Kreis von Vertretern, die § 30 Abs. 1, Nr. 1 bis 4 OWiG als taugliche Täter aufzählt und an deren Handeln hiernach eine Verbandsgeldbuße geknüpft werden kann?

a. Juristische Personen

Zu den gesetzlichen Vertretern der Aktiengesellschaft und damit zu den tauglichen Tätern einer Verbandssanktion nach § 30 Abs. 1 Nr. 1 OWiG zählen gemäß §§ 78, 82 AktG zunächst die Mitglieder des Vorstandes. Den einzelnen

---

[51] BGHSt 21, 101, 104; Pohl-Sichtermann, VOR 1973, 411, 427 f.; dies., Geldbuße, S. 79 ff.; Müller, S. 61 f.; Göhler, § 30, Rn. 14; Rebmann/Roth/Herrmann, § 30, Rn. 20; vgl. BGHSt 21, 101, 104 f.; a.M. KK-Rogall, § 30, Rn. 70; Achenbach, FS-Stree/Wessels, S. 561 f.; Eidam, wistra 2002, 447, 452.

Mitgliedern des Vorstandes sind die stellvertretenden und die gerichtlich bestellten Vorstandsmitglieder (§§ 85, 94 AktG) gleichgestellt. Wird die AG aufgelöst, treten die Abwickler an die Stelle der Vorstandsmitglieder (§§ 265, 269 AktG).[52] Dies sind in der Regel die Vorstandsmitglieder, es kann sich jedoch auch um vom Gericht bestellte externe Abwickler handeln (§ 265 Abs. 3 AktG).[53]
Der Aufsichtsrat besitzt im Gegensatz zu den eben genannten Organen eine ausschließliche Vertretungsbefugnis für Rechtsgeschäfte zwischen der AG und den einzelnen Mitgliedern des Vorstandes (§ 112 AktG). Nach der früheren Rechtslage, die auf das Vorliegen einer Vertretungsbefugnis des delinquenten Organs abstellte, konnte das Handeln eines Mitglieds des Aufsichtsrates nur bei einem Rechtsverstoß im Rahmen dieser Rechtsgeschäfte eine Verbandssanktion auslösen. Die Neuregelung des § 30 Abs. 1 Nr. 5 OWiG hingegen stellt ausdrücklich auch auf die Leitungsbefugnis aufgrund von Kontrollbefugnissen ab. Hierunter sind in jedem Falle die Mitglieder eines Aufsichtsrates zu zählen. So führen nun auch unmittelbare Verstöße der Mitglieder des Aufsichtsrates einer AG zur Verhängung einer Verbandsgeldbuße gegen die Gesellschaft.[54] In Fällen, in denen der Aufsichtsrat seine primären Aufsichtspflichten gegenüber der Geschäftsführung verletzt und Rechtsverstöße von Vorstandsmitgliedern nicht moniert, begründen bereits diese Taten die Haftung der juristischen Person nach § 30 Abs. 1 Nr. 1 OWiG. Die Einbeziehung der Aufsichtsratsmitglieder in den Kreis der tauglichen Täter des § 30 OWiG ist daher besonders dann von praktischer Bedeutung, wenn ein Aufsichtsratsmitglied selbst Rechtsverstöße zugunsten seiner Gesellschaft begeht.[55]

Bei der Kommanditgesellschaft auf Aktien (KGaA) vertreten die persönlich haftenden Gesellschafter die Gesellschaft nach außen. Durch sie begangene Zuwiderhandlungen können damit gemäß § 30 Abs. 1 Nr. 1 OWiG eine Verbandsgeldbuße begründen.[56]
Nach der Neuregelung des § 30 Abs. 1 Nr. 5 OWiG haftet die Gesellschaft wie bei der AG nun auch bei der KGaA für Verstöße der Mitglieder des Aufsichtsrates (§ 287 AktG).

Die Gesellschaft mit beschränkter Haftung wird durch ihre Geschäftsführer vertreten (§§ 6, 35 GmbHG). Hierzu können einzelne oder alle Gesellschafter sowie Dritte bestellt werden. Den Geschäftsführern gleichgestellt und damit eben-

52 Müller, S. 63; Pohl-Sichtermann, VOR 1973, 411, 428; KK-Rogall, § 30, Rn. 53.
53 KK-Rogall, § 30, Rn. 53.
54 Achenbach, wistra 2002, 441, 443 f.; Eidam, wistra 2003, 447, 451; Rebmann/Roth/Herrmann, § 30, Rn. 18d.
55 BT-Drucks. 14/8998, S. 10 f.
56 Pohl-Sichtermann, Geldbuße, S. 117; KK-Rogall, § 30, Rn. 54; Müller, S. 63; Rebmann/Roth/Herrmann, § 30, Rn. 13.

falls taugliche Täter der Anknüpfungstat gemäß § 30 Abs. 1 Nr. 1 OWiG sind die stellvertretenden Geschäftsführer (§ 44 GmbHG).[57] Wird die GmbH aufgelöst, treten die Liquidatoren an die Stelle der Geschäftsführer.[58]
Ist für die GmbH gemäß § 52 GmbHG ein Aufsichtsrat bestellt, haftet die GmbH in gleicher Weise wie die AG nach der neuen Fassung des § 30 Abs. 1 Nr. 5 OWiG auch für Verstöße der Aufsichtsratsmitglieder.

Eine Genossenschaft wird durch ihren Vorstand vertreten (§ 24 GenG). Auch die Stellvertreter der Vorstandsmitglieder zählen zum Vorstand der Genossenschaft (§ 35 GenG) und können damit in gleicher Weise durch ihr Handeln gemäß § 30 Abs. 1 Nr. 1 OWiG eine Verbandssanktion auslösen.[59]
Der Aufsichtsrat vertritt die Genossenschaft nur bei Rechtsgeschäften mit den Mitgliedern des Vorstandes (§ 39 GenG).[60] Bei Rechtsverstößen in diesem Zusammenhang kann also auch das Tätigwerden des Aufsichtsrates eine ordnungswidrigkeitenrechtliche Haftung der Genossenschaft gemäß § 30 Abs. 1 Nr. 1 OWiG begründen. Im Übrigen haftet die Genossenschaft für Verstöße ihrer Aufsichtsratsmitglieder nach § 30 Abs. 1 Nr. 5 OWiG.

Rechtsfähige Vereine im Sinne von §§ 21, 22 BGB werden durch ihren Vorstand (§ 26 BGB) gerichtlich und außergerichtlich vertreten. Auch die besonderen Vertreter gemäß § 30 BGB und der Notvorstand gemäß § 29 BGB stellen vertretungsberechtigte Organe im Sinne von § 30 Abs. 1 Nr. 1 OWiG dar.[61]

Nach § 86 BGB finden auf eine privatrechtliche Stiftung die Vorschriften über den Verein entsprechende Anwendung. Der Kreis ihrer vertretungsberechtigten Organe, deren Handeln eine Verbandsgeldbuße gegen die Stiftung auslösen kann, besteht daher wie bei einem Verein aus dem Vorstand, dem Notvorstand und den besonderen Vertretern.[62]

---

57 Rebmann/Roth/Herrmann, § 30, Rn. 14; KK-Rogall, § 30, Rn. 55; Pohl-Sichtermann, Geldbuße, S. 117; dies., VOR 1973, 411, 428; Müller, S. 63.

58 KK-Rogall, § 30, Rn. 55.

59 Pohl-Sichtermann, Geldbuße, S. 117; dies., VOR 1973, 411, 428; KK-Rogall, § 30, Rn. 56.

60 Müller, S. 63.

61 Rebmann/Roth/Herrmann, § 30, Rn. 16; Müller, S 64; Pohl-Sichtermann, Geldbuße, S. 118; dies., VOR 1973, 411, 428.

62 KK-Rogall, § 30, Rn. 58; Müller, S. 64; Pohl-Sichtermann, Geldbuße, S. 118, dies., VOR 1973, 411, 428; Rebmann/Roth/Herrmann, § 30, Rn. 16.

b. Nicht rechtsfähige Vereine

Unzweifelhaft gehören nach dem Wortlaut von § 30 Abs. 1 Nr. 2 OWiG die einzelnen Mitglieder des Vorstandes eines nichtrechtsfähigen Vereins zum tauglichen Täterkreis der Anknüpfungstat.

Schwierigkeiten bereitete vor der Einführung des § 30 Abs. 1 Nr. 4 OWiG die Einordnung besonderer Vertreter im Sinne von § 30 BGB. Diese gehören nach dem Wortlaut von § 30 BGB nicht zum Vorstand, sondern werden neben diesem bestellt. Aufgrund der eindeutigen Formulierung in § 30 Abs. 1 Nr. 2 OWiG, der nur auf den Vorstand abstellt, fallen besondere Vertreter nach § 30 BGB aus dem Anwendungsbereich des § 30 Abs. 1 Nr. 2 OWiG heraus. Würde man die besonderen Vertreter dennoch unter den Anwendungsbereich der Norm fassen, bedeutete dies eine Analogie zu Ungunsten des Verbandes und würde somit gegen das Analogieverbot verstoßen. Diese Lücke in der gesetzlichen Regelung kann also nicht durch Analogie oder Auslegung geschlossen werden.[63]
Die Lösung dieses Problems brachte die Reform der Verbandsgeldbußenregelung durch das 2. UKG. Durch die Neueinführung des § 30 Abs. 1 Nr. 4 OWiG zählten fortan auch Generalbevollmächtigte oder Handlungsbevollmächtigte in leitender Stellung zu dem Kreis der tauglichen Täter des § 30 OWiG.[64] Ein besonderer Vertreter im Sinne des § 30 BGB ist seither als Generalbevollmächtigter oder Handlungsbevollmächtigter gemäß § 30 Abs. 1 Nr. 4 OWiG anzusehen.[65]

c. Rechtsfähige Personengesellschaften

Neben der Ausweitung des Kreises der Personen, die eine Verbandsgeldbuße nach § 30 OWiG auslösen können, wurde durch das EU-Rechtsinstrumente-AG vom 22.08.2002 auch der Kreis der von § 30 Abs. 1 Nr. 3 OWiG erfassten Verbände erweitert. In Anlehnung an § 14 Abs. 2 BGB wird nunmehr als Adressaten einer Verbandsgeldbuße gemäß § 30 Abs. 1 Nr. 3 OWiG auf alle rechtsfähigen Personengesellschaften abgestellt. Hierunter fallen alle mit der Fähigkeit zum Erwerb von Rechten und zum Eingehen von Verbindlichkeiten ausgestattete Personengesellschaften. Hierzu zählen zum einen die Personenhandelsgesellschaften, zum anderen gehören dazu anders als nach früherer Auffassung des

---

63 Rebmann/Roth/Herrmann, § 30, Rn. 17; Pohl-Sichtermann, VOR 1973, 411, 428 f.
64 BT-Drucks. 12/192, S. 7, 31 f.
65 Göhler, § 30, Rn. 12 b; Rebmann/Roth/Herrmann, § 30, Rn. 17; KK-Rogall, § 30, Rn. 60.

Gesetzgebers[66] nun auch die Gesellschaft bürgerlichen Rechts und die Partnergesellschaft.[67]

aa. Personenhandelsgesellschaften

Nach § 125 Abs. 1 HGB sind grundsätzlich alle Gesellschafter der offenen Handelsgesellschaft zur Vertretung der Gesellschaft berechtigt und damit auch in der Lage, eine Verbandssanktion auszulösen. Dazu wurden auch schon vor Einführung des § 30 Abs. 1 Nr. 5 OWiG die Gesellschafter gezählt, die durch den Gesellschaftsvertrag von der Vertretung ausgeschlossen sind. Es hätte schon dem Sinn des § 30 Abs. 1 Nr. 3 OWiG a.F. widersprochen, wenn sich die OHG durch den Ausschluss einzelner Gesellschafter von der Vertretung einen quasi rechtsfreien Raum hätte schaffen können, in dem gerade von der Vertretung ausgeschlossene Gesellschafter mit Aufgaben betraut worden wären, bei denen Rechtsverstöße wahrscheinlich sind. Nachdem nun gemäß der neuen Nummer fünf generell auf alle Personen in leitender Stellung abgestellt wird, sind ohnehin alle Gesellschafter zu dem Personenkreis des § 30 Abs. 1 OWiG zu zählen. Nach der alten Rechtslage entstand eine Regelungslücke zudem bei der Auflösung der Gesellschaft. Wurden Personen zu Liquidatoren bestellt (§ 146 HGB), die nicht zum Kreis der Gesellschafter zählten, und begingen diese externen Liquidatoren Rechtsverstöße zugunsten der Gesellschaft, war eine Geldbuße nach § 30 Abs. 1 Nr. 3 OWiG a.F. nicht möglich. Aufgrund des eindeutigen Wortlautes der Vorschrift, die auf „Gesellschafter" abstellte, fielen die externen Liquidatoren aus dem Anwendungsbereich des § 30 Abs. 1 OWiG a.F. heraus. Durch die neu geschaffene Generalklausel des § 30 Abs. 1 Nr. 5 OWiG, nach der generell auf alle für die Leitung der Gesellschaft verantwortlich handelnden Personen abgestellt wird, haben die in den Nr. 1 bis 4 aufgezählten nach formalen Kriterien bestimmten Führungspositionen ohnehin nur noch einen Beispielcharakter.[68] Nach der neuen Rechtslage kann die Gesellschaft für Rechtsverstöße ihrer externen Liquidatoren somit nach § 30 Abs. 1 Nr. 5 OWiG mit einer Geldbuße belegt werden.

Bei der Kommanditgesellschaft findet eine Vertretung gemäß §§ 161, 125 HGB ausschließlich durch die persönlich haftenden Gesellschafter (Komplementäre) statt. Die Kommanditisten sind nach § 170 HGB von der Vertretung ausgeschlossen. Allerdings kann den Kommanditisten nach dem Gesellschaftsvertrag

66 Vgl. nur: BT-Drucks. 5/1269, S. 59.
67 Näher zur Änderung des § 30 Abs. 1 Nr. 3 unten: III, 2.
68 Achenbach, wistra 2002, 441, 443; vgl. BT-Drucks. 14/8998, S. 11.

die Geschäftsführung übertragen werden[69]. Sie können zu gewillkürten Vertretern oder Prokuristen gemacht werden, so dass die eigentliche Leitung des Unternehmens faktisch in ihren Händen liegt.[70] Eine Haftung der Gesellschaft für das Handeln der Komplementäre gemäß § 30 Abs. 1 Nr. 3 OWiG ist damit in jedem Fall gegeben. Das Handeln der Kommanditisten kann jedenfalls dann eine Verbandsgeldbuße nach § 30 Abs. 1 Nr. 5 OWiG auslösen, wenn sie als gewillkürte Vertreter oder Prokuristen eine leitende Stellung in der Gesellschaft einnehmen. Hier wird es auf die Betrachtung des Einzelfalls ankommen.
Bei Auflösung der KG werden gemäß §§ 146 Abs. 1, 161 Abs. 2 HGB alle Gesellschafter, also auch die Kommanditisten, zu Liquidatoren und damit zu tauglichen Tätern einer Anknüpfungstat im Sinne von § 30 Abs. 1 Nr. 3 OWiG.[71]

Die Besonderheit der GmbH & Co. KG besteht darin, dass bei ihr der einzige persönlich haftende Gesellschafter der KG keine natürliche Person, sondern die GmbH ist. Handelt nun der Geschäftsführer der GmbH für die GmbH, wird er auf diese Weise mittelbar auch für die KG tätig. Der GmbH-Geschäftsführer handelt also für die KG ohne selbst Komplementär oder Kommanditist der KG zu sein. Die GmbH selbst ist damit der einzige zur Vertretung berechtigte Gesellschafter der KG. Begeht nun der Geschäftsführer der GmbH eine Zuwiderhandlung, die sich mittelbar auch auf die KG auswirkt, wird die Frage aufgeworfen, ob dieses Verhalten eine Verbandsgeldbuße gegen die KG gemäß § 30 OWiG auszulösen vermag.
Nach der alten Rechtslage war es umstritten, ob die GmbH & Co. KG für rechtswidriges Handeln des Geschäftsführers der GmbH mit einer Verbandsgeldbuße belegt werden kann. Die Literatur sprach sich überwiegend gegen eine Haftung der Gesellschaft aus, da der GmbH-Geschäftsführer lediglich der Vertreter des Komplementärs der KG, nicht aber selbst Komplementär ist. Der Wortlaut des § 30 Abs. 1 Nr. 3 OWiG würde unrechtmäßig ausgedehnt, wenn die Gesellschaft für das Handeln des GmbH-Geschäftsführers haften müsse.[72] Die Rechtsprechung hingegen setzte sich über diese Bedenken hinweg und verhängte Geldbußen gegen die GmbH & Co. KG für Zuwiderhandlungen des GmbH-Geschäftsführers mit der Begründung, dass es dem Sinn des § 30 OWiG widerspräche, wenn die bußgeldrechtliche Haftung eines Verbandes allein wegen seiner besonderen gesellschaftsrechtlichen Verschachtelung entfiele.[73]

---

69 RGZ 31, 72 f.; BGHZ 51, 198, 201.

70 KK-Rogall, § 30, Rn. 63; Müller, S. 65.

71 KK-Rogall, § 30, Rn. 63; Müller, S. 65.

72 Pohl-Sichtermann, NJW 1973, 2217, 2218; dies., VOR 1973, 411, 434; KK-Rogall, § 30, Rn. 64; Tiedemann, ZStW 83 (1971), 796 f.; ders., Verh. 49. DJT, S. C 57 f.; Bender, ZfZ 1971, 239, 240; ders., ZfZ 1976, 139, 140.

73 OLG Hamm, NJW 1973, 1851; 1852; BGH NStZ 1986, 79; vgl. BGHSt 28, 371, 372; OLG Stuttgart MDR 1976, 690, 691; Rebmann/Roth/Herrmann, § 30, Rn. 18.

Mit dem neuen § 30 Abs. 1 Nr. 5 OWiG sollen genau diese Auslegungsschwierigkeiten überwunden werden. Die allgemeine Formulierung der Nummer fünf soll nach dem Willen des Gesetzgebers die an Sinn und Zweck der Norm ausgerichtete Auslegung des erfassten Personenkreises erleichtern. Hierzu soll ausdrücklich auch die Gleichbehandlung des Geschäftsführers der GmbH in einer GmbH & Co. KG mit dem vertretungsberechtigten Gesellschafter der KG zählen.[74] Die GmbH & Co. KG haftet somit nach der neuen Rechtslage ohne Weiters für Verstöße des GmbH-Geschäftsführers gemäß § 30 Abs. 1 Nr. 5 OWiG.

bb. Gesellschaft bürgerlichen Rechts

Durch die Erweiterung des Kreises der nach § 30 Abs. 1 Nr. 3 OWiG n.F. für das Verhalten ihrer Leitungspersonen verantwortlichen Verbände auf alle rechtsfähigen Personengesellschaften, ist nun auch die am Rechtsverkehr teilnehmende Gesellschaft bürgerlichen Rechts von der Verbandsgeldbußenregelung erfasst.[75] Grundlegend für die Erfassung auch der (Außen-) GbR war das Urteil des BGH vom 29.01.2001 in dem unter Aufgabe der bisherigen Rechtsprechung die Rechtsfähigkeit und Parteifähigkeit der GbR im Zivilprozess anerkannt wurde, soweit sie durch ihre Teilnahme am Rechtsverkehr eigene Rechte und Pflichten begründet.[76] Anders als nach seiner früheren Auffassung[77] sah der Gesetzgeber nun keinerlei Gründe mehr, die es rechtfertigen würden, diese Personengesellschaften unterschiedlich zu behandeln.[78]
Vertretungsberechtigt und damit in jedem Fall tauglicher Täter der Anknüpfungstat im Sinne des § 30 Abs. 1 Nr. 3 OWiG sind die nach dem Gesellschaftsvertrag geschäftsführungsbefugten Gesellschafter. Abweichende Regelungen von der grundsätzlich allen Gesellschaftern einheitlich zustehenden Geschäftsführungsbefugnis nach dem Gesellschaftsvertrag sind möglich und gegebenenfalls für eine Haftung nach § 30 Abs. 1 Nr. 3 OWiG zu berücksichtigen.[79] Fehlt nach einer solchen Regelung einem delinquenten Gesellschafter die notwendige Vertretungsmacht im Sinne des § 30 Abs. 1 Nr. 3 OWiG bleibt nach den konkreten Umständen des Einzelfalles zu prüfen, ob die Möglichkeit besteht, eine Ver-

---

74 BT-Drucks. 14/8998, S. 11; Achenbach, wistra 2002, 441, 444; Eidam, wistra 2003, 447, 452.

75 BT-Drucks. 14/8998, S. 8, 10; Eidam, wistra 2003, 447, 449; Achenbach, wistra 2003, 441, 442.

76 BGHZ 146, 341, 343.

77 BT-Drucks. 5/1269, S. 59.

78 BT-Drucks. 14/8998, S. 8, 10.

79 Rebmann/Roth/Herrmann, § 30, Rn. 18a; Eidam, wistra 2003, 447, 451.

bandsgeldbuße gegen die Gesellschaft nach § 30 Abs. 1 Nr. 5 OWiG zu verhängen.

cc. Partnerschaftsgesellschaft

Ebenso wie die (Außen-) GbR fällt nach der neuen Fassung des § 30 Abs. 1 Nr. 3 OWiG nun auch die Partnerschaftsgesellschaft unter diese Regelung.[80] Die Partnerschaftsgesellschaft ist vor ihrer Eintragung in das Partnerschaftsregister eine GbR. In ihr schließen sich Angehörige freier Berufe zur Ausübung ihrer Berufe zusammen. Sie ist keine Personenhandelsgesellschaft, da sie kein Handelsgewerbe ausübt. Die Partnerschaftsgesellschaft folgt im Wesentlichen dem Recht der OHG. Auf die Vertretung der Partnerschaftsgesellschaft sind die §§ 125 Abs. 1 und 2, 126, 127 HGB entsprechend anwendbar.[81]

d. Generalbevollmächtigte, Prokuristen und Handlungsbevollmächtigte, § 30 Abs. 1 Nr. 4 OWiG

Nach Nr. 4 des § 30 Abs. 1 OWiG, die durch das 2. UKG von 1994[82] in die Norm eingefügt wurde, sind auch Generalbevollmächtigte sowie Prokuristen und Handlungsbevollmächtigte taugliche Täter einer Anknüpfungstat, wenn sie eine leitende Stellung innehaben. Der Gesetzgeber hat damit schon damals auf die Kritik an dem zuvor zu eng gefassten Kreis tauglicher Täter zu reagieren versucht.

Die Vertretungsbefugnis von Generalbevollmächtigten (§§ 164 ff. BGB) ist schon nach der Natur der Sache gegeben, sie gilt uneingeschränkt.[83]

Der Umfang der Vertretungsmacht von Prokuristen und Handlungsbevollmächtigten ergibt sich zunächst aus dem Gesetz (vgl. §§ 49, 54 HGB). Dabei ist es jedoch für eine Eignung als tauglicher Täter einer Tat im Sinne von § 30 OWiG unerheblich, ob ihre Vertretungsbefugnis irgendwelchen Einschränkungen unterliegt oder ob sie bei der Tat innerhalb der Grenzen ihrer Vertretungsmacht gehandelt haben. Der Gesetzestext ist auch hier als generelle Kennzeichnung des Kreises tauglicher Täter zu verstehen.[84] Zur Bejahung der Täterqualität ist je-

---

80 BT-Drucks. 14/8998, S. 8, 10; Rebmann/Roth/Herrmann, § 30, Rn. 8, 18b.
81 Rebmann/Roth/Herrmann, § 30, Rn. 8, 18b.
82 BT-Drucks. 12/192; 12/376.
83 Göhler, § 30, Rn. 13 a; KK-Rogall, § 30, Rn. 66.
84 Göhler, § 30, Rn. 13 a; KK-Rogall, § 30, Rn. 67.

doch zusätzlich die Feststellung erforderlich, dass der Prokurist oder Handlungsbevollmächtigte eine leitende Stellung innehat. Hierzu bedarf es eingehender Feststellungen, die sich an der Organisationsstruktur des Unternehmens sowie an den Kompetenzen zu orientieren haben, die dem Betroffenen innerhalb von Geschäftsführung und Vertretung eingeräumt sind.[85]

2. Sonstige für die Leitung des Betriebs oder Unternehmens verantwortlich handelnde Personen, § 30 Abs. 1 Nr. 5 OWiG n.F.

Die Neuregelung des § 30 Abs. 1 OWiG durch das EU-Rechtsinstrumente-AG vom 22.08.2002 stellt die umfangreichste und bedeutendste Reform der Verbandsgeldbußenregelung seit ihrer Einführung in das OWiG von 1968 dar.[86] Vor allem mit der Einführung der neuen Nr. 5 in § 30 Abs. 1 OWiG wird die Systematik der Norm erheblich umstrukturiert. Nach § 30 Abs. 1 Nr. 5 OWiG n.F. kann eine Geldbuße gegen einen Verband nunmehr nicht nur dann festgesetzt werden, wenn eines der in Nr. 1 bis 4 aufgezählten mit Vertretungsbefugnissen ausgestatteten Organe einen Rechtsverstoß begeht, vielmehr haften die Verbände nach § 30 Abs. 1 Nr. 5 OWiG jetzt auch für das Verhalten aller sonstigen Personen, die für die Leitung des Betriebs oder Unternehmens einer juristischen Person oder Personenvereinigung verantwortlich handeln. Hierzu zählen ausdrücklich auch diejenigen Personen, deren leitende Stellung sich nur durch ihre Befugnis zur Überwachung der Geschäftsleitung oder durch die sonstige Ausübung von Kontrollbefugnissen in leitender Stellung ergibt. Mit dieser Regelung ist somit eine gegenüber der bisherigen Rechtslage erhebliche Erweiterung des Anwendungsbereiches der Verbandsgeldbußenregelung verbunden.
Die Gesetzesbegründung stellt ausdrücklich darauf ab, dass die bisherige gesetzliche Kasuistik zum erfassten Personenkreis beibehalten worden sei. Damit soll die Rechtsanwendung auch im Hinblick auf die Ausfüllung des unbestimmten Rechtsbegriffs der sonstigen Leitungspersonen erleichtert und damit zugleich die Bestimmtheit der Norm erhöht werden.[87] Faktisch stellt § 30 Abs. 1 Nr. 5 OWiG jedoch eine Generalklausel dar, unter die letztlich auch alle in § 30 Abs. 1 Nr.1 bis 4 OWiG aufgezählten Verbandsvertreter fallen. Denn die in § 30 Abs. 1 Nr. 1 bis 4 OWiG durch gesetzliche Formalpositionen bestimmten Verbandsvertreter sind in jedem Fall als für die Leitung der jeweiligen Organisation verantwortlich handelnd einzustufen. Die Regelungen des § 30 Abs. 1 Nr. 1 bis 4

---

85 KK-Rogall, § 30, Rn. 67.
86 Siehe hierzu schon oben: Teil 1, A, I.
87 BT-Drucks. 14/8998, S. 11.

OWiG werden damit im Ergebnis – ebenso wie die in Nr. 5 skizzierten Fallkonstellationen – zu reinen Beispielsfällen abgestuft.[88]

Die vormals enge Umgrenzung des Täterkreises der Anknüpfungstat in § 30 OWiG war seit jeher Anlass von Kritik.[89] Dies war auch dem Gesetzgeber nicht verborgen geblieben, der schon mit der Novellierung des § 30 OWiG durch das 2. UKG der vorgebrachten Kritik Rechnung zu tragen suchte.
Der Entwurfsbegründung zum 2. UKG lässt sich entnehmen, dass der Gesetzgeber das Verhalten jedweder natürlichen Person, die befugterweise für die juristische Person handelt, nicht als taugliche Anknüpfungstat einer Verbandssanktion verstanden wissen wollte. Eine Haftung des Verbandes für Taten von Personen unterhalb der Leitungsebene wurde als zu weitgehend bewertet.[90] Der Entwurf betonte, dass als taugliche Anknüpfungstat nur Taten von Personen in Betracht kommen, die in leitender Stellung verantwortlich für die juristische Person handeln. Aber auch der Täterkreis aller in leitender Stellung verantwortlich handelnder natürlicher Personen erschien dem Gesetzgeber zum damaligen Zeitpunkt noch als zu weit gefasst. Er zählte deshalb mit Generalbevollmächtigten sowie Prokuristen und Handlungsbevollmächtigten, im Interesse klarer Anknüpfungspunkte an verantwortliches, der juristischen Person zurechenbares Handeln, abschließend alle nach seiner Ansicht als Täter in diesem Bereich in Betracht kommenden Funktionsträger auf.[91]

Doch der vom Gesetzgeber im Rahmen des 2. UKG eingeschlagene Mittelweg, den Täterkreis des § 30 Abs. 1 OWiG lediglich um Generalbevollmächtigte sowie Prokuristen und Handlungsbevollmächtigte in leitender Stellung zu erweitern, überzeugte nicht. Die Regelung hielt an dem Prinzip der abschließenden Aufzählung des an formale Kriterien geknüpften Täterkreises fest, wurde damit der vorgetragenen Kritik nicht in vollem Umfange gerecht und blieb sogar hinter den Vorschlägen zum 2. WiKG[92] zurück.

Wesentlich zu der Neuregelung durch das 2. UKG hatte die Erkenntnis des Gesetzgebers beigetragen, dass die bis dahin bestehende Regelung des § 30 OWiG

---

88 Ebenso: Achenbach, wistra 2002, 441, 443.

89 Achenbach, FS-Stree/Wessels, S. 560; Müller S. 66 ff.; Pohl-Sichtermann, VOR 1973, 411, 431 ff.; Schmitt, FS-Lange, S. 880 f.; Schünemann, Unternehmenskriminalität, S. 162 f.; Korte, S. 105 ff.; Kaiser, S. 201 ff.; Triffterer, Umweltstrafrecht, S. 126 ff.; Schwinge, S. 74 ff.; Backes, JZ 1973, 337, 342; vgl. auch Schwertfeger, S. 110 ff.

90 Gegen eine Haftung von Unternehmen für das Fehlverhalten jedweder Mitarbeiter auch: Volk, JZ 1993, 429, 433, m.w.N.

91 BT-Drucks. 12/192, EUKG 2, S. 32.

92 Zu den Reformvorschlägen anlässlich des 2. WiKG siehe: BT-Drucks. 10/318, EWiKG 2, S. 6, 38 ff.

den modernen Organisationsstrukturen „von Unternehmen mit Arbeitsteilung, Delegation von Aufgaben sowie Trennen der Funktionen Verantwortung, Entscheidung und Handeln nicht gerecht" wurde. Nach altem Recht konnten juristische Personen oder Personenvereinigungen drohenden „Konsequenzen schuldhafter Zuwiderhandlungen in ihrem Leitungsbereich dadurch entgehen, dass aus Repräsentationsgründen oder zur Verschleierung der wahren Verantwortung Personen zu vertretungsberechtigten Organen, zu Mitgliedern des Vorstandes oder zu vertretungsberechtigten Gesellschaftern bestellt werden, denen praktisch keine Leitungsaufgaben übertragen sind, während die eigentliche Geschäftsführung auf bestimmte leitende Angestellte verlagert wird". Es wurde erkannt, dass es der Systematik undienlich war, dass die bis zum damaligen Zeitpunkt gültigen Vorschriften ausschließlich an die formelle Rechtsstellung des Täters anknüpften, dabei aber die Funktion des tatsächlich Handelnden nicht ausreichend berücksichtigten.[93]

Auffällig an der Neuregelung durch das EU-Rechtsinstrumente-AG ist in diesem Zusammenhang, dass die Gesetzesbegründung zu den zuvor genannten, noch in den Materialien zum 2. UKG vorgetragenen Bedenken zu einer weiteren Ausdehnung des Personenkreises des § 30 OWiG in keinerlei Weise Stellung nimmt. Die Begründung beruft sich als Grundlage für die Novellierung der Verbandsgeldbußenregelung ausschließlich auf die Vorgaben des Übereinkommens über den Schutz der finanziellen Interessen der Europäischen Gemeinschaft[94] und vor allem des Zweiten Protokolls[95]. Auf die dogmatischen Fragen, die sich in diesem Zusammenhang stellen, wird nicht eingegangen.
Eine Ausdehnung der Verantwortung der Verbände für sämtliche leitenden Angestellten wurde in den Materialien zum 2. UKG noch ausdrücklich abgelehnt. Begründet wurde dies damit, dass auf die Einbeziehung sämtlicher leitender Angestellter im Interesse klarer Anknüpfungspunkte an verantwortliches, der juristischen Person zurechenbares Handeln verzichtet werden sollte. Ein Systemwechsel zu einer Generalklausel, wie sie nun in § 30 Abs. 1 Nr. 5 OWiG vorliegt, sollte damals offensichtlich bewusst vermieden werden. Auf die Frage der Bestimmbarkeit des neuen Täterkreises geht die Begründung zur neuen Nr. 5 jedoch nur insoweit ein, als die Wahl einer Generalklausel deshalb getroffen worden sei, weil eine exakte Bestimmung des Kreises der Personen, deren leitende Stellung auf bloßen Kontrollbefugnissen beruht und die nach den EU-Vorgaben ebenfalls zum Personenkreis des § 30 OWiG zählen sollen, mangels

93 Zum Ganzen: BT-Drucks. 12/192, EUKG 2, S. 31 f.
94 ABlEG Nr. C 316, v. 27.11.1995, S. 48 ff.; siehe auch: ABlEG Nr. C 313, v. 23.10.1996, S. 1 ff. und ABlEG Nr. C 221, v. 19.07.1997, S. 11 ff.
95 ABlEG Nr. C 91, v. 31.03.1999, S. 8 ff.

entsprechender Formalpositionen, wie sie gerade bei den auf Vertretungsbefugnissen wie in den Nr. 1 bis 4 vorhanden sind, nicht möglich sei.[96]

a. Delegation der Verantwortung nach unten

Die Erkenntnis des Gesetzgebers, dass es wenig sinnvoll ist, die Frage, ob jemand tauglicher Täter einer Anknüpfungstat des § 30 OWiG und damit auch einer Verbandssanktion überhaupt sei, danach zu beantworten, ob er eine formelle Stellung als vertretungsberechtigtes Organ innerhalb der juristischen Person oder Personenvereinigung einnimmt, ist sicher richtig. Dem Ziel, Rechtsverletzungen, die aus dem Tätigkeitsbereich von Verbänden heraus begangen werden, wirksam zu unterbinden, ist es nicht dienlich, wenn nicht einmal durch Zuwiderhandlungen aller Führungskräfte Sanktion gegen den Verband ausgelöst werden können.

Trotz der Ausweitung des Täterkreises des § 30 OWiG durch das 2. UKG wird die Unternehmensleitung in einem hierarchisch organisierten Unternehmen, in dem Verantwortlichkeiten delegiert werden, nach der alten Rechtslage bemüht gewesen sein, prekäre Aufgaben, bei denen die weniger genaue Beachtung rechtlicher Vorschriften unter Umständen sogar gewollt ist, von vorneherein von nachgeordneten Angestellten oder Arbeitern vornehmen zu lassen.[97] Auf diese Weise konnte durch hinreichend weite Verlagerung unternehmerischer Pflichten in die unteren Ränge der Hierarchie, gerade an Generalbevollmächtigten sowie Prokuristen oder Handlungsbevollmächtigen vorbei, eine juristische Person oder Personenvereinigung so organisiert werden, dass dem in § 30 Abs. 1 OWiG a.F. aufgezählten Kreis von Führungskräften kein Verschulden nachgewiesen werden konnte.[98] Bereits im EWiKG 2[99] sowie vom 57. Deutschen Juristentag[100] und von der Sachverständigenkommission zur Bekämpfung der Wirtschaftskriminalität[101] wurde daher die Forderung erhoben, die Anknüpfung des Täterkrei-

---

96 BT-Drucks. 14/8998, S. 11.

97 Pohl-Sichtermann, Geldbuße, S. 113; Schwinge, S. 74; Protokolle der Sitzungen des Sonderausschusses für die Strafrechtsreform, 5. Wahlperiode, 57. Sitzung, S. 1086, 1089, Laumann, Müller-Emmert und Arndt; auch der Sonderausschuss hat dieses Problem gesehen!

98 Schwinge, S. 74; Achenbach, FS-Stree/Wessels, S.559 ff.; Müller, S. 66 ff.; Triffterer, Umweltstrafrecht, S. 126 f.

99 BT-Drucks. 10/318, EWiKG 2, S. 6.

100 Verh. 57. DJT, Band II, S. L 290.

101 Schlussbericht der Sachverständigenkommission zur Bekämpfung der Wirtschaftskriminalität, 1980, S. 35 ff.; in diesem Sinne auch: Schall, Deutsche Wiedervereinigung, S. 125 ff.

ses an formelle Kriterien zugunsten von funktionalen Kriterien aufzugeben und für die Bestimmung eines tauglichen Täters lediglich auf seine Tätigkeit im Kreis der für die Leitung des Betriebes verantwortlich handelnden Personen abzustellen.

Auch die mögliche Haftung der juristischen Person oder Personenvereinigung für das Verhalten von sonstigen leitenden Angestellten, Mitgliedern, Vertretern o.ä. über den Umweg des § 130 OWiG dürfte keinen vollwertigen Ausgleich für die fehlende Haftung nach § 30 OWiG darstellen.[102] Die Sorgfaltspflicht der Verantwortlichen beschränkt sich in großen arbeitsteilig organisierten Unternehmen meistens nur auf die ordnungsgemäße Auswahl, Bestellung und Überwachung der Mitarbeiter. Da in diesen Fällen oftmals Sachverstand und Leitungsbefugnisse auseinander fallen, bestehen nicht selten Schwierigkeiten, eine hinreichende Verletzung der Aufsichtspflicht zu beweisen. Dies alles bewirkt eine deutliche Schwächung der Haftung nach § 130 OWiG im Vergleich zu einer möglichen Sanktion nach § 30 OWiG.[103]

Mit der Einführung des neuen § 30 Abs. 1 Nr. 5 OWiG ist der Gesetzgeber nun den genannten Vorschlägen gefolgt. Durch die generelle Ausdehnung der Verantwortlichkeit von Verbänden für Handlungen von allen Leitungspersonen sollen ausdrücklich auch solche Fallkonstellationen erfasst werden, in denen – auch aufgrund bewusster Umgehungsstrategien – ein Rechtsverstoß von einer Leitungsperson begangen wird, die nicht eine formelle Position im Sinne des § 30 Abs. 1 Nr. 1 bis 4 inne hat.[104] Damit wird ein ernsthafter Schritt in die Richtung unternommen, das Phänomen der organisierten Unverantwortlichkeit zu bekämpfen.[105] Ob dies jedoch umfassend gelungen ist, bleibt fraglich. Denn zumindest theoretisch bleibt für Unternehmen die Möglichkeit bestehen, mit der Gefahr von Rechtsverstößen verbundene Handlungen an Angestellte unterhalb der Leitungsebene zu delegieren. Ob von diese Möglichkeit in der Praxis aber in nennenswertem Umfang gebrauch gemacht werden wird, bleibt abzuwarten.

Auch die vor der Einführung des § 30 Abs. 1 Nr. 5 OWiG oft kritisierte Diskrepanz der Personenkreise in § 30 OWiG und den § 14 Abs. 2 StGB und § 9 Abs. 2 OWiG ist durch die Novellierung angeglichen worden. Nach der alten Rechtslage konnte dem Beauftragten im Sinne der § 14 Abs. 2 StGB oder § 9 Abs. 2 OWiG ein strafbegründendes besonderes persönliches Merkmal des Auftraggebers zugerechnet und er so für das entsprechende Sonderdelikt verantwortlich

---

102 Zur Systematik des § 130 OWiG siehe auch oben: Teil 1, C, I, 1.
103 Schwinge, S. 72 f.; Müller, S. 67, m.w.N.
104 BT-Drucks. 14/8998, S. 11; Achenbach, wistra 2002, 441, 443.
105 Siehe zur Organisierten Unverantwortlichkeit auch unten: Teil 1, B, II.

gemacht werden. Dem Betrieb, für den der Beauftragte gehandelt hatte, konnte die Tat des Beauftragten jedoch nicht zugerechnet werden, da er als gewillkürter Vertreter nicht zu den in § 30 Abs. 1 OWiG a.F. aufgezählten Personenkreis zählte.[106] Nach der aktuellen Fassung des § 30 Abs. 1 Nr. 5 OWiG ist der Beauftragte nun als sonstige Leitungsperson des Betriebes anzusehen, so dass nunmehr auch eine Haftung des Betriebes für das Verhalten eines Beauftragten besteht.

b. Gleichstellung von juristischen und natürlichen Personen

Die einstige Einführung der einheitlichen Verbandsgeldbuße im Ordnungswidrigkeitenrecht in § 26 des OWiG von 1968 sollte dem Zweck dienen, eine weitgehende Gleichstellung der Behandlung von juristischen und natürlichen Personen als Inhaber eines Betriebes oder Unternehmens zu erreichen. Die juristischen Personen oder Personenvereinigungen sollten durch die Verbandsgeldbuße selbst den Nachteilen der Taten ausgesetzt werden, die ihre Organe im Rahmen ihres Tätigwerdens für die Verbände durch die Nichtbeachtung der Rechtsordnung begehen. Hierdurch sollte ein Ausgleich dafür geschaffen werden, dass den Verbänden die aus den Zuwiderhandlungen resultierenden Vorteile zufließen. Beim Fehlen einer entsprechenden Norm läge eine Besserstellung der juristischen Personen oder Personenvereinigungen gegenüber einem delinquenten Einzelunternehmer vor, da gegen diesen eine Strafe oder Geldbuße auch unter Berücksichtigung des wirtschaftlichen Wertes seines Unternehmens festgesetzt werden könne. Die Strafe oder Geldbuße gegen ein Organ einer juristischen Person hingegen könne lediglich nach dessen persönlichen wirtschaftlichen Verhältnissen ohne Berücksichtigung des Verbandsvermögens bestimmt werden. Die hiernach zulässige Strafe oder Geldbuße würde vielfach in keinem angemessenen Verhältnis zur Tragweite der Tat stehen.[107]
Der Täterkreis der Anknüpfungstat war im OWiG von 1968 bewusst klein gehalten und auf bestimmte Organe und Vertreter beschränkt worden. Auf die Tat eines Prokuristen als ausreichende Grundlage für die Festsetzung einer Geldbuße gegen juristische Personen oder Personenvereinigungen wurde mit Blick auf eine Schlechterstellung gegenüber natürlichen Personen verzichtet. Eine solche würde entstehen, da als Folge der Tat eines Prokuristen gegen einen Einzelunternehmer eine Geldbuße nicht festgesetzt werden könne. Eine Haftung des Einzelunternehmers könnte nur begründet werden, soweit dieser durch die

106 Achenbach, FS-Stree/Wessels, S. 547, 559 ff.; Müller, S. 68 ff.
107 BT-Drucks. 5/1269, EOWiG, S. 59.

Verletzung seiner Aufsichtspflicht selbst eine Ordnungswidrigkeit begangen hat.[108]

Das Gleichstellungsargument stieß in der wissenschaftlichen Diskussion weitgehend auf Kritik. Zum einen wurde die Möglichkeit einer Gleichstellung und Vergleichbarkeit juristischer und natürlicher Personen verneint, zum anderen wurde die Brauchbarkeit der Kriterien, mit Hilfe derer eine solche Gleichstellung erzielt werden sollte, in Frage gestellt. Auch sei die erwünschte Gleichstellung in der Praxis nicht erreicht worden.[109] Juristische und natürliche Personen seien nicht vergleichbar und könnten daher weder rechtlich gleichgestellt noch tatsächlich gleich behandelt werden.[110] Der Versuch einer solchen Gleichstellung sei schon im Ansatz verfehlt, weil es eine solche Gleichstellung niemals geben könne. Im Gegensatz zu den vom Schuldprinzip her legitimierten Sanktionen gegenüber natürlichen Personen müsse im Hinblick auf Maßnahmen gegenüber Unternehmen nach völlig anderen, neuen Legitimationskriterien gesucht werden.[111]

Ob der anhaltenden Kritik in der Literatur hat der Gesetzgeber seine Auffassung revidiert und angepasst. Der Verzicht darauf, die Taten gewillkürter Vertreter als Grundlage für die Festsetzung einer Verbandsgeldbuße genügen zu lassen, um eine Gleichbehandlung juristischer und natürlicher Personen zu erreichen, sei nur scheinbar ein Gebot der Gerechtigkeit. Die Gleichstellung setze voraus, dass sich die Willensbildung bei juristischen Personen und Personenvereinigungen ebenso vollzieht wie bei natürlichen Personen. Das sei jedoch nicht der Fall, da die ersteren keine natürlichen Organismen mit eigenem Bewusstsein und eigenem Willen seien. Die strafrechtliche Grenze der Zurechnung könne nicht durch eine formale Gleichsetzung der juristischen Person sowie der Personenvereinigungen mit natürlichen Personen gezogen werden. Sie müsse vielmehr durch eine Bewertung der sozialen Wirklichkeit gefunden werden.[112]

Ziel von Sanktionen gegen juristische Personen und Personenvereinigungen und damit auch Ziel von § 30 OWiG kann es nicht sein, Regelungen zu schaffen, die eine Behandlung von juristischen und natürlichen Personen als Inhaber von Betrieben oder Unternehmen in der Weise bewirken, natürliche und juristische Personen formell gleichzusetzen und identische Rechtsfolgen an aus ihrer Tätigkeit heraus entstandenes delinquentes Verhalten zu knüpfen. Ziel kann es vielmehr

---

108 BT-Drucks. 5/1269, EOWiG, S. 59.
109 Tiedemann, Verh. 49. DJT, S. C 57 f.
110 Pohl-Sichtermann, Geldbuße, S. 112.
111 Schünemann, Unternehmenskriminalität, S. 235; vgl. Schwinge, S. 75.
112 BT-Drucks. 12/192, EUKG 2, S. 32.

nur sein, an die Besonderheiten von natürlichen sowie juristischen Personen anknüpfend, Sanktionsmöglichkeiten auch gegen juristische Personen und Personenvereinigungen zu eröffnen, die eine nach dem Gerechtigkeitsempfinden drohende Schlechterstellung oder Besserstellung einer der beiden Gruppen bei der Haftung für aus ihrer Tätigkeit heraus begangenes rechtswidriges Verhalten so gut als möglich zu vermeiden sucht. Dabei sind juristische und natürliche Personen als Inhaber von Betrieben und Unternehmen wenn überhaupt dann doch nur sehr bedingt vergleichbar. Eine natürliche Person kann weder für das Handeln ihres gesetzlichen noch ihres rechtsgeschäftlich bestellten Vertreters strafrechtlich persönlich verantwortlich gemacht werden. Dass eine juristische Person hingegen ohne weiteres für das Verhalten ihrer gesetzlichen Vertreter haftbar gemacht werden kann, unterliegt keinerlei Bedenken.

Die vorgebrachten Befürchtungen, eine Haftung von juristischen Personen und Personenvereinigungen auch für das Handeln von sonstigen Angestellten außerhalb des Kreises von Leitungspersonen mit Vertretungsbefugnissen würde eine Schlechterstellung gegenüber einem Einzelunternehmer bedeuten[113], vermag nicht zu überzeugen. Hierbei werden vielmehr unter Beachtung der Zielsetzung einer im Ergebnis gerechten Sanktionierung von Delinquenz im Unternehmensbereich, ganz gleich ob eine natürliche oder juristische Person als Unternehmensträger fungiert, wiederum zwei Dinge miteinander verglichen, die so nicht vergleichbar sind. Denn stellt man darauf ab, dass das Unternehmen lediglich eine wirtschaftliche Wirkungs- und Organisationseinheit ist, Adressat von Rechtspflichten und Inhaber von Rechten dagegen nur der Unternehmensträger sein kann, das heißt eine natürliche oder eben eine juristische Person,[114] wird man bei der Gegenüberstellung einer natürlichen und einer juristischen Person als Unternehmensträger feststellen, dass einem Einzelunternehmer neben der Auferlegung einer Geldbuße nach § 130 OWiG zusätzlich auch noch eine strafrechtliche Verfolgung droht.[115] Gegenüber der juristischen Person selbst hingegen begnügt sich die Rechtsordnung zumindest bisher mit der Androhung der Geldbuße nach § 30 OWiG. Lediglich gegen die Organe einer juristischen Person oder Personenvereinigung sind strafrechtliche Folgen denkbar. Die Organe etc. sind selbst jedoch wiederum nicht der Unternehmensträger, sondern lediglich dessen gesetzliche Vertreter.

Der Gesetzgeber hat richtig erkannt, dass natürliche und juristische Personen nicht unmittelbar miteinander vergleichbar sind. Seine Folgerung daraus, die Vergleichskriterien der Besonderheit dieser Vergleichsgruppen anzupassen, ist

---

113 BT-Drucks. 5/1269, EOWiG, S. 59; aus neuerer Zeit: Hirsch, Personenverbände, S. 24.
114 Hirsch, Personenverbände, S. 24 f.
115 Triffterer, Umweltstrafrecht, S. 128 f.; Schwinge, S. 72; Müller, S. 66.

richtig. In der Ausweitung des Täterkreises des § 30 Abs. 1 OWiG ist daher ein gewichtiger Schritt in Richtung einer angemessenen Behandlung von juristischen Personen als Unternehmensträger zu sehen.

c. Klare Anknüpfungspunkte zur Bestimmung des Täterkreises

Ausdrückliches Ziel des Gesetzgebers und Argument gegen eine weitere Ausdehnung des Kreises tauglicher Täter der Anknüpfungstat der Verbandssanktion im Rahmen des 2. UKG war es, im Interesse klarer Anknüpfungspunkte an verantwortliches, der juristischen Person zurechenbares Handeln, klar bestimmbare Abgrenzungskriterien zur Bestimmung des Täterkreises von Verbandssanktionen zu schaffen.[116] Ein Tatbestandsmerkmal, nach dem alle für die Leitung des Betriebes verantwortlich handelnden Personen zum Kreis der tauglichen Täter zählen sollten[117], war dem Gesetzgeber ausdrücklich zu unbestimmt. Doch auch die durch das 2. UKG eingeführte Regelung des § 30 Abs. 1 Nr. 4 OWiG forderte, dass ein Prokurist oder Handlungsbevollmächtigter, dessen Tat eine Verbandsgeldbuße auslösen soll, seine Tat in Ausübung einer leitenden Stellung für das Unternehmen begangen haben muss. Dieses Kriterium war aber – ebenso wie das jetzt in § 30 Abs. 1 Nr. 5 OWiG n.F. und wie das schon im Entwurf zum WiKG 2 und UKG 2 vorgeschlagene – kein fest bestimmter Begriff, sondern ein Tatbestandsmerkmal, dessen Vorliegen erst durch eine eingehende Feststellung, die sich an der Organisationsstruktur des Unternehmens sowie an den Kompetenzen zu orientieren hat, die dem Betroffenen innerhalb von Geschäftsführung und Vertretung eingeräumt sind, festzustellen ist.[118] Es ist also stets eine Betrachtung, Bewertung und Auslegung des konkreten Falles erforderlich.

Wenn aber ohnehin auf das Merkmal der leitenden Stellung abgestellt worden war, scheint auch der Gesetzgeber davon ausgegangen zu sein, dass in der Praxis brauchbare Kriterien zur Bestimmung dieses Tatbestandsmerkmals vorhanden sind. Da dies möglich ist, stellt sich als Konsequenz die Frage, warum nicht schon durch das 2. UKG nur auf das Kriterium der leitenden Stellung abgestellt, sondern vom Täter kumulativ die Eigenschaft eines Prokuristen oder Handlungsbevollmächtigten gefordert wurde. Denn das Argument des Gesetzgebers, durch die Begrenzung des Täterkreises auf Prokuristen und Handlungsbevollmächtigte einen klar bestimmbaren und abgrenzbaren Anwendungsbereich vorgegeben zu haben, lief durch das Erfordernis der Feststellung der leitenden Stellung ins Leere. Es handelt sich hier nämlich um das gleiche auslegungsbedürfti-

---

116 BT-Drucks. 12/192, EUKG 2, S. 32.
117 Vgl. BT-Drucks. 12/376, S. 6, 37.
118 KK-Rogall, § 30, Rn. 67; vgl. LK-Schmidt, § 75, Rn. 12.

ge Merkmal, das auch bei der Formulierung des EWiKG 2[119] und EUKG 2[120] verwendet wurde und das jetzt in § 30 Abs. 1 Nr. 5 OWiG Gesetz geworden ist. Da somit ohnehin die Feststellung erforderlich war, dass der Täter zu dem Kreis der für den Verband verantwortlich handelnden Personen gehört, führte die zusätzliche Voraussetzung, dass es sich dabei um einen Prokuristen oder Handlungsbevollmächtigten handeln muss, nicht zu einer klareren Bestimmtheit des möglichen Täterkreises, sondern nur zu einer schwer nachvollziehbaren Einschränkung der Anwendbarkeit von § 30 OWiG. Zweckmäßiger für den § 30 OWiG wie auch für eine allgemeine Verbandssanktion überhaupt wäre es daher schon beim 2. UKG gewesen, lediglich auf den Kreis der für die Leitung des Betriebes verantwortlich handelnden Personen als maßgebendes Kriterium abzustellen.[121] Dieser Weg wäre schon damals den vielfach in der Literatur genannten Anforderungen an tatsächliche im Wirtschaftsleben vorhandene Strukturen gerecht geworden.
Spätestens aber durch die Einführung des neuen § 30 Abs. 1 Nr. 5 OWiG sind nun die Forderungen erfüllt worden, für den Täterkreis der Verbandsgeldbuße nur auf den Kreis der für den Verband verantwortlich handelnden Personen abzustellen. Überraschend ist jedoch, das der Gesetzentwurf zum EU-Rechtsinstrumente-AG vom 22.08.2002 auf die noch zum 2. UKG geltend gemachten Bedenken nicht mehr eingeht.

Wenig systemkonform waren nach der alten Rechtslage ebenfalls die durch den Gesetzgeber im Bereich des Kreditwesens selbst geschaffenen Ausnahmeregelungen zur Ausweitung des Anwendungsbereiches des § 30 Abs. 1 OWiG. Durch diese Sonderregelungen im Bankenrecht (§§ 59 KWG a.F., 39 HypBkG a.F., 40 SchBKG a.F.) gestand der Gesetzgeber durch die Ausweitung des Täterkreises auf „Geschäftsleiter"[122] ein, dass es Bereiche gibt, in denen der eingeschränkte Täterkreis des § 30 Abs. 1 Nr. 1 bis 4 OWiG a.F. nicht ausreichend war. Indem er im Bereich des Kreditwesens Sonderregelungen an § 30 OWiG vorbei etabliert hatte, untergrub er selbst sein ursprüngliches Ziel, mit § 30 OWiG eine einzige zentrale Norm für die Verhängung einer Verbandsgeldbuße zu schaffen und damit einer drohenden unüberschaubaren Aufsplitterung von Sonderregelungen entgegenzuwirken[123]. Durch die Novellierung des Täterkreises in

---

119 BT-Drucks. 10/318, EWiKG 2, S. 6, 38 ff.
120 BT-Drucks. 12/376, EUKG 2, S. 6, 37.
121 BT-Drucks. 10/318, EWiKG 2, S. 6, 38 ff.; BT-Drucks. 12/376, EUKG 2, S. 6, 37; vgl. 57. DJT 1988, Band II, S. L 290; Schlussbericht der Sachverständigenkommission zur Bekämpfung der Wirtschaftskriminalität, 1980, S. 35 ff.
122 Vgl. § 1 Abs. 2 KWG.
123 BT-Drucks. 5/1269, S. 58.

§ 30 OWiG n.F. wurden diese Sonderregelungen mittlerweile entbehrlich. Die Regelungen wurden daher inzwischen aufgehoben oder modifiziert.[124]

3. Haftung auch für Personen unterhalb der Leitungsebene

In neuerer Zeit wird im Schrifttum zunehmend die Frage aufgeworfen, ob es sinnvoll sei, die Haftung einer juristischen Person oder Personenvereinigung nicht nur auf alle leitenden Angestellten, sondern auf einen noch weiter gefassten Kreis von Personen zu erstrecken.[125] Will man erreichen, den Verband für sämtliches delinquentes Verhalten im Rahmen seiner Betätigung haftbar machen zu können, wird man letztlich an das Verhalten aller befugterweise für ihn tätigen Personen anknüpfen müssen.[126] Wie weit aber kann man den Kreis derer ziehen, für dessen Verhalten ein Unternehmen verantwortlich gemacht werden kann?

Busch hat den Rahmen hierfür wohl am weitesten gesteckt, indem er auch die Taten von bloßen „Anhängern" eines Verbandes, zu denen er auch gänzlich „verbandsfremde Personen" zählt, genügen lassen will. Taten, die „weder in Ausübung von Verbandsfunktionen, noch im Auftrage des Verbandes oder seiner Vertreter, sondern aus eigenem Antrieb" des Täters begangen werden, sollen hiernach dem Verband zugerechnet werden, wenn sie „eine Verwirklichung der vom Verbande verfolgten Ziele, insonderheit der im Verbande herrschenden Weltanschauungen darstellen" und „der Verband oder seine Vertreter die Tat billigen oder verherrlichen, wenn sie nachträglich dem Täter Unterstützung gewähren oder wenn sie ihn, falls er Verbandsgenosse ist, nicht aus dem Verbande ausschließen".[127]
Die Haftung für das Verhalten jeder natürlichen Person auch ohne nachweisbaren Bezug zum Verband in irgendeiner Form ist sicher zu weit gegriffen. Diese Auffassung wurde seit Busch, dessen 1933 erschienenes Werk erkennbar von den Wirren der Weimarer Zeit geprägt ist und mehr politische Organisationen als Wirtschaftsunternehmen als Ausgangspunkt von Verbandskriminalität in den Vordergrund rückt, in der späteren Literatur nicht mehr vertreten.[128]

---

124 BT-Drucks. 14/8998, S. 6,12.

125 Triffterer, Umweltstrafrecht, S. 126 f.; Korte, S. 108 f.; Schwinge, S. 74 ff., 78; Müller, 66 ff., 70.

126 Korte, S. 108 f.

127 Busch, S. 201 ff.

128 Vgl. nur KK-Rogall, § 30, Rn. 93: wonach eine Einmischung von außen (Usurpation) nie eine Verbandsgeldbuße auslösen kann.

Tragendes Argument einer Ausweitung der Haftung eines Verbandes für das Verhalten aller befugterweise für ihn tätigwerdenden Personen ist die Möglichkeit, die Verantwortung für strafbares Handeln auf Personen zu übertragen, die gänzlich außerhalb der Leitungsebene des Unternehmens stehen. Triffterer hat dies insbesondere für den Fall von Betriebsbeauftragten im Rahmen des Umweltstrafrechts aufgezeigt.[129] Doch ist dieses Phänomen keinesfalls auf das Umweltrecht[130] beschränkt, auch in anderen Bereichen ist eine solche Vorgehensweise der Unternehmen in gleicher Weise denkbar.[131]
Tiedemann schlug in diesem Zusammenhang vor, im Rahmen der Bußgeldhaftung anstelle der Täterschaft von natürlichen Personen das Kriterium der Nutznießerschaft des Unternehmens als Anknüpfungspunkt stärker in den Vordergrund zu rücken.[132]

Dass eine Ausweitung des Täterkreises auf alle Unternehmensangehörigen dabei eigentlich gar nichts Neues ist, zeigt ein Blick auf das europäische Wettbewerbsrecht. Soweit die Bestimmungen des EG-Rechts Geldbußen gegen Unternehmen oder Unternehmensvereinigungen vorsehen, besteht eine gegenüber den deutschen Regelungen erweiterte Haftung.[133] Eine Verantwortlichkeit des Unternehmens vermag hiernach jede Handlung einer Person zu begründen, die berechtigt ist, für das Unternehmen oder die Unternehmensvereinigung tätig zu werden. Erfasst sind hiernach also nicht nur gesetzliche Vertreter[134] oder die zur Leitungsebene gehörenden Angestellten, sondern sämtliche Bediensteten des Unternehmens.[135] Darüber hinaus können dem Unternehmen sogar die Handlungen von Außenstehenden, Beauftragten oder Bevollmächtigten zugerechnet werden, soweit diese innerhalb der ihnen eingeräumten Befugnisse bleiben.[136]

---

129 Triffterer, Umweltstrafrecht, S. 126 f. Zur strafrechtlichen Haftung von Unternehmen im Bereich des Umweltstrafrechts siehe auch: Kuhlen, WiVerw 1991, 181, 231 ff.; Schwertfeger, S. 95 ff.

130 Zur Frage der Sanktionierung von Unternehmen für Umweltstraftaten siehe auch: Schwertfeger, S. 95 ff., 110 ff.

131 Siehe zum Beispiel: Schwinge, S. 74; vgl. Müller, S. 70.

132 Tiedemann, Verh. 49. DJT, Band I, S. C 58.

133 Eine Geldbuße gegen Unternehmen und Unternehmensvereinigungen kann die Europäische Kommission z.B. verhängen nach: Art. 47 Abs. 3, 54 Abs. 6, Art. 58 § 4, Art 59 § 7, Art. 64, 65 § 5, Art. 68 § 6 EGKSV; siehe auch Art. 81 ff. EGV.

134 Vgl. hierzu schon: Jescheck, ZStW 65 (1953), S. 496, 507 f.

135 Dannecker/Fischer-Fritsch, S. 258 ff.; Müller, S. 32 f.; Hamann, S. 18 f.; von der Groeben/Thiesing/Ehlermann/de Bronett, Art. 87, Rn. 50; siehe auch EuGH Slg. 1983, 1825, 1903 (Pioneer – Entscheidung); vgl. hierzu auch: Tiedemann, FS-Jescheck, S. 1418 ff.; siehe zum EG-Recht auch: von Freier, S. 45 ff.

136 Hamann, S. 18 f.; Schwinge, S. 75.

Dabei genießen die gemeinschaftsrechtlichen Vorschriften sogar Vorrang vor nationalem Recht.[137]

Erst die Haftung der juristischen Person oder Personenvereinigung für alle befugterweise für sie tätigen natürlichen Personen würde eine umfassende Sanktionierung für sämtliche im Bereich ihres Tätigwerdens begangenen Rechtsverstöße ermöglichen. Es wäre dadurch möglich, wirklich alle im bisherigen Regelungsbereich bestehenden Lücken zu schließen. Dies kann auch nicht dadurch erreicht werden, dass einzelne Funktionsträger, wie etwa Betriebsbeauftragte, in den Wortlaut des § 30 OWiG mitaufgenommen werden, wie es teilweise vorgeschlagen wurde.[138] Eine solche Einzelaufzählung von Funktionsträgern führt nicht zu einer befriedigenden umfassenden Haftung, sondern würde einen Schritt zurück in Richtung einer Aufsplitterung von Einzelregelungen bedeuten. Dies hätte letztlich zur Folge, dass weitere Lücken entstünden und würde damit dazu führen, dass weitere Taten aus dem Anwendungsbereich der Verbandssanktionen herausfallen.[139] Darüber hinaus stiege durch die Haftung für alle befugterweise für das Unternehmen Tätigen die Gefahr, durch das Verhalten eines Mitarbeiters mit einer Verbandsgeldbuße belegt zu werden, für einen Verband enorm an. Die generalpräventive Wirkung[140] des § 30 OWiG würde so in wünschenswerter Weise gestärkt. Auch könnte auf diese Weise dem Phänomen der organisierten Unverantwortlichkeit[141] noch wirksamer begegnet werden. Wenn es nämlich ein Unternehmen darauf anlegt, durch Delegation hin und her tatsächliche Verantwortlichkeiten im Unternehmen zu vertuschen und hierfür kein Organisationsvorwurf erhoben werden kann, fällt es meist schwer, einen Verstoß an das Handeln eines leitenden Angestellten zu knüpfen. Ein solches Verhalten ist für ein Wirtschaftsunternehmen auch nach der Ausweitung des Täterkreises des § 30 OWiG durch das EU-Rechtsinstrumente-AG zumindest theoretisch immer noch möglich. So kann eine Geldbuße nach wie vor dadurch umgangen werden, dass Handlungen, die die Gefahr beinhalten, Rechtsverstöße auszulösen, an der Ebene der leitenden Angestellten vorbei an Mitarbeiter delegiert werden, die außerhalb der eigentlichen Leitungsebene des Unternehmens stehen. Könnte mit einer Verbandssanktion hingegen an das Verhalten jedes für den Verband handelnden Mitarbeiters angeknüpft werden, würde die Möglichkeit für den Verband, sich durch Delegation der Verantwortung vor einer Sanktionierung zu schützen, endgültig unterbunden.

---

137 KK-Rogall, § 30, Rn. 248.

138 Triffterer, Umweltstrafrecht, S. 126f.

139 Korte, S. 108 f.

140 Zur präventiven Wirkung von Verbandssanktionen siehe unten: Teil 1, B, III.

141 Zum Problem der organisierten Unverantwortlichkeit siehe unten: Teil 1, B, II.

4. Ergebnis

Die Untersuchung hat gezeigt, dass die Verbandsgeldbußenregelung des § 30 OWiG in ihrer aktuellen Fassung durch die Ausweitung des Täterkreises auf alle für die Leitung eines Betriebs oder Unternehmens verantwortlich handelnden Personen weitgehend alle Regelungslücken geschlossen hat, die auch durch das 2. UKG noch nicht behoben werden konnten. Insbesondere die bisher problematische Auslegung im Zusammenhang mit dem Tätigwerden des Geschäftsführers der GmbH für die GmbH & Co. KG ist nun klar geregelt. Nach dem Willen des Gesetzgebers ist nun die schon zuvor anerkannte Praxis einer an Sinn und Zweck orientierten Auslegung des Personenkreises gesetzlich untermauert worden.
Will man ernsthaft das Ziel verfolgen, juristische Personen und Personenvereinigungen für sämtliche Verstöße, die aus ihrer Tätigkeit heraus begangen werden, ähnlich wirksam und angemessen zur Verantwortung ziehen zu können wie natürliche Personen, wird man letztlich nicht umhin kommen, auf das Verhalten aller befugterweise für das Unternehmen handelnder Personen abzustellen. Die neue Fassung des § 30 Abs. 1 OWiG hat zwar den Personenkreis, der in der Lage ist, durch sein Verhalten eine Verbandsgeldbuße auszulösen, auf begrüßenswerte Weise ausgeweitet. Die Verantwortlichkeit eines Verbandes für Rechtsverstöße aller befugterweise für ihn tätig werdenden Personen ist damit dennoch nicht erreicht worden. Eine solche Verantwortlichkeit würde zudem eine Vereinheitlichung mit den Bestimmungen des EG-Rechts bedeuten, nachdem Geldbußen gegen Unternehmen schon jetzt auch aufgrund von Verstößen einfacher Angestellter verhängt werden können.[142]
Eine wirklich umfassende Verbandssanktion sollte also an das Verhalten all derjenigen anknüpfen, die mit Zustimmung des Verbandes für diesen tätig werden, unabhängig von ihrer im Innenverhältnis bestehenden Stellung innerhalb des Unternehmens.

II. Handeln als Organ – Die Beziehung der Tat zum Verband

Wie schon zu Beginn der Ausführungen angemerkt, bedarf es zur exakten Bestimmung dessen, was eine Verbandstat ist, neben der Beschreibung des Kreises tauglicher Täter auch der Klärung der Frage, in welchem Verhältnis die Tat selbst zum Verband stehen muss. Denn nicht jede Tat einer Person, die zum Kreis der tauglichen Täter einer Verbandstat gehört, stellt auch automatisch eine

---

142 Vgl. zum EG-Recht: Dannecker/Fischer-Fritsch, EG-Kartellrecht, S. 258 ff.; Hamann, Unternehmen als Täter, S 18 f.

solche dar. Vielmehr ist eine Vielzahl von Situationen denkbar, in denen jemand eine Tat begeht, die sich in seinem ganz persönlichen Umfeld ereignet und auch nur dort Auswirkungen zeigt. Bei solchen Verstößen kann es keinen Unterschied machen, ob der Täter berufsuntätig und auch sonst in keinerlei Weise in einem Verband engagiert ist oder ob er zufällig zum Vorstand eines als AG organisierten Wirtschaftsunternehmens zählt. In diesem Fall wäre es nicht gerechtfertigt, die AG für das Verhalten ihres Vorstandes in Haftung zu nehmen, ohne dass die geringste Beziehung zwischen der Tat und dem Verband besteht. Wie aber unterscheidet man eine Tat, die ein Organ in dieser von ihm ausgeübten Funktion für den Verband begeht von einer solchen, die als Privatperson mit privaten Interessen vorgenommen wird?

Die §§ 29 und 30 OWiG sowie der § 75 StGB regeln die Zurechnung des Verhaltens einer natürlichen Person gegenüber einem Verband. Die §§ 9 OWiG und 14 StGB behandeln die Zurechnung bestimmter persönlicher Merkmale, die auch einem Verband zu eigen sein können, gegenüber natürlichen Personen. Alle diese Normen stellen als Voraussetzung einer Zurechnung darauf ab, dass der Täter in seiner Eigenschaft „als vertretungsberechtigtes Organ" usw. gehandelt hat. Mittels dieser Formulierung soll der notwendige Vertretungsbezug der Handlung des Organs herausgestellt werden, der erforderlich ist, um eine Haftung des Organs oder des Verbandes auszulösen.[143] Dabei wird man die Frage der Zurechnung innerhalb eines Falles nur einheitlich beantworten können.[144] Das heißt, ist eine Zurechnung der besonderen persönlichen Merkmale des Verbandes gegenüber dem Organ aufgrund fehlenden Vertretungsbezuges nicht möglich (§§ 9 OWiG oder 14 StGB), kann auch dem Verband die Tat des Organs nicht zugerechnet werden (§§ 29, 30 OWiG oder 75 StGB) und umgekehrt.

Wir halten also fest, dass als Verbandstat nur ein Verstoß einer Person in Betracht kommt, die zum Kreis der tauglichen Täter gezählt werden kann. Nun gilt es Kriterien zu entwickeln, um alle Taten, die von tauglichen Tätern begangen wurden, danach unterscheiden zu können, ob es sich bei ihnen tatsächlich um Verstöße handelt, die als Verbandstaten dem Verband zugerechnet werden können oder um solche, die wir in Abgrenzung zum Verbandsdelikt als Privatdelikt bezeichnen wollen. Es ist also in jedem Fall zu entscheiden, ob es sich bei einem Verstoß um eine Tat handelt, die sich im rein privaten Umfeld des Täters ereignet oder ob ein hinreichender Zusammenhang mit der Eigenschaft des Täters als Organ etc. besteht, um den Verstoß dem Verband zurechnen zu können und ihn damit als Verbandstat zu kennzeichnen. Schwierig wird die Unterscheidung, wenn dem Täter seine Stellung, sein Tätigwerden oder sein Auftreten als Organ

143 KK-Rogall, § 30, Rn. 89.
144 Müller, S. 77.

quasi nur zufällig die Möglichkeit zur Begehung der Tat eröffnet, er die Tat also nur bei Gelegenheit begeht. Die Tat steht hierbei zwar in einem gewissen Zusammenhang mit der Stellung des Täters als Organ, weist aber keine ausreichende Nähebeziehung zum vertretenen Verband auf, um diesem die Tat zurechnen zu können und stellt somit ein Privatdelikt dar. Die Differenzierung, ob es sich um eine Verbandstat oder eine Tat bei Gelegenheit beziehungsweise ein Privatdelikt handelt, wird man dabei sowohl nach objektiven als auch nach subjektiven Kriterien vorzunehmen haben.[145]

1. Objektive Kriterien

Als objektiver Faktor ist dabei von Bedeutung, wie intensiv die Tat die Sphäre des Verbandes betrifft und ob sich der Erfolg der Tat im Umfeld des Verbandes oder im privaten Bereich des Täters realisiert. Es ist also zu klären, ob die Tat in einem inneren (funktionalen) Zusammenhang mit der Stellung des Täters im Verband und damit seiner Qualifikation als tauglichem Täter steht.
Für die objektive Abgrenzung wird die so genannte „Funktionstheorie" vertreten, die aufgrund der strukturellen Übereinstimmungen auch auf § 9 OWiG und § 14 StGB Anwendung findet.[146] Ein hinreichend enger Zusammenhang soll bestehen, wenn der Täter in Wahrnehmung der Angelegenheiten des Verbandes gehandelt und sein Handeln zumindest noch objektiv den Zielen des Verbandes entsprochen hat.[147] Hiernach wird angenommen, dass ein ausreichender Zusammenhang besteht, wenn zum Beispiel das Organ einer juristischen Person bei Geschäftsverhandlungen, die es im Namen seines Unternehmens führt, den Vertragspartner im Zusammenhang mit diesem Geschäft zu Gunsten seines Unternehmens betrügt. Nicht mehr ausreichen soll es hingegen, wenn das Organ die Geschäftsverhandlungen als Gelegenheit benutzt, um den Geschäftspartner zu bestehlen und das Diebesgut für private Zwecke zu verwenden. Ebenso soll es nicht ausreichen, wenn ein Organ auf einer Geschäftsreise mit einem Firmenfahrzeug einen anderen Verkehrsteilnehmer gefährdet, verletzt oder gar tötet. In den letzten beiden Fällen seien die Taten nur bei Gelegenheit begangen worden, ein hinreichender innerer Zusammenhang liege hier nicht vor.[148]

---

145 Vgl. Pohl-Sichtermann, Geldbuße, S. 158 f.; Blauth, S. 140 f.

146 KK-Rogall, § 30, Rn. 91 und § 9, Rn. 59; vgl. Demuth/Schneider, BB 1970, 642, 644, 651.

147 BGH, JR 1997, 205; Göhler, § 30, Rn. 25 f; Rebmann/Roth/Herrmann, § 30, Rn. 34; KK-Rogall, § 30, Rn 91; Pohl-Sichtermann, Geldbuße, S. 156 ff.; Demuth/Schneider, BB 1970, 642, 651.

148 Rebmann/Roth/Herrmann, § 30, Rn. 34; KK-Rogall, § 30, Rn. 91; Demuth/Schneider, BB 1970, 642, 651.

Die Ergebnisse scheinen zufrieden stellend, die aufgeführten Abgrenzungskriterien wirken jedoch formelhaft und wenig praxistauglich. Für die Abgrenzung einer Verbandstat von einer Tat bei Gelegenheit beziehungsweise einem Privatdelikt mag es daher hilfreich sein, sich durch eine Negativabgrenzung einer Antwort zu nähern.
Unter einem reinen Privatdelikt wird man eine Tat verstehen dürfen, bei der der Täter ausschließlich als Privater tätig wird. Zur Verwirklichung bedarf es weder irgendwelcher Gegenstände, finanzieller Mittel oder des (Macht-) Einflusses der juristischen Person oder Personenvereinigung, noch der Stellung des Täters innerhalb des Verbandes. Der Taterfolg realisiert sich hier im privaten Umfeld des Täters.
Die Tat bei Gelegenheit ist dadurch gekennzeichnet, dass die Tätigkeit für den Verband dem Täter quasi zufällig die Möglichkeit eröffnet, die Tat zu begehen. Der Täter könnte die gleiche Tat aber auch ohne Zutun des Verbandes bei anderer Gelegenheit als Privatperson begehen, da er zur Verwirklichung nicht der Ausnutzung seiner Stellung innerhalb des Verbandes oder der Mittel des Verbandes bedurft hätte. Auch hier wirkt sich der Erfolg der Tat im privaten Umfeld aus. Die Tat bei Gelegenheit ist als Unterfall des Privatdelikts zu verstehen.
Dementgegen zeichnet sich die Verbandstat objektiv dadurch aus, dass der Täter zu ihrer Begehung über Ressourcen verfügt, die nicht ihm privat, sondern nur dem Verband zur Verfügung stehen. Weiter wird man alle Taten eines tauglichen Einzeltäters als Verbandstat betrachten müssen, die eine Bereicherung oder einen sonstigen Vorteil für den Verband bezwecken.[149] Der Taterfolg kommt hier mittelbar oder unmittelbar zumindest auch dem Verband zugute. Die Ausnutzung all derer Faktoren, die den Täter als Teil des Verbandes vom Täter als reiner Privatperson unterscheiden ist das, was in der Literatur als Verbandsmacht beschrieben wird.

2. Motivation zur Tat

Neben der Abgrenzungsmöglichkeit nach objektiven Kriterien wird auch eine Abgrenzung nach der so genannten Interessentheorie[150] vertreten. Danach soll es für die Bestimmung, ob die Tat eines Verbandsmitgliedes dem Kollektiv zugerechnet werden kann, auch darauf ankommen, wessen Interessen durch sie verfolgt werden sollen. Dabei wird eine Unterscheidung teils nur durch diese Krite-

---

149 Zum Aspekt der Bereicherung des Verbandes siehe auch unten: Teil 1, A, II, 2, c.
150 BGHSt 30, 127, 129 f. und 34, 221, 223; Göhler, § 9, Rn. 15 a; ablehnend: van Jeger, S. 25.

rien, teils in Verbindung mit objektiven Unterscheidungsmerkmalen vertreten.[151] In Betracht kommt hierbei, ob die Tat im Interesse des Verbandes, im Interesse des Täters oder sowohl im Interesse des Verbandes als auch des Täters begangen wird. Nach herrschender Meinung liegt eine Verbandstat vor, kann die Tat des Verbandsvertreters dem Verband also zugerechnet werden, wenn der Verstoß zumindest auch im Interesse des Verbandes liegt.[152]

a. Verletzung betriebsbezogener Pflichten

Bei der Verletzung betriebsbezogener Pflichten wird in den meisten Fällen von einem Handeln des Täters in seiner Eigenschaft als Organ usw. ausgegangen.[153] Dabei spielt es keine Rolle, ob sich der Täter, insbesondere bei Vorhandensein mehrerer Vorstandsmitglieder oder Gesellschafter, an den ihm im Innenverhältnis zugewiesenen Aufgabenkreis hält oder nicht. Entscheidend ist nur, dass sich die Handlung insgesamt noch im Geschäfts- und Wirkungskreis des Unternehmens bewegt.[154] Denn eine Verletzung betriebsbezogener Pflichten soll nur innerhalb dieses Kreises möglich sein.[155]

Stellt zum Beispiel das Organ einer Baufirma Schwarzarbeiter ein, weil es hierfür Schmiergelder erhalten hat, verletzt es hierdurch eine seiner Gesellschaft obliegende Pflicht, es handelt dabei aber auch in seiner Eigenschaft als Organ.[156] Denn es hat seine Organstellung ausgenutzt, im Geschäfts- und Wirkungsbereich der Gesellschaft gehandelt, wollte die Firma vertreten und hat sie auch tatsächlich repräsentiert. Hier hat das Organ, indem es sich die Schmiergeldzahlung sichern wollte, sicherlich seine eigenen Interessen vertreten. Aber auch die Gesellschaft hat, durch eingesparte Lohnkosten und eine damit verbundene vorteilhafte Stellung gegenüber Konkurrenzunternehmen, Nutzen aus der Tat gezogen. Ob dies vom Vorsatz des Täters umfasst war, wird der Entscheidung im Einzelfall überlassen bleiben müssen. Ob es tatsächlich so war oder nicht, kann aber im Ergebnis keinen Unterschied in der Bewertung bedeuten. Die Beschäfti-

---

151 Vgl. KK-Rogall, § 9, Rn. 58 ff.; LK-Schünemann, § 14, Rn. 50 f.; Sch/Sch/Lenckner/Perron, § 14, Rn. 26; Blauth, S 140 f.

152 Göhler, § 9, Rn. 15 a und § 30, Rn. 24; Müller, S. 77 f.; Demuth/Schneider, BB 1970, 642, 644; BGH 34, 221, 222.; BGHSt 30, 127, 129 f.

153 Vgl. Pohl-Sichtermann, Geldbuße, S. 161; Göhler, § 30, Rn. 25; Rebmann/Roth/Herrmann, § 30, Rn. 34.

154 Demuth/Schneider, BB 1970, 642, 651; Göhler, § 30, Rn. 24 und § 9, Rn. 15 a; KK-Rogall, § 30, Rn. 96; Rebmann/Roth/Herrmann, § 30, Rn. 35; van Jeger, S. 24.

155 Rebmann/Roth/Herrmann, § 30, Rn. 35; Göhler, § 30, Rn. 26.

156 Vgl. Beispiel bei: Pohl-Sichtermann, Geldbuße, S. 161 f.; Rebmann/Roth/Herrmann, § 30, Rn. 34; KK-Rogall, § 30, Rn. 94.

gung der Schwarzarbeiter verletzt eine Pflicht, die unmittelbar die Gesellschaft trifft und die das Organ für sie zu beachten hat. Sie ist eine Pflicht, die zu erfüllen sowohl im Tätigkeitsbereich der Organisation als auch im Aufgabenbereich des Organs liegt. Erfüllt das Organ diese Pflicht nicht, ist dies ohne weiteres der juristischen Person zuzurechnen. Daran kann sich auch nichts ändern, wenn der Täter die Tat nur aus der Motivation begangen hat, sich selbst zu bereichern und der Vorteil für den Verband lediglich als sichere Folge der Tat angesehen werden kann. Handelt der Täter also in Ausübung der objektiv von ihm in seiner Stellung als Organ usw. wahrzunehmenden Aufgaben, stellt die Verletzung einer betriebsbezogenen Pflicht einen ausreichenden Vertretungsbezug für die Zurechnung der Tat gegenüber dem Verband dar. Dies ist unabhängig davon der Fall, ob das Organ dabei nur oder auch aus eigennützigen Motiven gehandelt hat.[157]

Keine ausreichende Nähebeziehung soll bestehen, wenn das Organ usw. nicht als solches, sondern wie ein normaler Betriebsangehöriger tätig wird.[158] Diese Auffassung ist jedoch nur konsequent, wenn man die Meinung vertritt, dass nur bestimmte zur Leitungsebene eines Verbandes gehörende Funktionsträger taugliche Täter einer Verbandstat sein können.[159] Vertritt man die Auffassung, dass letztlich Zuwiderhandlungen aller Personen, die für ein Unternehmen tätig sind, auch eine Sanktion gegen dieses Unternehmen auslösen können müssen, spielt diese Differenzierung keine Rolle.
Nehmen wir als Beispiel den Fall, dass der Geschäftsführer und der Hausmeister einer als GmbH geführten Chemiefirma als einzige Anwesende gemeinsam ein ausgebrochenes Feuer bekämpfen und das verseuchte Löschwasser nicht wie vorgeschrieben auffangen und entsorgen, sondern in einen nahe gelegenen Fluss laufen lassen.[160] In diesem Fall ist es nach der vorgetragenen Auffassung nicht zu erklären, warum der Verband für die durch den Geschäftsführer verursachte Gewässerverunreinigung haften sollte, nicht aber für die durch den Hausmeister verursachte. Die hieraus gezogene Konsequenz, dass das Verhalten des Geschäftsführers keine Verbandssanktion auslösen könne, weil dies auch die Tat des Hausmeisters nicht möglich sei, geht jedoch fehl. Entscheidend für die hier bestehende Fragestellung ist es nicht, welche Funktion der Täter innerhalb der Organisation innehat, sondern, ob die Tat in einem ausreichend engen Zusammenhang mit der Betätigung des Verbandes steht. Dies wird man hier aber ohne weiteres bejahen müssen. Denn den Verband trifft die Pflicht, die Verwirkli-

---

157 Ebenso Rebmann/Roth/Herrmann, § 30, Rn. 34; a.A. KK-Rogall, § 30, Rn. 94.

158 Göhler, § 30, Rn. 25; Rebmann/Roth/Herrmann, § 30, Rn. 34; KK-Rogall, § 30, Rn. 91; BGHSt 30, 127, 129 f.; vgl. BGH NJW 1969, 1494.

159 Zu dieser Fragestellung vgl. oben: Teil 1, A, I, 1, b, bb.

160 Beispiel in Anlehnung an den Fall „Sandoz" in der Schweiz vom 01.11.1986; vgl. hierzu auch Lütolf, S. 7 ff.

chung von Gefahren, die sich aus seiner Tätigkeit heraus ergeben, zu verhindern. Wird der Fluss durch das Löschwasser verunreinigt, spielt es für die Beantwortung der Frage, ob diese Tat eine hinreichende Nähe zur Tätigkeit des Verbandes aufweist, um die Tat dem Verband zurechnen zu können, keine Rolle, wer das Wasser in den Fluss geleitet hat. Entscheidend ist allein, dass sich die Verunreinigung aus der Tätigkeit des Verbandes ergibt. Sie ist im Interesse des Verbandes vorgenommen worden, da es im Sinne der Organisation war, das Feuer zu löschen, um noch Schlimmeres zu vermeiden. Die Gewässerverunreinigung stellt hier also eine taugliche, dem Verband zurechenbare Tat dar. Ob nur die Tat des Geschäftsführers oder auch die des Hausmeisters dem Verband zugerechnet werden kann, ist demnach kein Problem der Tauglichkeit der Tat, sondern vielmehr ein solches der Frage nach dem tauglichen Einzeltäter. Die von Teilen der Literatur an dieser Stelle vorgenommene Problematisierung ist daher verfehlt.[161]

b. Exzesstaten

Bei Exzesstaten, also wenn sich die Tat des Organs etc. gegen die von ihm vertretene juristische Person selbst richtet, macht es keinen Sinn, den Verband für diese Tat haftbar zu machen, selbst wenn der Täter in Ausübung seiner Stellung als Organ etc. gehandelt hat.[162] Auch das von den Befürwortern einer Haftung des Verbandes in dieser Situation angeführte Beispiel eines Organs, das zur Verdeckung einer von ihm selbst zu Lasten des Verbandes begangenen Untreue eine falsche Steuererklärung für diesen abgibt, überzeugt nicht.[163] Vielmehr wird man diese Sachverhalte differenziert betrachten und bewerten müssen.[164] Die Untreue richtet sich gegen die juristische Person oder Personenvereinigung, auch wenn sie durch Ausnutzung der Stellung als Organ usw. begangen wurde. Den Verband hierfür haften zu lassen hieße, dass der Verband sich selbst gegenüber untreu gewesen sei, was freilich nicht sein kann. Die falsche Abgabe der Steuererklärung stellt hingegen die Verletzung einer die Gesellschaft treffende

---

161 Vgl.: Göhler, § 30, Rn. 25; Rebmann/Roth/Herrmann, § 30, Rn. 34; KK-Rogall, § 30, Rn. 91; BGHSt 30, 127, 129 f.

162 Ebenso Müller, S. 77; KK-Rogall, § 30, Rn. 95; Göhler, § 9, Rn. 15 a; Blauth, S. 140 f.; a.A. Rebmann/Roth/Herrmann, § 30, Rn. 34; Pohl-Sichtermann, Geldbuße, S. 162; van Jeger, S. 33.

163 Rebmann/Roth/Herrmann, § 30, Rn. 34; Pohl-Sichtermann, Geldbuße, S. 162 f.; vgl. Seiler, S. 75; KK-Rogall, § 30, Rn. 35.

164 Anders Seiler, S. 75, der die falschen Angaben in der Steuererklärung „nach natürlicher Betrachtung als notwendige Begleiterscheinung" ansieht und eine Haftung der juristischen Person daher für eine paradox anmutende Ungereimtheit hält.

Pflicht dar. Diese hat das Organ durch sein Handeln für den Verband verletzt. Die rechtlichen Folgen sind daher der juristischen Person zuzurechnen.

c. Bereicherung

Wird durch die Tat eine Bereicherung des Verbandes angestrebt, erscheint fraglich, ob auch in diesem Fall ein Handeln innerhalb des Geschäfts- oder Wirkungskreises des Verbandes erforderlich ist, um den nötigen Vertretungsbezug herzustellen.

Der Geschäfts- und Wirkungskreis des Verbandes umfasst dabei all die Tätigkeiten, die der Verband aus der Natur der Sache heraus erledigen muss, um seiner gewöhnlichen Betätigung nachzugehen. Jedoch ist zu beachten, dass ein Verband tatsächlich und rechtlich mehr kann, als er zur Erfüllung der seinem Zweck nach erforderlichen Handlungen bedarf. Ebenso kann ein Organ tatsächlich in einem weiteren Radius für die Organisation tätig werden, als es ihm die vertraglich im Innenverhältnis übertragenen Kompetenzen zugestehen. Daher muss die juristische Person oder Personenvereinigung nicht nur Pflichten beachten, die für die Bereiche aufgestellt sind, in denen sie sich gewöhnlich betätigt, sondern ebenso die Pflichten für die Bereiche, in denen sie darüber hinaus durch ihre Organe handelnd auftritt.[165] Im Falle einer angestrebten oder eingetretenen Bereicherung der Organisation ist daher ein Handeln innerhalb des Geschäfts- und Wirkungskreises des Verbandes nicht erforderlich, um den notwendigen Vertretungsbezug herzustellen.[166]

Auch kann ein Organ Verstöße als Privater begehen, die zur Bereicherung der juristischen Person oder Personenvereinigung führen sollen.[167] Werden diese durch den Verband gefördert, unterstützt oder toleriert, ist es zweckmäßig, hierfür auch den Verband haften zu lassen. Denn oberster Zweck von Sanktionen gegen einen Verband kann nur sein, die Begehung von Rechtsverstößen aus seiner Tätigkeit heraus zu unterbinden. Hierzu zählen eben auch Taten als Privater, die dadurch motiviert sind, der Organisation einen wirtschaftlichen Vorteil zu verschaffen. Dabei wird es für die Entscheidung, ob eine Sanktion gegen den Verband angemessen ist, auf die Betrachtung des Einzelfalles ankommen. Erscheint eine Sanktion gegen die juristische Person oder Personenvereinigung

---

165 Vgl. Pohl-Sichtermann, Geldbuße, S. 166 f.

166 Ebenso: KK-Rogall, § 30, Rn. 93; Göhler, § 30, Rn. 27; Rebmann/Roth/Herrmann, § 30, Rn. 36.

167 Vgl. Rotberg, § 30, Rn. 10; Pohl-Sichtermann, Geldbuße, S. 166.

unbillig, wird man nach dem Opportunitätsprinzip (vgl. § 47 OWiG) auf eine solche verzichten können.

3. Ergebnis

Die Untersuchung der Frage, in welchem Verhältnis die Anknüpfungstat selbst zum Verband stehen muss, hat folgende Erkenntnisse erbracht: Nach objektiven Kriterien ist für das Vorliegen einer Verbandstat erforderlich, dass der Täter zu ihrer Begehung sich der Macht des Verbandes bedient. Dies kommt vor allem darin zum Ausdruck, dass der Verbandsvertreter zur Tatbestandsverwirklichung auf Ressourcen zurückgreift, die ihm nicht als Privatperson, sondern nur aufgrund seiner Stellung im Verband zur Verfügung stehen. Verletzt der Täter betriebsbezogene Pflichten zur Begehung der Tat, deren Einhaltung sicherzustellen seine Aufgabe gewesen wäre, so spielt es in subjektiver Hinsicht keine Rolle, ob ein Nutzen für den Verband vom Vorsatz des Täters umfasst war. Eine ausreichende Nähebeziehung der Tat zum Verband ist hier grundsätzlich anzunehmen. Ebenso liegt es bei Taten, die eine Bereicherung oder die Verschaffung eines sonstigen Vorteils für den Verband zum Ziel haben. Richtet sich die Tat gegen den Verband, wird sie also zu dessen Lasten begangen, erscheint eine strafrechtliche Verantwortlichkeit des Verbandes hingegen nicht erforderlich.

III. Sanktionsfähige Verbände

Für die Bestimmung dessen, was wir als Verbandstat verstehen wollen, sind schließlich Antworten auf die Frage zu finden, welche Arten von Verbänden als Adressat einer Verbandssanktion in Betracht kommen. Für die deutsche Rechtsordnung hat der Gesetzgeber den Kreis der Organisationen, gegen die eine Verbandssanktion in Form einer Geldbuße nach § 30 OWiG verhängt werden kann, durch eine abschließende Aufzählung auf juristische Personen, nicht rechtsfähige Vereine sowie rechtsfähige Personengesellschaften eingeschränkt.

1. Juristische Personen

a. Juristische Personen des Privatrechts

Zu den juristischen Personen des Privatrechts zählen alle zivilrechtlichen Organisationen, die körperschaftlich organisiert und von ihrem Mitgliederbestand grundsätzlich unabhängig sind und denen durch die Rechtsordnung eine eigene Rechtspersönlichkeit zuerkannt wird.[168] Hierzu zählen der rechtsfähige (eingetragene) Verein, die rechtsfähige Stiftung, die Gesellschaft mit beschränkter Haftung (GmbH), die Aktiengesellschaft (AG), die Kommanditgesellschaft auf Aktien (KGaA), die eingetragene Genossenschaft und der Versicherungsverein auf Gegenseitigkeit.[169] Die genannten Organisationen können ohne weiteres zu dem Kreis von Verbänden gezählt werden, die als Adressaten von Verbandssanktionen in Betracht kommen.

b. Juristische Personen des öffentlichen Rechts

Unterschiedlich bewertet wird zum Teil, ob und inwieweit juristische Personen des öffentlichen Rechts in den Anwendungsbereich des § 30 OWiG fallen und damit grundsätzlich als Organisationen angesehen werden können, die einer Verbandssanktion zugänglich sind. Aus dem Wortlaut des § 30 OWiG geht keine Unterscheidung zwischen juristischen Personen des öffentlichen oder privaten Rechts hervor. Die Norm schließt somit ihre Anwendung auf juristische Personen des öffentlichen Rechts ihrem Wortlaut nach nicht ausdrücklich aus. Auch die Gesetzesbegründung geht auf diese Fragestellung nicht ein.[170] Hieraus wurde zum Teil der Schluss gezogen, der Gesetzgeber habe es als selbstverständlich angesehen, dass öffentlichrechtliche Organisationen nicht mit einer Geldbuße belegt werden können.[171] Ob allein hieraus jedoch tatsächlich auf eine abschließende Antwort auf die Frage geschlossen werden kann, ob Sanktionen strafrechtlicher Art auch gegenüber juristischen Personen des öffentlichen Rechts verhängt werden können, erscheint zweifelhaft.

aa. Haftung öffentlichrechtlicher Organisationen

Nach der heutigen Rechtslage bestehen keine Zweifel daran, dass auch Teile des Staates selbst Adressaten hoheitlicher Maßnahmen werden können. So sind beispielsweise auch öffentlichrechtliche Verbände dem Kartellrecht unterworfen (vgl. §§ 97 ff. GWB) und bestehen Zwangsvollstreckungsmöglichkeiten gegen juristische Personen des öffentlichen Rechts.[172] Als entscheidendes Argument

---

168 Rebmann/Roth/Herrmann, § 30, Rn. 3; Göhler, § 30, Rn. 2; KK-Rogall, § 30, Rn. 31 ff.
169 KK-Rogall, § 30, Rn. 31.; Rebmann/Roth/Herrmann, § 30, Rn. 3; Göhler, § 30, Rn. 2.
170 Vgl. BT-Drucks. 5/1269, EOWiG, S. 57 ff.
171 Pohl-Sichtermann, Geldbuße, S. 68; Wohlfarth, NJW 1980, 2237, 2238.
172 Rebmann/Roth/Herrmann, § 30, Rn. 3; KK-Rogall, § 30, Rn. 33; Müller, S. 52 ff.; Eidam, wistra 2003, 447, 449.

für die Sanktionierbarkeit auch öffentlichrechtlicher Verbände wird von ihren Befürwortern[173] jedoch die Freiheit der Formenwahl angeführt, die dem Staat für sein Tätigwerden offen steht. Die öffentliche Hand hat insoweit die Möglichkeit, sich zur Erfüllung ihrer Aufgaben auf zahlreichen Gebieten sowohl privatrechtlicher als auch öffentlichrechtlicher Unternehmensformen zu bedienen.

Der Staat wird im Bereich der öffentlichen Versorgung und der Daseinsfürsorge in erheblichem Maß auch wirtschaftlich tätig. Seine Teilnahme am Wirtschaftsleben steigt hierbei stetig an.[174] Es wäre daher falsch anzunehmen, eine Sanktionierbarkeit juristischer Personen des öffentlichen Rechts sei nicht erforderlich, weil mit Verbandssanktionen nur auf Subjekte des Wirtschaftslebens eingewirkt werden solle, öffentliche Unternehmen aber nicht zu diesen gezählt werden könnten, da dem Staat grundsätzlich die aktive Teilnahme am Wirtschaftsleben untersagt sei.[175]

Ist der Staat aufgerufen, Aufgaben der Daseinsvorsorge zu regeln, die sowohl in öffentlichrechtlicher als auch in privatrechtlicher Form erfüllt werden können, steht ihm grundsätzlich die Wahl frei, für welchen Weg er sich entscheidet. Entscheidet sich die öffentliche Hand für eine Erfüllung der anstehenden Aufgaben in öffentlichrechtlicher Form und kommt es hierbei zu Rechtsverstößen, ist also fraglich, ob sie als Reaktion der Rechtsordnung auch mit Sanktionen ordnungswidrigkeitenrechtlicher oder strafrechtlicher Art zu rechnen hat. Folgt man der Auffassung der Gegner der Sanktionierbarkeit von juristischen Personen des öffentlichen Rechts, müsste sich die staatliche Reaktion auf die Zuwiderhandlung auf Formen der innerdienstlichen Aufsicht beschränken, eine Sanktion nach dem OWiG oder sogar dem StGB käme hiernach nicht in Betracht. Wäre die Entscheidung in der Frage der Rechtsformwahl jedoch zugunsten einer privatrechtlichen Organisationsform getroffen worden oder gar ein privates Unternehmen mit der Erfüllung der Aufgaben beauftragt worden und wäre es zu einer vergleichbaren Zuwiderhandlung gekommen, müssten die Beteiligten auch mit der Verhängung einer Verbandsgeldbuße gegen das privatrechtliche Unternehmen rechnen.
Könnte sich der Staat also dadurch, dass er nicht in privatrechtlicher, sondern in öffentlichrechtlicher Form handelt, einer strafrechtlichen Haftung für Verstöße, die im Rahmen seiner Tätigkeit begangen werden, entziehen, käme es zu einem

---

173 Vgl. OLG Frankfurt, NJW 1976, 1276; OLG Hamm, NJW 1979, 1312; van Jeger, S. 117 f.; KK-Rogall, § 30, Rn. 32; Schwinge, S. 81 ff.; Mitsch, S. 119; Achenbach, FS-Stree/Wessels, S. 553 f.

174 Müller, S. 52; Schwinge, S. 81; Rebmann/Roth/Herrmann, § 30, Rn. 3.

175 So aber Wohlfarth, NJW 1980, 2237, 2238; derselbe, Städte- und Gemeindebund 1980, S. 119 ff.; vgl. auch: Fuß, DVBl 1958, 739 ff.; Torz, DÖV 1958, 205 ff.

nicht zu rechtfertigenden Haftungsprivileg.[176] Die öffentliche Hand könnte sich also stets dadurch einer strafrechtlichen Verantwortung entziehen, dass sie nicht in privatrechtlicher, sondern in öffentlichrechtlicher Form tätig wird. Dies bedeutete aber eine ungerechtfertigte Ungleichbehandlung gegenüber privatrechtlich organisierten Unternehmensformen.

Für eine Gleichbehandlung öffentlich rechtlicher Verbände mit solchen des Privatrechts spricht auch der Gedanke des § 130 Abs. 2 OWiG. Danach wird für die Aufsichtspflichtverletzung das öffentliche Unternehmen dem privaten ausdrücklich gleichgestellt. Dies wurde vom Rechtsausschuss des Bundestages damit begründet, dass eine unterschiedliche Behandlung der in einem privaten und einem öffentlichen Unternehmen verantwortlich handelnden Personen im Falle der Verletzung der Aufsichtspflicht nicht gerechtfertigt sei und deshalb eine Schlechterstellung der für private Unternehmen Verantwortlichen verhindert werden müsse.[177]

bb. Haftungsausschluss für öffentlichrechtliche Verbände

Die Gegner der Sanktionsfähigkeit öffentlichrechtlicher Verbände sehen Hindernisse vor allem im Blick auf die Gewaltenteilung und die Funktionsverteilung innerhalb der Staatsgewalt. Ganz besondere Widersprüche löst in diesem Zusammenhang die Vorstellung aus, dass es dazu kommen könnte, dass eine untergeordnete Behörde eine Sanktion gegenüber einer übergeordneten Verwaltungsinstanz verhängt. Ginge man von der grundsätzlichen Sanktionierbarkeit sämtlicher öffentlichrechtlicher Verbände aus, könnte sich die Situation ergeben, dass zum Beispiel die Ordnungsbehörde einer Gemeinde eine Verbandsgeldbuße gegen eine eigentlich übergeordnete Landesbehörde verhängen könnte. Ebenso ist auch auf die Friktion hinzuweisen, die entstünde, wenn ein Gericht eine Körperschaft bestrafen könnte, deren Bestandteil es selbst ist.[178] All diese Widersprüche machen deutlich, dass die uneingeschränkte Möglichkeit, Sanktionen gegen juristische Personen des öffentlichen Rechts zu verhängen, im Interesse des Funktionierens der inneren Ordnung der Verwaltung nicht angezeigt ist.[179] Vor allem in den Fällen, in denen es sich bei der die Sanktion aussprechenden

---

176 Schwinge, S. 81 f.; Müller, S. 53; Achenbach, FS-Stree/Wessels, S. 553 f.; Rebmann/Roth/Herrmann, § 30, Rn. 3; KK-Rogall, § 30, Rn. 33.

177 Bericht des Rechtsausschusses, zu BT-Drucks. 5/2600 und 5/2601, S. 5 (bzgl. § 25 EOWiG).

178 Hirsch, Personenverbände, S. 23; ders., ZStW 107 (1995) 285, 308; Pohl-Sichtermann, Geldbuße, S. 72 f.; Wohlfarth, NJW 1980, 2237 ff.; vgl. Jescheck, DÖV 1953, 539, 543.

179 Müller, S. 53 f.; KK-Rogall, § 30, Rn. 34; Schmidt/Huth, BB 1964, 1106, 1110.

Behörde und dem die Sanktion treffenden Verband um Teile des selben Rechtssubjektes oder der selben Funktionseinheit handelt, muss die Einhaltung der Rechtsordnung daher dem Mittel der innerdienstlichen Aufsicht überlassen bleiben.[180]

Ein schwerwiegendes Argument gegen die generelle Sanktionierbarkeit juristischer Personen des öffentlichen Rechts liegt zudem in der zwangsweisen Zugehörigkeit zu den Verbänden des öffentlichen Rechts begründet.[181] Die Freiwilligkeit der Mitgliedschaft ist im Rahmen der Sanktionierung von juristischen Personen des Privatrechts zweifellos eine wesentliche Grundlage der Rechtfertigung dafür, dass alle ihre Mitglieder von einer solchen Maßnahme mitbetroffen sind. Doch wie wir bereits festgestellt haben, sind auch Organisationen des öffentlichen Rechts bestimmten Formen von Sanktionen ausgesetzt. So sind sie dem Kartellrecht unterworfen und, es bestehen auch Zwangsvollstreckungsmöglichkeiten gegen diese Art von Verbänden. Auf diese Weise werden damit auch die zwangsweise in diese Organisationen integrierten Mitglieder schon nach geltendem Recht von gewissen Sanktionsformen gegenüber diesen Verbänden mitbetroffen.

Von besonderer Bedeutung erscheint in diesem Zusammenhang die zwangsläufige Zugehörigkeit zu bestimmten Trägern der öffentlichen Verwaltung. Wer etwa seinen Wohnsitz an einem bestimmten Ort einrichtet, zählt automatisch zu den Einwohnern dieser Gemeinde und ist damit Teil von ihr. Er unterwirft sich damit zum Beispiel den ortsgebundenen Abgabenbestimmungen, die die Gemeinde, das Bundesland und letztlich die Bundesrepublik erlassen und unterstellt sich den Entscheidungen der jeweiligen Gremien von Gemeinde, Land und Bund. Die Zwangsmitgliedschaft in den juristischen Personen des öffentlichen Rechts ist somit Ausdruck unseres durch die Souveränität des Volkes bestimmten Systems, dem jeder mehr oder weniger gezwungener Weise angehört. Zwar kann auch jeder Bürger durch sein ebenso verankertes Mitwirkungsrecht Einfluss auf die betreffenden Gremien ausüben. Dass aber diese vor allem durch Wahlen ausgeübten Mitwirkungsmöglichkeiten genügen, um eine ausreichende Nähebeziehung zwischen dem einzelnen Bürger und der öffentlichen Körperschaft zu begründen, die es rechtfertigt, auch den Bürger mit einer gegen die öffentlichrechtliche Organisation verhängte Sanktion mit zu treffen, muss verneint werden. Denn es besteht zwar grundsätzlich die Möglichkeit für jeden Bürger, frei zu wählen, in welcher Gemeinde oder in welchem Bundesland er leben möchte, eine Wahlmöglichkeit, ob jemand überhaupt Mitglied einer entsprechenden öffentlichrechtlichen Körperschaft sein will, besteht hingegen nicht. Im

---

180 Schmidt/Huth, BB 1964, 1106, 1110.

181 Pohl-Sichtermann, Geldbuße, S. 71; Schmitt, Maßnahmen, S. 212.

Bereich öffentlichrechtlicher Körperschaften, in denen die Bürger zwangsweise Mitglied werden, auf deren Tätigwerden sie aber nur indirekt Einfluss nehmen können und die insbesondere gegenüber dem Bürger überwiegend hoheitlich tätig werden, scheint es nicht gerechtfertigt, dass die Bürger von gegen diese Körperschaften verhängten Sanktionen mitbetroffen werden. Die Verhängung strafrechtlicher Sanktionen gegen öffentlichrechtliche Körperschaften ist daher in diesem Zusammenhang abzulehnen.

cc. Zwischenergebnis

Die vorangegangenen Überlegungen haben gezeigt, dass eine generelle strafrechtliche Verantwortlichkeit von juristischen Personen des öffentlichen Rechts zu ungerechtfertigten Ergebnissen führen würde. Eine Sanktionierbarkeit öffentlichrechtlicher Verbände ist insbesondere deshalb nicht angezeigt, da es sich in bestimmten Situationen bei der die Sanktion aussprechenden Behörde und dem die Sanktion treffenden Verband um Teile desselben Rechtssubjekts oder derselben Funktionseinheit handeln könnte.[182] Auch in Fällen, in denen die öffentliche Hand hoheitlich gegenüber Bürgern tätig wird, die aufgrund einer zwangsweisen Mitgliedschaft zu der entsprechenden öffentlichrechtlichen Körperschaft gehören, ist keine ausreichend enge Nähebeziehung zwischen Bürger und öffentlichrechtlicher Körperschaft vorhanden, die es rechtfertigen würde, mittelbar auch den einzelnen Bürger durch gegen die Verwaltungseinheit gerichtete Sanktionen zu treffen. In all diesen Fällen muss die Gewährleistung der Einhaltung der Rechtsordnung dem Mittel der innerdienstlichen Aufsicht überlassen bleiben.[183]

Von dem Grundsatz, dass juristische Personen des öffentlichen Rechts nicht als Adressaten von strafrechtlichen Sanktionen in Betracht kommen, ist jedoch dann eine Ausnahme zu machen, wenn die Verwaltung zwischen einem Tätigwerden in öffentlichrechtlicher oder privatrechtlicher Form wählen kann. Handelt der Staat nicht auf hoheitliche Weise und steht ihm die Freiheit der Formenwahl offen, ist es nicht einzusehen, warum er sich durch die Entscheidung, in öffentlichrechtlicher Form zu handeln, von einer möglichen strafrechtlichen Haftung befreien können sollte. Ein solches Haftungsprivileg gegenüber privatrechtlichen Unternehmensformen erscheint nicht gerechtfertigt, so dass öffentlichrechtliche Verbände in diesem Fall in gleicher Weise einer strafrechtlichen Verantwortlichkeit ausgesetzt sein sollten wie privatrechtliche Organisationen.

---

182 Müller, S. 53 f.; KK-Rogall, § 30, Rn. 34; Schmidt/Huth, BB 1964, 1106, 1110.
183 Schmidt/Huth, BB 1964, 1106, 1110.

2. Personengesellschaften

Den juristischen Personen sind in § 30 Abs. 1 Nr. 2 und 3 OWiG als Personenvereinigungen die rechtsfähigen Personengesellschaften und der nicht rechtsfähige Verein gleichgestellt.

a. Personenhandelsgesellschaften

Zu den rechtsfähigen Personengesellschaften zählen zum einen die Personenhandelsgesellschaften. Hierunter fallen die Offene Handelsgesellschaft (OHG), die Kommanditgesellschaft (KG) sowie die Europäische Wirtschaftliche Interessenvereinigung (EWIV).[184]

b. Gesellschaft bürgerlichen Rechts

Des Weiteren gehören seit der Erweiterung des Anwendungsbereiches des § 30 Abs. 1 Nr. 3 OWiG n.F. unzweifelhaft auch die BGB-Außengesellschaft sowie die Partnerschaftsgesellschaft zu den Verbandsformen, gegenüber denen eine Verbandsgeldbuße verhängt werden kann.[185]

Bis zur Reform des § 30 Abs. 1 Nr. 3 OWiG durch das EU-Rechtsinstrumente-AG vom 22.08.2002 wurde die Sanktionierbarkeit der Gesellschaft bürgerlichen Rechts (GbR) uneinheitlich beurteilt. Von der ganz herrschenden Meinung wurde die Gesellschaft bürgerlichen Rechts früher als ein nicht nach § 30 OWiG sanktionierbarer Verband angesehen.[186] Auch in den Gesetzesmaterialien zum heutigen § 30 OWiG wurden Sanktionen gegen Gesellschaften des bürgerlichen Rechts als nicht geboten und auch nicht sachgerecht bewertet.[187] Begründet wurde dies damit, dass der vertretungsberechtigte Gesellschafter einer Gesellschaft bürgerlichen Rechts nicht allein als Organ oder Vertreter einer anderen Person oder für ein Sondervermögen handele, sondern stets auch für sich selbst. Es entstehe daher nicht die Lage, dass die Vorteile der Tat einem anderen zufließen oder Pflichten verletzt werden, die nicht dem Handelnden, sondern einer

---

184 KK-Rogall, § 30, Rn. 37; Göhler, § 30, Rn. 4.

185 BT-Drucks. 14/8998, S. 8, 11; Achenbach, wistra 2002, 441, 442 f.; Eidam, wistra 2003, 447, 449 f.; Rebmann/Roth/Herrmann, § 30, Rn. 4a ff.

186 Van Jeger, S. 118 ff.; KK-Rogall, § 30, Rn. 38; Göhler, § 30, Rn. 6; Rebmann/Roth/Herrmann, § 30, Rn. 7; Achenbach, Bausteine, S. 291 f.; Bode, NJW 1969, 1286, 1287; vgl. auch BT-Drucks. 5/1269, EOWiG, S. 59.

187 BT-Drucks. 5/1269, EOWiG, S. 59.

anderen Person oder Personengesamtheit obliegen. Im Übrigen wurde die Festsetzung einer Sanktion gegen eine Gesellschaft bürgerlichen Rechts auch deswegen ausgeschlossen, weil die Gesellschaft bürgerlichen Rechts als nicht parteifähig angesehen wurde.[188]

Doch diese Auffassung hat in der Vergangenheit hörbare Kritik erfahren. So sei die BGB-Gesellschaft eben doch mehr als nur die Summe der teilnehmenden Gesellschafter und bilde zur Erreichung des Gesellschaftszweckes auch ein Sondervermögen, dessen Existenz das Gesetz in § 718 BGB, § 736 ZPO selbst anerkenne.[189] Auch sei die Gesellschaft bürgerlichen Rechts schon nach früherem Recht von der Bußgelddrohung des § 41 GWB a.F. erfasst worden.[190] Der Ausschluss der Gesellschaft bürgerlichen Rechts aus dem Normadressatenkreis der Verbandssanktionen mit der Begründung eines fehlenden Sondervermögens und fehlender Parteifähigkeit entspreche nicht mehr dem überwiegenden organschaftlichen Verständnis der BGB-Gesellschaft in ihrer Erscheinungsform als Gesamthands-Außengesellschaft.[191] Die Vertretungsberechtigten einer Personenhandelsgesellschaft würden in gleicher Weise wie die Vertreter der Gesellschaft bürgerlichen Rechts stets auch für sich selbst handeln.[192] Auch die Parteifähigkeit der BGB-Gesellschaft wurde von Teilen der Literatur bereits früher anerkannt.[193] Letztlich werde eine sanktionsfähige Personenhandelsgesellschaft sogar automatisch zur nicht sanktionsfähigen Gesellschaft bürgerlichen Rechts, wenn sie ihren Geschäftsumfang in einem solchen Maß reduziere, dass für ihr Tätigwerden kein in kaufmännischer Weise eingerichteter Gewerbebetrieb mehr erforderlich sei.[194] Die Identität der Gesellschaft ändere sich hierdurch aber nicht. In diesem Falle müsse dann nicht gegen die Gesellschaft, sondern gegen die einzelnen Gesellschafter vorgegangen werden.[195]

Einen Wendepunkt hat diese Entwicklung mit dem Urteil des BGH vom 29.01.2001 genommen, in dem der BGH unter Aufgabe seiner bisherigen Rechtsprechung sowohl die Rechtsfähigkeit als auch die zivilprozessuale Parteifähig-

---

188 BT-Drucks. 5/1269, EOWiG, S. 59.
189 Deruyck, Verbandsdelikt, S.170; Müller, S. 55 f.; Kaiser, S. 165.
190 Vgl. Pohl-Sichtermann, Geldbuße, S. 64; Deruyck, Verbandsdelikt, S. 171.
191 Achenbach, FS-Stree/Wessels, S. 551.
192 Kaiser, S. 166.
193 K. Schmidt, wistra 1990, 131, 134 f., m.w.N.
194 Müller, S. 56; K. Schmidt, wistra 1990, 131, 134 f.; Deruyck, Verbandsdelikt, S. 170 f.; Kaiser, S. 164; van Jeger, S. 119.
195 Kaiser, S. 164.

keit der (Außen-)GbR anerkannt hat, soweit sie durch Teilnahme am Rechtsverkehr eigene Rechte und Pflichten begründet.[196]

Damit ist eines der wesentlichen Argumente, die zuvor gegen die Einbeziehung der BGB-Gesellschaft in den Anwendungsbereich der Verbandssanktionen angeführt worden waren, gegenstandslos geworden. Zwar spricht der BGH in der Begründung ausdrücklich von der Parteifähigkeit im Zivilprozess. Eine Unterscheidung zwischen zivilrechtlicher Parteifähigkeit und der Möglichkeit, einen Verband auch in einem strafrechtlichen beziehungsweise ordnungswidrigkeitenrechtlichen Verfahren zu beteiligen, konnte in der Folgezeit unter Rücksichtnahme auf die Einheitlichkeit der Rechtsordnung nicht mehr vertreten werden. Darüber hinaus sprach auch schon vor der Reform durch das EU-Rechtsinstrumente-AG die Regelung des § 736 ZPO, wonach zur Zwangsvollstreckung in das Vermögen der Gesellschaft bürgerlichen Rechts ein gegen alle Gesellschafter ergangenes Urteil erforderlich ist, für die Parteifähigkeit und damit wohl auch für die Sanktionierbarkeit der BGB-Gesellschaft. Ein gegen die Gesamtheit der gesamthänderisch verbundenen Gesellschafter als Partei ergangenes Urteil ist ein Urteil „gegen alle Gesellschafter“ im Sinne des § 736 ZPO. Die Vorschrift verlangt weder vom Wortlaut noch vom Zweck her ein Urteil gegen jeden einzelnen Gesellschafter.[197] Da somit zivilrechtlich schon nach der alten Rechtslage in das Sondervermögen der Gesellschaft bürgerlichen Rechts aufgrund eines Urteils gegen die Gesellschaft vollstreckt werden konnte, musste dies auch auf straf- und ordnungswidrigkeitenrechtlicher Seite Geltung erlangen.

Und auch das zweite Argument der Gegner von Geldbußen gegen die BGB-Gesellschaft nach § 30 OWiG, dass die BGB-Gesellschaft eine Sonderstellung deshalb einnehmen müsse, weil ihre Gesellschafter stets auch für sich selbst und nicht nur für jemand anderen handeln, und dass die durch sie verletzten Pflichten immer auch sie direkt treffen, konnte schon früher nicht überzeugen. Schon vielfach wurde darauf hingewiesen, dass dies bei Personenhandelsgesellschaften, die letztlich nichts anderes sind als handelsrechtliche Sonderformen der BGB-Gesellschaft, in gleicher Weise der Fall ist.[198]

Mit der Reform des § 30 OWiG durch das EU-Rechtsinstrumente-AG trug der Gesetzgeber der Entwicklung in der Rechtsprechung und den Forderungen aus

---

196 BGHZ 146, 341, 343; BGH, NJW 2001, 1056 ff., vgl. hierzu K. Schmidt, NJW 2001, 993 ff.

197 BGH, NJW 2001, 1056, 1059; vgl. K. Schmidt, NJW 2001, 993, 997; Wieser, MDR 2001, 421, 422 f.; Schultzky/Weissinger, JA 2001, 886, 893 f.; Timme/Hülk, JuS 2001, 536, 537; Wiedemann, JZ 2001, 661, 662.

198 Vgl. nur Deruyck, Verbandsdelikt, S. 170; Müller, S. 56.

den Reihen der Literatur[199] Rechnung. Die Entwurfsbegründung sah nun keinerlei Gründe mehr, die BGB-Gesellschaft im Vergleich zu den Personenhandelsgesellschaften anders zu behandeln. Durch die Ausweitung des Anwendungsbereiches des § 30 Abs. 1 Nr. 3 OWiG n.F. sind nunmehr auch die BGB-Außengesellschaft und die Partnerschaftsgesellschaft von der Verbandsgeldbußendrohung erfasst.

c. Nicht rechtsfähige Vereine

Schließlich werden auch die nicht rechtsfähigen Vereine von § 30 OWiG umfasst, da sie nicht selten über ein bedeutendes zweckgebundenes Vermögen verfügen, an dem das Vorstandsmitglied selbst wirtschaftlich nur zu einem sehr geringen Teil beteiligt ist. Handelt der Vorstand rechtswidrig zum Vorteil des Vereins, fließt der Gewinn nicht dem Vorstand, sondern dem Sondervermögen des Vereins zu. Es wäre in gleicher Weise wie bei den juristischen Personen unangemessen, bei einem solchen Verstoß eine Strafe oder Geldbuße nur nach den wirtschaftlichen Verhältnissen des Vorstandes zu bemessen.[200]

3. Vorgesellschaften

Umstritten ist, ob die verschiedenen Vorgesellschaften, also die im Werden begriffenen Gesellschaften, vor ihrer rechtwirksamen Eintragung für ein Fehlverhalten ihrer Organe gemäß § 30 OWiG haftbar gemacht werden können. Inwieweit Vorgesellschaften sanktionsfähig im Sinne des § 30 OWiG sind, soll nach einigen Stimmen in der Literatur von einer faktischen Betrachtungsweise abhängen. Danach soll es darauf ankommen, ob und auf welche Weise sich die Vorgesellschaft im Rechtsverkehr betätigt.[201] Die Gegner dieser Ansicht wollen hingegen strikt darauf abstellen, ob sich die Vorgesellschaften der unterschiedlichen Verbände ihrer Rechtsnatur nach einer der in § 30 OWiG aufgezählten Gesellschaftsform zuordnen lassen.[202]

Vor ihrem Wirksamwerden, also vor ihrer Eintragung in das Handelsregister gemäß § 105 Abs. 2 HGB, sind die OHG und die KG als Gesellschaften bürger-

---

199 Vgl. Pohl-Sichtermann, Geldbuße, S. 64; Müller, S. 57; vgl. Ransiek, S. 113; Schwinge, S. 83 f.

200 BT-Drucks. 5/1269, EOWiG, S. 59.

201 Rebmann/Roth/Herrmann, § 30, Rn. 8 f.; Pohl-Sichtermann, VOR 1973, 411, 417 f.

202 Van Jeger, S. 120 f.; KK-Rogall, § 30, Rn. 40 f.

lichen Rechts anzusehen.[203] Nach der Reform des § 30 Abs. 1 Nr. 3 OWiG sind diese Vorgesellschaften nun vom Anwendungsbereich der Verbandsgeldbußenregelung umfasst.[204]
Der rechtsfähige Verein stellt vor seiner Eintragung einen nicht rechtsfähigen Verein dar.[205] Hier gelangen beide Auffassungen zu dem Ergebnis, dass eine Geldbuße nach § 30 OWiG möglich ist.[206]

Schwieriger ist die sanktionsrechtliche Einordnung der Vorgesellschaften einer juristischen Person des Handelsrechts (AG, GmbH, Genossenschaft). Diese Gründungsgesellschaften werden nach der heute herrschenden Sonderrechtstheorie als Vereinigungen eigener Art angesehen.[207] Für diese in der Entstehung begriffenen Gesellschaften halten die entsprechenden Spezialgesetze Sonderregelungen bereit.[208] Aus ihnen geht ohne weiteres hervor, dass die jeweilige Gesellschaft vor ihrer Eintragung in das Handels- beziehungsweise Genossenschaftsregister als solche noch nicht besteht, es sich mithin also noch nicht um juristische Personen handelt.[209] An der Beurteilung dieser Vorgesellschaften im Hinblick auf ihre Sanktionsfähigkeit nach § 30 OWiG kann sich auch nicht dadurch etwas ändern, dass diese werdenden juristischen Personen mit der künftigen juristischen Person identisch und bereits ihrem Organisationsrecht unterworfen sind.[210] Zwar sind dies zunächst nur zivilrechtliche Schlussfolgerungen, doch folgt aus dem strengen Wortlaut des § 30 OWiG, der eine Sanktion ausdrücklich nur gegen juristische Personen zulässt, dass die Verhängung einer Verbandsgeldbuße gegen eine solche Vorgesellschaft, einen Verstoß gegen das Analogieverbot bedeuten würde. Eine vom Zivilrecht abweichende Bewertung der Gründungsgesellschaften durch das Strafrecht, als juristische Person im Sinne des § 30 OWiG, erscheint nicht angebracht. Aus alledem folgt, dass eine Verbandsgeldbuße gegen diese Vorgesellschaften daher nicht in Betracht kommt.[211]

---

203 KK-Rogall, § 30, Rn. 41; Rebmann/Roth/Herrmann, § 30, Rn. 9; van Jeger, S. 120; Pohl-Sichtermann, Geldbuße, S. 79.

204 Siehe zur Ausweitung des Anwendungsbereiches des § 30 Abs. 1 Nr. 3 OWiG n.F. auf BGB-Gesellschaften auch oben: Teil 1, A, III, 2, b.

205 Palandt-Heinrichs, § 21, Rn. 10; BayObLG 1972, 29, 32; KK-Rogall, § 30, Rn. 41; Rebmann/Roth/Herrmann, § 30, Rn. 9; Pohl-Sichtermann, Geldbuße, S. 79.

206 Rebmann/Roth/Herrmann, § 30, Rn. 9; KK-Rogall, § 30, Rn. 41; vgl. van Jeger, S. 120.

207 BGHZ 17, 385, 387 ff.; 20, 281, 285 ff.; 21, 242, 245 f.; 51, 30, 32.

208 Vgl. nur § 41 AktG, § 11 GmbHG, § 13 GenG.

209 Vgl. §§ 1, 41 AktG, §§ 11, 13 GmbHG, §§ 13, 17 GenG; siehe auch Pohl-Sichtermann, Geldbuße, S. 81.

210 So aber K. Schmidt, wistra 1990, 131, 134, der sie daher als sanktionsfähig im Sinne von § 30 OWiG betrachtet.

211 Zustimmend: van Jeger, S. 121; Pohl-Sichtermann, Geldbuße, S. 81; Rebmann/Roth/Herrmann, § 30, Rn. 9; KK-Rogall, § 30, Rn. 41.

Die Auffassungen führen im Ergebnis dazu, dass die Vorgesellschaften einiger, der in § 30 OWiG aufgeführten Gesellschaftsformen in den Anwendungsbereich dieser Regelung fallen (so die Vorgesellschaft des rechtsfähigen Vereins), andere jedoch nicht (so die Vorgesellschaften der AG, der GmbH und der Genossenschaft). Der Gesetzgeber hat jedoch durch seine Aufzählung gerade die Verbände genannt, deren Sanktionierbarkeit er für besonders erforderlich hielt. Hinweise darauf, dass der Gesetzgeber das Erfordernis der Sanktionierbarkeit ihrer Vorgesellschaften weniger einheitlich bewerten wollte, sind nicht ersichtlich. Dieses Problem ist durch die Ausweitung des Anwendungsbereiches des § 30 Abs. 1 Nr. 3 OWiG auf alle rechtsfähigen Personengesellschaften schon in soweit behoben worden, als dass nun, im Gegensatz zur früheren Rechtslage, auch die Vorgesellschaften der OHG und der KG sanktionsfähige Verbände darstellen. Die Schwierigkeit, dass eine Vorgesellschaft eine Rechtsform inne hat, die sie als nicht sanktionsfähig ausweist, ist daher allenfalls bei den Vorgesellschaften der juristischen Personen des Handelsrechts zu befürchten.

4. Fehlerhafte Gesellschaften

Fehlerhafte oder faktische Gesellschaften sind Personenzusammenschlüsse, die auf einem mangelhaften rechtlichen Gründungsakt beruhen, die aber trotzdem wie gültige Gesellschaften im Rechtsverkehr auftreten.[212] Für juristische Personen des Handelsrechts hält das Gesetz Spezialregelungen bereit, durch die die Auswirkungen von Mängeln im Gründungsakt geregelt werden. Die Wirksamkeit des rechtsgeschäftlichen Auftretens der fehlerhaften Gesellschaften wird in ihnen ausdrücklich bejaht, so dass hinsichtlich ihrer Unterwerfung unter den Anwendungsbereich des § 30 OWiG und ihrer grundsätzlichen Sanktionsfähigkeit keine Bedenken bestehen.[213]

Anders ist hingegen die Situation für die auf einem mangelhaften Gründungsakt beruhenden Personengesellschaften. Für diese bestehen keine besonderen gesetzlichen Regelungen. Die Vertreter der faktischen Betrachtungsweise stellen auch hier wiederum darauf ab, dass es für die Möglichkeit der Verhängung einer Geldbuße nach § 30 OWiG nicht darauf ankomme, wie die fehlerhafte Gesellschaft firmiere, sondern wie sie im Rechtsverkehr agiere.[214] Demnach soll die Verhängung einer Geldbuße gegen eine faktische Gesellschaft jedenfalls dann

---

212 Rebmann/Roth/Herrmann, § 30, Rn. 10; KK-Rogall, § 30, Rn. 42.

213 Van Jeger, S. 122; Rebmann/Rot/Herrmann, § 30, Rn. 10; Göhler, § 30, Rn. 7; KK-Rogall, § 30, Rn. 42.

214 KK-Cramer (1. Auflage), § 30, Rn. 35, 55; Rebmann/Roth/Herrmann, § 30, Rn. 8, 10; Pohl-Sichtermann, Geldbuße, S. 84 ff.; dies., VOR 1973, 411, 421 ff.

möglich sein, wenn sie durch ihre Betätigung im Rechtsverkehr als rechtlich anerkannte Gesellschaftsform auftritt, die auch vom Anwendungsbereich des § 30 OWiG umfasst wird.[215] Die Gegner der faktischen Betrachtungsweise betrachten einen Rückgriff auf diese als nicht erforderlich. Eine Bebußung nach § 30 O-WiG müsse möglich sein, ohne dass hierfür Anleihen bei der faktischen Betrachtungsweise gemacht werden müssten.[216] Teilweise wird die Verhängung einer Geldbuße nach § 30 OWiG mit Blick auf das Bestimmtheitsgebot, Art. 103 Abs. 2 GG, auch gänzlich abgelehnt. § 30 OWiG schaffe allein eine Sanktionsmöglichkeit gegen bestehende juristische Personen und Personenvereinigungen. Fehlerhafte Personengesellschaften seien aufgrund eines Gründungsmangels nicht wirksam entstanden und fielen mangels spezialgesetzlicher Regelung damit nicht in den Anwendungsbereich des § 30 OWiG.[217]

Wenn auch mit unterschiedlicher Begründung, so wird doch ganz überwiegend eine Sanktionierbarkeit auch der faktischen oder fehlerhaften Gesellschaften vertreten. Auch unter Berücksichtigung des Bestimmtheitsargumentes sind Schwierigkeiten nur im Hinblick auf die konkrete Anwendung des § 30 OWiG ersichtlich. Widersprüche gegen eine grundsätzliche Sanktionsfähigkeit der faktischen Gesellschaften bestehen nach alledem nicht.

IV. Zusammenfassung

Die bisherigen Überlegungen haben gezeigt, dass die deutsche Rechtsordnung mit § 30 OWiG eine Regelung besitzt, um wirkungsvoll gegen Delinquenz aus dem Verbandsbereich vorzugehen. Insbesondere die Reform der Verbandsgeldbußenregelung durch das EU-Rechtsinstrumente-AG vom 22.08.2002 hat eine Anpassung der Norm an die zuvor massiv geäußerte Kritik bewirkt, die vor allem zum als zu eng bewerteten Kreis tauglicher Täter der Anknüpfungstat vorgebracht wurde.

Im weiteren Verlauf der Untersuchung soll der Blick zunächst auf die Argumente der Befürworter des Ausbaus der Sanktionsmöglichkeiten und damit auf die vor allem vor dem EU-Rechtsinstrumente-AG bestehenden Unzulänglichkeiten der alten Rechtlage gerichtet werden. Es werden die Möglichkeiten, die die Rechtsordnung auch über § 30 OWiG hinaus zur Verfügung stellt, um auf delinquentes Handeln von Verbänden zu reagieren, daraufhin zu untersuchen sein, wie wirkungsvoll auch durch sie die Verbandsdelinquenz tatsächlich zu be-

---

215 Pohl-Sichtermann, Geldbuße, S. 87 f.; dies., VOR 1973, 411, 422 f.
216 KK-Rogall, § 30, Rn. 42; K. Schmidt, wistra 1990, 131, 134.
217 Van Jeger, S. 122 f.

kämpfen ist. Darüber hinaus werden aber auch die von vielen Stimmen vorgebrachten Bedenken gegen eine weitere Ausweitung der Sanktionsmöglichkeiten gegenüber juristischen Personen und Personenvereinigungen, insbesondere gegen die Einführung einer Verbandsstrafe nach dem Strafgesetzbuch, zu untersuchen sein.

B. Die Argumente der Befürworter einer Ausweitung von Verbandssanktionen

Die seit vielen Jahren währende Diskussion um die Ausweitung der Sanktionsmöglichkeiten gegen juristische Personen und Personenvereinigungen rankt sich im Wesentlichen um einen, wenn auch in unterschiedlichen Facetten wiedergegebenen, Kern von Argumenten, die für die Schaffung einer echten Verbandsstrafe oder zumindest doch für die Ausweitung der Möglichkeiten der Verhängung von Sanktionen gegen Verbände vorgebracht werden. Die wesentlichen Argumente der Befürworter von Verbandssanktionen sollen daher im Folgenden aufgeführt und auf ihre Stichhaltigkeit hin untersucht werden.

I. Missverhältnis von Verbandstat und Individualstrafe

Einer der wesentlichen Punkte, der als Argument für Sanktionen gegen juristische Personen und Personenvereinigungen ins Feld geführt wird, ist das Missverhältnis zwischen dem Umfang, der Tragweite und der Bedeutung der Verbandstat, die sie aufgrund der durch den Einzeltäter zur Tatbegehung regelmäßig ausgenutzten Verbandsmacht[218] erhält, sowie den Möglichkeiten der gegen den einzelnen Täter zu verhängenden Individualstrafe.[219] Dies wird insbesondere deutlich, wenn man den Nutzen berücksichtigt, den ein Verband möglicherweise aus einer Normüberschreitung zieht und den Umfang dieses Nutzens den Bemessungsgrundlagen der Strafe für den Individualtäter gegenüberstellt. Ist es den Strafverfolgungsbehörden gelungen, aus dem oft undurchsichtigen Geflecht der Organisation in großen Unternehmen einen oder mehrere Einzeltäter zu identifizieren und ein Verfahren gegen sie einzuleiten, so hat sich die gegen sie gerichtete Strafe an ihren persönlichen und wirtschaftlichen Verhältnissen zu orientieren (§ 40 Abs. 2 StGB). In dem häufigen Fall der Verhängung einer Geldstrafe, die also nicht nach der wirtschaftlichen Leistungsfähigkeit des Verbandes, sondern nach der des Einzeltäters bemessen wird, steht das gegen den individuellen Täter verhängte Strafmaß oftmals in keinem sinnvollen Verhältnis zu den Vorteilen, welche die Tat für den Verband mit sich gebracht hat.

---

218 Zur Verbandsmacht siehe: Brender, S. 4 ff.

219 Engisch, Verh. 40. DJT, Band II, S. E 28 ff.; Jescheck, DÖV 1953, 539, 541; Schmitt, Maßnahmen, S. 140 ff.; Hetzer, wistra 1999, 361, 366; BT-Drucks. 13/9682, S. 3; siehe auch: Gesetzentwurf (Diskussionsentwurf) des Landes Hessen zur Einführung einer strafrechtlichen Verantwortlichkeit für juristische Personen und Personenvereinigungen vom August 1997, S. 6.

Freistellung des individuellen Täters von den Folgen der Tat

Die Diskrepanz zwischen dem Umfang der gegen den individuellen Täter verhängten Strafe und den Vorteilen, die das Unternehmen aus der Tat zieht, fällt um so mehr ins Gewicht, wenn der hinter dem einzelnen Täter stehende Verband, diesen von den (finanziellen) Folgen seiner Tat freistellt. Häufig werden in diesen Fällen dem Täter die durch die Geldstrafe entstandenen finanziellen Einbußen durch Sonderzahlungen ausgeglichen oder werden ihm andere Leistungen durch den Verband gewährt. Auf diese Weise wird der individuelle Täter die in der Strafe zum Ausdruck gebrachte Missbilligung seiner Tat kaum oder gar nicht empfinden.[220] Und auch der Verband wird durch die Übernahme der an den Einzeltäter gerichteten Geldstrafe in keiner seiner wirtschaftlichen Lage angemessenen Weise sanktioniert.[221] Der Bundesgerichtshof hat zudem entschieden, dass die Praxis der Freistellung von Angestellten von den strafrechtlichen Folgen von für oder im Interesse des Unternehmens durchgeführten Taten durch den Arbeitgeber nicht den Tatbestand der Strafvereitelung erfüllt.[222]

Erhält ein Täter, der wegen einer im Interesse seines Verbandes begangenen Straftat verurteilt worden ist, sogar noch eine Belohnung seines Verbandes in Form einer Belobigung, Beförderung oder einer sonstigen Begünstigung oder wird er schlicht von den finanziellen Folgen einer gegen ihn ergangenen Geldstrafe freigestellt, wird die beabsichtige Wirkung der Strafe gegen ihn regelmäßig verblassen. Dies ist unabhängig davon der Fall, ob den Verband zusätzlich selbst noch eine Sanktion trifft oder nicht. Es ist dies also im Wesentlichen ein Problem der Wirkung der Strafe gegenüber dem Einzeltäter. Die Förderung der Bereitschaft zur Rechtstreue des Individualtäters, wird somit durch die Freistellung von den Straffolgen seitens seines Verbandes stets beeinträchtigt werden, unabhängig davon, ob diesen auch noch eine Sanktion trifft oder nicht.

Es ist in diesem Zusammenhang allerdings anzumerken, dass zumindest die Autoren der älteren Quellen, die auf das Argument des Missverhältnisses abstellen, die einheitlich geregelte Verbandsgeldbuße in Form des heutigen § 30 OWiG noch nicht kannten. Insofern ist einschränkend anzumerken, dass durch die Regelung des § 30 OWiG sichergestellt ist, dass es bei einer Normverletzung im Zusammenhang mit der Tätigkeit einer juristischen Person oder Personenvereinigung nicht bei einer Sanktion gegen den individuellen Täter allein bleiben

---

220 Schmitt, Maßnahmen, S. 141; Hetzer, wistra 1999, 361, 366; vgl. Engisch, Verh. 40. DJT, Band II, S. E 30 und E 35 f.; Jescheck, DÖV 1953, 539, 541.

221 Schmitt, Maßnahmen, S. 141.

222 BGHSt 37, 226 ff.

muss, sondern dass vielmehr die Verbandsgeldbuße auch die Möglichkeit eröffnet, in gewissem Umfang auch gegen den Verband selbst vorzugehen.

II. „Organisierte Unverantwortlichkeit“ – Die Schwierigkeit, einen Individualtäter in komplexen Organisationsstrukturen von Unternehmen ausfindig machen zu können .

1. Das Problem

Zentrale und immer wiederkehrende Begründung für die Sanktionierung von juristischen Personen und Personenvereinigungen überhaupt, sowie für die Ausweitung der Sanktionsmöglichkeiten bis hin zur Forderung nach einer Verbandsstrafe ist das als „organisierte Unverantwortlichkeit“ bekannt gewordene Phänomen.[223] Dahinter verbirgt sich die Schwierigkeit unseres auf Individualtäter ausgerichteten Rechtssystems, für einen aus der Tätigkeit eines modern organisierten Unternehmens heraus aufgetretenen, strafrechtlich relevanten Vorgang eine bestimmte Person als Täter zu ermitteln.

Das herkömmliche Zurechnungsmodell im deutschen Strafrecht baut auf dem schuldhaften Handeln eines Einzelnen auf, in dessen Person die unmittelbare Ausführungshandlung, die Entscheidungsmacht die Tat zu begehen und die für die Tat grundsätzlich notwendige Informationsbasis vereinigt sind. Moderne Unternehmen zeichnen sich im Gegensatz hierzu jedoch gerade durch komplexe Organisationsstrukturen mit Arbeitsteilung sowie der Delegation von Aufgaben und Verantwortung auf unterschiedliche Mitarbeiter aus. Dies hat häufig zur Folge, dass die konkreten Ausführungshandlungen regelmäßig auf der unteren oder untersten Ebene der Unternehmensorganisation durch einfache Mitarbeiter vorgenommen werden, die weder über eine eigene Entscheidungsmacht noch über die notwendigen Informationen zur Beurteilung der rechtlichen Relevanz ihres Handelns verfügen. Im Gegensatz zum klassischen Einzeltäter zeichnen sich moderne Unternehmen also gerade dadurch aus, dass Entscheidungsmacht,

---

223 Vgl. Stratenwerth, FS-Schmitt, S. 301; Schünemann, Unternehmenskriminalität, S. 30 ff., 34; Hetzer, wistra 1999, 361, 366; Otto, Jura 1998, 409 ff.; Kaiser, S. 11 ff. ; Ostermeyer, ZRP 1971, 76 f.; Rotsch, wistra 1999, 321 ff. und 368 ff.; Bottke, wistra 1997, 241, 245 ff.; Heine, ÖJZ 1996, 211, 212 f.; Lampe ZStW 106 (1994) 683 ff. Siehe insbesondere auch BT-Drucks. 13/9682, S. 2 und den Abschlussbericht der Kommission zur Reform des strafrechtlichen Sanktionensystems (BMin der Justiz) vom März 2000, S. 199 ff., 201. Auch der Gesetzgeber hat somit dieses Problem erkannt!

die notwendige Informationsbasis und die tatbestandliche Ausführungshandlung nicht in einer Person vorliegen, sondern auf mehrere Köpfe verteilt sind.

Schünemann[224] hat hierfür als Beispiel angeführt, dass ein einfacher Arbeiter in einem Chemiewerk damit betraut sei, nachts die Schotten zu öffnen und unzulässigerweise Abwassermengen in einen Fluss zu leiten, ohne von den Wirkungen seiner Handlung fachlich auch nur die geringste Ahnung zu besitzen. Der Ingenieur, dem er unterstellt sei, mag diese Praxis von seinem Vorgänger übernommen und niemals auf ihre Vereinbarkeit mit den vorliegenden Einleitungsgenehmigungen überprüft haben. Die Geschäftsführung schließlich kümmere sich vielleicht nicht einmal um alle Informationen, die allein bei ihr zusammenlaufen, und begnüge sich mit der Feststellung, dass die betreffende Abteilung außerordentlich kostengünstig arbeite und es niemals spektakuläre Zwischenfälle gegeben habe.

Eindringlich verdeutlicht wird dieses Problem auch durch das von Kaiser[225] angeführte Beispiel aus dem Zuständigkeitsbereich des Regierungspräsidenten in Detmold. Hier sollte der Werksleiter einer Firma aufgrund einer unbefugten Gewässerbenutzung herangezogen werden. In seiner Stellungnahme zu den gegen ihn vorgebrachten Vorwürfen gab er an, keine Ahnung gehabt zu haben, dass für die Gewässerbenutzung nicht die erforderliche Erlaubnis vorgelegen habe. Bei Eintritt in die Firma habe ihm hiervon niemand etwas gesagt. Daraufhin wandte sich die Behörde an den Aufsichtspflichtigen, der ebenfalls angab, von dem Fehlen der Erlaubnis keine Kenntnis zu haben und bei seinem Eintritt in die Firma von niemandem über diesen Zustand informiert worden zu sein. Der zuständige Mitarbeiter, in dessen Aufgabenbereich die Beschaffung der betreffenden Genehmigung gelegen habe, sei mittlerweile aus dem Unternehmen ausgeschieden.

Auf vergleichbare Weise hat auch Wilfferodt[226] als Vertreter der Praxis bereits auf dem 40. Deutschen Juristentag darauf hingewiesen, dass in großen Verbänden die Feststellung der eigentlich Schuldigen auf fast unüberwindliche Schwierigkeiten stoße. In einem großen Betrieb, wo ein Rad in das andere greife, könne man tatsächlich niemanden fassen, der allein Schuld an einer Zuwiderhandlung hat, weil sich eine solche Feststellung häufig einfach nicht treffen lasse.

224 Schünemann, Taiwan, S. 438 f.
225 Kaiser, S. 12 f.
226 Verh. 40. DJT, Band II, S. E 72 ff.

2. Verbandssanktion trotz nicht identifiziertem Vortäter?

Die Delegation von Verantwortung sowie das Auseinanderfallen von Entscheidungsmacht, Information und Ausführungshandlung in der Organisation von modernen Unternehmen und Verbänden kann dabei so weit führen, dass es gänzlich unmöglich wird, eine bestimmte Person als Täter zu ermitteln. Häufig wird zwar festzustellen sein, dass ein Rechtsverstoß im Zusammenhang mit der Tätigkeit eines Verbandes oder Unternehmens begangen wurde und dass der Täter unzweifelhaft aus dem Kreis der für das Unternehmen oder den Verband Tätigen stammt. Dennoch wird es nicht immer gelingen, mit der für eine Verurteilung notwendigen Sicherheit zu ermitteln, wer aus dem Kreis dieser Personen als Täter belangt werden kann.[227]

An die hier beschriebene Schwierigkeit der Zurechnung der Tat gegenüber einem bestimmten Täter schließt sich die Frage an, ob das Unternehmen oder der Verband selbst auch dann – auf ordnungswidrigkeitenrechtliche oder gar strafrechtliche Weise – für eine Zuwiderhandlung in Haftung genommen werden kann, wenn es nicht möglich ist, aus dem Kreis der für den Verband Tätigen eindeutig eine Person als Täter zu bestimmen.

Schon vor der Einführung der Verbandsgeldbuße in das Ordnungswidrigkeitengesetz wurde diese Frage kontrovers diskutiert. Koffka[228] sah es als ungerechtfertigt an, gegen Verbände nur zu dem Zweck vorgehen zu können, einzelne Verbandsgenossen zur Preisgabe des Täters zu bewegen. Die Strafprozessordnung gebe den Strafverfolgungsorganen die notwendigen Mittel an die Hand, den Einzelnen dazu zu bewegen, seine Kenntnisse strafbarer Handlungen anderer Unternehmensangehöriger den Strafverfolgungsbehörden zu offenbaren. Hartung[229] und Engisch[230] sahen die drohende Gefahr einer Verdachtsstrafe. Eine Strafe gegen den Verband als solchen ohne Feststellung der Schuld bestimmter einzelner Verbandsangehöriger könne man sich nicht denken. Heinitz[231] wies darauf hin, dass sich das Strafrecht – anders als im Falle der zivilrechtlichen Haftung – nicht mit dem bloßen Nachweis begnügen könne, dass eine Rechtsverletzung aus der Sphäre einer juristischen Person gekommen sei. Es sei das Maß der Schuld festzustellen und auf den Täter einzuwirken, der nicht im Zwielicht der Anonymität bleiben dürfe. Vom Standpunkt der Gerechtigkeit aus sei

---

227 Schünemann, Unternehmenskriminalität, S. 41 ff.; Stratenwerth, FS-Schmitt, S. 300 ff.; Kaiser, S. 11 ff., 16.

228 Koffka, Niederschriften über die Sitzungen der Großen Strafrechtskommission, 4. Band, S. 564.

229 Verh. 40. DJT, Band II, S. E 84.

230 Verh. 40. DJT, Band II, S. E 36.

231 Verh. 40. DJT, Band I, S. 88.

die Verurteilung einer juristischen Person ohne die exakte Feststellung, wer für sie gehandelt hat, ebenso bedenklich, wie die Verurteilung einer Person ohne genaue Feststellung, welches Delikt sie begangen hat. Für Schmitt[232] erschien die Verurteilung eines Verbandes ohne Feststellung eines Individualdeliktes als unmöglich. Verbandssanktionen gleich welcher Art setzten ein Verschulden voraus, welches höchstpersönlicher Natur sei, also auch bei einer natürlichen Person festgestellt werden müsse. Später gestand er jedoch die begriffliche Möglichkeit anonymer Verbandsgeldbußen ein, wenngleich er die Meinung vertrat, dass diese kaum jemals praktisch werden dürften.[233]

Gegen die Ablehnung einer Verbandssanktion in einem solchen Falle hat sich Rotberg[234] gewandt. Ein Verband als solcher sollte nach seiner Auffassung bestraft werden können, wenn feststeht, dass eine im unmittelbaren Wirkungsbereich des Verbandes begangene Tat vorliegt, die mit Sicherheit nur schuldhaft und rechtswidrig von einem Verbandsangehörigen verübt worden sein könne. Diese Zurechnung bediene sich hier keiner Schuldvermutung und stelle ebenso wenig eine Verdachtsstrafe dar.

Mit der Einführung der einheitlichen Verbandssanktion in Form der Verbandsgeldbuße im Jahre 1968 versuchte der Gesetzgeber einen Kompromiss zu finden. Aufgrund der geäußerten Bedenken wurde die Verbandsgeldbuße daher zunächst nicht als selbständige Sanktion eingerichtet. Die stattdessen gewählte Konstruktion als Nebenfolge sollte vielmehr der engen Bindung zu einer individuellen Bezugstat Ausdruck verleihen. Ein selbständiges Verfahren gegen die juristische Person oder Personenvereinigung war zwar möglich, zunächst aber nur dann, wenn aus tatsächlichen Gründen nicht gegen eine bestimmte natürliche Person vorgegangen werden konnte. Durch das Zweite Gesetz zur Bekämpfung der Wirtschaftskriminalität (2. WiKG) von 1986 wurde die Möglichkeit des selbständigen Verfahrens dahingehend reformiert und erweitert, dass die Nebenfolgenkonstruktion aufgegeben wurde und eine selbständige Verbandsgeldbuße seither bereits dann verhängt werden kann, wenn wegen der Vortat ein Straf- oder Bußgeldverfahren gar nicht eingeleitet oder wenn es eingestellt wurde.[235]

Nach der aktuellen gesetzlichen Regelung des § 30 Abs. 4 OWiG kann damit im Ergebnis eine Verbandsgeldbuße auch dann verhängt werden, wenn die Identität

---

232 Schmitt, Maßnahmen, S. 142 f.
233 Schmitt, FS-Lange, S. 884 f.
234 Rotberg, FS- DJT, S. 226, 208.
235 Vgl. BT-Drucks. 10/318, EWiKG 2, S. 6, 13, 38 ff.

des Einzeltäters nicht festgestellt werden kann.[236] Einzige Einschränkung des selbständigen Verfahrens ist jedoch, dass es nicht rechtliche Gründe sind, aufgrund derer die Straftat oder Ordnungswidrigkeit des individuellen Täters nicht verfolgt werden kann. Notwendige Voraussetzung für die Verhängung der Verbandsgeldbuße im selbständigen Verfahren ist dabei weiterhin die Feststellung, dass der (nicht identifizierte) Einzeltäter die Zuwiderhandlung nicht nur rechtswidrig, sondern auch vorwerfbar beziehungsweise schuldhaft begangen hat.[237] Weiterhin bedarf es der Feststellung, dass der Täter zu dem in § 30 Abs. 1 OWiG aufgezählten Kreis der Leitungspersonen der juristischen Person oder Personenvereinigung zählt.[238] Ist also etwa nicht festzustellen, welches von mehreren Organen gehandelt hat, steht aber mit an Sicherheit grenzender Wahrscheinlichkeit fest, dass jedes der als Täter in Frage kommenden Organe vorwerfbar, also schuldhaft gehandelt hat, ist die Anordnung einer Verbandsgeldbuße zulässig.[239]

Mit der Regelung zur Festsetzung der Verbandsgeldbuße im selbständigen Verfahren hat der Gesetzgeber bereits einen wesentlichen Beitrag zur Bekämpfung der organisierten Unverantwortlichkeit geleistet. Will man das Ziel erreichen, Unternehmen oder Verbände für im Rahmen ihrer Tätigkeit begangene Verstöße wirkungsvoll selbst verantwortlich machen zu können, wird man nicht umhin kommen, hinsichtlich des Erfordernisses der strikten Bestimmung des individuellen Täters Abstriche machen zu müssen. Nun ist es sicher so, dass man dieses Erfordernis nicht gänzlich wird aufweichen können. Ist die Identität des individuellen Täters gänzlich ungewiss, wird eine Sanktion gegen den Verband unterbleiben müssen. Auch wenn eine exakte Bestimmung des Täters nicht möglich erscheint, muss doch sichergestellt sein, dass es sich um eine Person handelt, die zum Kreis derer gehört, deren Handeln eine Verbandssanktion überhaupt erst auszulösen vermag. Kommen mehrere mögliche Täter in Betracht, steht lediglich nicht fest, wer von ihnen gehandelt hat, kann dies nicht zur Freistellung des Verbandes von der Haftung für im Rahmen seiner Tätigkeit und in seinem Interesse begangene Verstöße führen. Durch die Haftung des Verbandes für das Verhalten der für ihn Tätigen, auch wenn im Einzelnen nicht jeder der an einer

---

236 Rebmann/Roth/Herrmann, § 30, Rn. 52; KK-Rogall, § 30, Rn. 165; Göhler, § 30, Rn. 40; ders., wistra 1991, 207 ff.; BGH, NStZ 1994, 346; OLG Düsseldorf, wistra 1996, 77; OLG Düsseldorf, NStZ 1984, 366, 367.

237 Rebmann/Roth/Herrmann, § 30, Rn. 52; KK-Rogall, § 30, Rn. 165; Göhler, § 30, Rn. 40; ders.; BGH, NStZ 1994, 346; OLG Düsseldorf, wistra 1996, 77; OLG Düsseldorf, NStZ 1984, 367.

238 Demuth/Schneider, BB 1970, 642, 651; Pohl-Sichtermann, Geldbuße, S. 181 ff.; KK-Rogall, § 30, Rn. 165.

239 OLG Hamm, NJW 1979, 1312; Rebmann/Roth/Herrmann, § 30, Rn. 52; KK-Rogall, § 30, Rn. 165; Göhler, § 30, Rn. 40.

Tat Beteiligten identifiziert werden kann, wird insbesondere dem Phänomen Rechnung getragen, dass sich die Schuld und die Vorwerfbarkeit eines Verhaltens, anders als beim klassischen Einzeltäter, im Rahmen einer Verbandstat auf mehrere Schultern verteilt. Es wird daher kaum jemals ein Einzeltäter ausfindig zu machen sein, der die ganze Verantwortung trägt und der somit allein in einer dem Umfang und den Folgen der Tat angemessenen Weise zur Rechenschaft gezogen werden kann.

Untermauert wird das Bedürfnis nach einer Sanktionierbarkeit von Verbänden im selbständigen Verfahren ohne zwingende Identifizierung des Einzeltäters durch die in einem Unternehmen selbst liegende Verantwortung für seine innere Organisation.

Wir haben festgestellt, dass das Phänomen der organisierten Unverantwortlichkeit und die mit ihm verbundene Schwierigkeit und teilweise Unmöglichkeit der Feststellung der Identität einzelner Täter im Wesentlichen in der inneren Organisation von modernen Unternehmen begründet ist. Zwar bestehen gewisse gesetzliche Vorgaben über die innere Organisation von Unternehmen in der Form von juristischen Personen und Personenvereinigungen, ihre exakte Ausgestaltung in allen Einzelheiten ist aber nicht vorgegeben. Sie ist vielmehr der Gestaltung der Organisationen selbst überlassen, liegt mithin also in der eigenen Verantwortung dieser Organisationen. Könnten Verbände davon ausgehen, dass sie von der Haftung für Zuwiderhandlungen ihrer Leitungspersonen verschont bleiben, wenn diese aufgrund der Undurchschaubarkeit ihrer innerbetrieblichen Organisationsstruktur nicht als Täter zu identifizieren sind, würde dies gerade einen Ansporn für Verbände bedeuten, ihre innere Organisationsstruktur für Außenstehende möglichst undurchsichtig zu gestalten. Ist es nicht möglich, die Identität des Einzeltäters zu ermitteln, führt dies ohnehin dazu, dass diesem gegenüber eine Bestrafung nicht möglich ist. Bedeutete die Unmöglichkeit zur Bestimmung des individuellen Täters darüber hinaus aber nun auch noch, dass auch die juristische Person oder Personenvereinigung für eine von einem in ihrer Sphäre stehenden Täter und in ihrem Interesse begangenen Tat nicht belangt werden könnte, stünden dem Verband hierdurch Tür und Tor offen, sich selbst und die für ihn Tätigen durch eine möglichst undurchschaubare innere Organisation von jedweder strafrechtlichen Verantwortung für Zuwiderhandlungen frei zu halten. Dies würde nicht zur Förderung der Rechtstreue führen, sondern im Gegenteil zur weiteren Missachtung der Rechtsordnung motivieren. Solche Umgehungsstrategien zu unterbinden, war auch ausdrückliches Bestreben des Gesetzgebers mit der Ausweitung des Täterkreises des § 30 Abs. 1 Nr. 5 OWiG auf alle für die Leitung eines Betriebs oder Unternehmens verantwortlich handelnden Personen.[240]

III. Prävention – Motivationswirkung von Verbandssanktionen

Wird über den Sinn und die Zulässigkeit der Einführung oder Verschärfung von Sanktionen gegen juristische Personen und Personenvereinigungen diskutiert, ist der Blick stets auch auf den strafrechtlichen Zweck zu richten, der mit der Androhung und Verhängung von derlei Maßnahmen verfolgt werden soll. Die wesentlichen, in Deutschland anerkannten, mit strafrechtlichen Maßnahmen verfolgten Zwecke sind die Spezial- und Generalprävention, sowie die Vergeltung des begangenen Unrechts. Adressat der spezialpräventiven Ziele einer Sanktion ist dabei der Verurteilte selbst. Der Täter soll durch die Erfahrung der Bestrafung von der Begehung zukünftiger Verstöße abgehalten und zu einem an die Regeln der Rechtsordnung angepassten Leben erzogen werden.[241] Die Generalprävention hingegen richtet sich an die Gesamtheit aller Rechtsgenossen. So wie es Ziel der Spezialprävention ist, den Täter vor der zukünftigen Begehung von Taten abzuschrecken, so zielt die negative Generalprävention darauf, auch die übrigen Rechtsgenossen von Verstößen gegen die Rechtsordnung abzuhalten. Darüber hinaus soll im Rahmen der positiven Generalprävention, durch die Strafdrohung im Gesetz und die tatsächliche Verhängung der Strafe gegenüber dem Täter, in der Bevölkerung das Vertrauen in die Bestands- und Durchsetzungskraft der Rechtsordnung gestärkt werden.[242]

Die Gewichtung der einzelnen Strafzwecke ist umstritten und hat in der Entwicklung seit der Gründung der Bundesrepublik einen nicht unwesentlichen Wandel erfahren. Noch in den ersten Nachkriegsjahren war die Vergeltungstheorie, die in der deutschen Strafrechtslehre herrschende Straftheorie.[243] Zweck der Strafe sollte hiernach die gerechte Vergeltung von Unrecht und Schuld sein. Entgegen dem wird die Vergeltung als alleiniger Selbstzweck der Strafe heute überwiegend abgelehnt.[244] Jedoch erklärt § 46 StGB die Schuld des Täters zur Grundlage der Strafzumessung. Die hierin verankerte Verpflichtung zur Berücksichtigung des Schuldgrundsatzes stellt insoweit eine Anerkennung des Vergel-

---

240 BT-Drucks. 14/8998, S. 11.

241 Jescheck/Weigend, § 8 II, S. 66 ff.

242 Jescheck/Weigend, § 8 II, S. 66 ff.

243 Korte, S. 42; G. Kaiser, Kriminologie, § 30, Rn. 10; vgl. Engisch, Verh. 40. DJT, Band II, S. 34.

244 Tröndle/Fischer, § 46, Rn. 4.

tungsgedankens in Form eines Maßstabes für die Strafzumessung dar.[245] Die heute in der Literatur und Rechtsprechung vorherrschende Vereinigungstheorie versucht, die verschiedenen, unterschiedlich gewichteten Strafzwecke in ein ausgewogenes Verhältnis zu bringen.[246] Neben dem Vergeltungsgedanken, der nach wie vor von Bedeutung ist, werden also auch die Gedanken der Prävention stärker in das Blickfeld gerückt. Insgesamt ist in dieser Entwicklung also eine deutliche Zunahme der Bedeutung der Spezial- und Generalprävention zu erkennen.

Diese Entwicklung spiegelt sich auch in der Diskussion um die Verbandssanktionen wider. Engisch[247] hat noch in seinem Referat auf dem 40. Deutschen Juristentag 1953 das Abschweifen in ein reines Präventionsrecht verurteilt. So lange man noch an der Gleichung von Schuld und Sühne festhalten wolle, dürfe man nicht in erster Reihe an Abschreckung denken. Entgegen dem ist in der heutigen Debatte das Ziel, mit der Verhängung von Sanktionen auch gegen Verbände auf die Vermeidung zukünftiger Verstöße hinzuwirken, weitgehend anerkannt.[248] Es wird in diesem Zusammenhang vielmehr häufig gerade darauf hingewiesen, dass nicht unerhebliche Zweifel daran bestehen, ob die vorhandenen Möglichkeiten, Unternehmen und Verbände auch strafrechtlich für die im Rahmen ihrer Tätigkeit begangenen Zuwiderhandlungen haften zu lassen, den Anforderungen hinsichtlich der geforderten Präventionseffizienz genügen.[249]

In der Diskussion um die spezialpräventive und die generalpräventive Zielrichtung von Sanktionen gegenüber dem Einzeltäter oder dem Verband ist zunächst Klarheit darüber zu schaffen, an wen genau sich die Sanktion mit ihrem spezial- oder generalpräventiven Zweck richtet. Dabei wird man zwischen zweierlei Wirkungsbereichen unterscheiden können.

So stellt zum einen das Unternehmen oder der Verband selbst einen geschlossenen Organismus dar, dessen einzelne Teile oder Mitglieder der präventiven Wirkung von Sanktionen zugänglich sind. Erfolgt eine strafrechtliche Reaktion gegen den Verband oder den aus seinen Reihen stammenden Einzeltäter, wird sich dies immer in der Weise motivierend auswirken, dass der einzelne Täter

---

245 Vgl.: Jescheck/Weigend, § 8 II, S. 66 f.

246 BVerfGE 45, 253.

247 Engisch, Verh. 40. DJT, Band II, S. E 34.

248 Vgl. nur: Schünemann, Unternehmenskriminalität, S. 158 ff.; ders., Madrid-Symposium, S. 267 ff.; Bottke, Deutsche Wiedervereinigung, S. 95; Schall, Deutsche Wiedervereinigung, S. 123 ff.; Schall/Schreibauer, NuR 1996, 440, 448.

249 BT-Drucksache 13/9682, S. 3; Schünemann, Madrid-Symposium, S. 279; ders., Taiwan, S. 441 f.; Bottke, Deutsche Wiedervereinigung, S. 95; Schall, Deutsche Wiedervereinigung, S. 125 f.; Schall/Schreibauer, NuR 1996, 440, 448.

von weiteren Zuwiderhandlungen abgehalten wird. Aber auch die übrigen Mitglieder des Verbandes, zu dem auch der Täter gehört, werden dahingehend motiviert, für die Zukunft durch die Vermeidung von Verstößen weitere Sanktionen zu vermeiden. Wie im Bereich des Individualstrafrechts eine Strafe einmal präventiv auf den Täter selbst, zum anderen aber auch auf die übrigen Rechtsgenossen wirkt, ist dies auch bei einer Reaktion auf eine Verbandstat der Fall. Einmal wird der einzelne Täter motiviert. Daneben wird aber eben auch auf die restlichen Verbandsgenossen eingewirkt.

Neben den einzelnen Mitgliedern und Angestellten eines Verbandes sind juristische Personen oder Personenvereinigungen selbst Träger von Rechten und Pflichten. Sie stellen als solche neben allen übrigen Rechtsgenossen eigenständige Rechtssubjekte dar und sind als selbständige Teile und Mitglieder der Rechtsordnung anerkannt. Ihre eigenständige Bedeutung gerade auch im Bereich von strafrechtlichen Reaktionen im weiteren Sinne wird insbesondere durch § 30 OWiG verdeutlicht. Wird gegen eines dieser Rechtssubjekte eine Geldbuße oder eine sonstige Sanktion verhängt, wird dies kaum vonstatten gehen, ohne dass dieser Verband oder die übrigen Organisationen ihre Schlüsse aus diesen Geschehnissen ziehen und ihr Verhalten daran anpassen. Das heißt also, die motivierende Wirkung einer Sanktion gegen einen Verband kann sich einmal spezialpräventiv an den delinquenten Verband selbst richten. Zum anderen werden durch eine Sanktion gegen den delinquenten Verband alle übrigen Rechtsgenossen auf generalpräventive Weise angesprochen. Hierzu zählen neben den natürlichen Personen auch alle anderen juristischen Personen und Personenvereinigungen als selbständige Mitglieder der Rechtsordnung.

1. Prävention gegenüber dem Verband als eigenem Organismus

Im Bereich der Sanktionierung von Verbandstaten sind präventive Wirkungen also zunächst einmal innerhalb des jeweiligen Verbandes zu beobachten. Innerhalb der häufig hierarchisch aufgebauten Organisationsstruktur sind Lernprozesse und Anpassungsvorgänge an äußere Faktoren an der Tagesordnung. Diese können sich bei Wirtschaftsunternehmen zum Beispiel auf Faktoren des Marktes, wie das Verhalten von Konkurrenzunternehmen, Beschaffbarkeit von Rohstoffen und sonstigen Produktionsmitteln, Verbraucherwünsche und vieles mehr beziehen. In gleicher Weise sind solche Reaktionen auch auf Veränderungen oder Konkretisierungen der rechtlichen Rahmenbedingungen möglich. Solche für das Verhalten eines Unternehmens relevanten rechtlichen Rahmenbedingungen können dabei neben Lizenzen, Genehmigungen für den Betrieb bestimmter Anlagen, umweltrechtlichen Auflagen, steuerlichen Anreizen oder arbeitsrechtlichen Bestimmungen eben gerade auch gegenüber dem Verband selbst angedrohte Sanktionen darstellen.

Präventive aber natürlich auch repressive Wirkungen innerhalb des zum Organismus eines Verbandes gehörenden Personenkreises können dabei einmal durch staatliche Sanktionen gegenüber dem Verband oder einzelnen zum Verband gehörenden Personen erreicht werden. Zum anderen können diese Wirkungen gegenüber einzelnen Verbandsmitgliedern aber auch durch verbandseigene interne Maßnahmen, wie zum Beispiel der Androhung oder Durchführung von Abmahnungen oder Kündigungen von Mitarbeitern für bestimmte Verstöße, erzielt werden. Die verbandsinternen Sanktionsmöglichkeiten verdeutlichen gerade den Charakter von Verbänden als im Hinblick auf die Wirkung von Sanktionen in sich geschlossene und in gewisser Weise autarke Organismen. Sie sollen für die vorliegende Betrachtung jedoch nicht im Mittelpunkt stehen. Innerhalb des Organismus, den eine juristische Person oder Personenvereinigung selbst darstellt, sind Adressaten der präventiven Wirkung von Sanktionen in aller Regel natürliche Personen.[250] Sie werden hier als Funktionsträger, normale Angestellte, einfache Mitglieder oder Teilhaber angesprochen.

a. Spezialprävention

Eine spezialpräventive Zielsetzung von strafrechtlichen Reaktionen auf die aus dem Tätigkeitsbereich eines Verbandes heraus begangenen Zuwiderhandlungen ist in erster Linie in der Strafe gegen den Einzeltäter zu sehen. Hierdurch soll auf ihn in der Weise eingewirkt werden, dass ihm sein Fehlverhalten vor Augen geführt und er so von weiteren Taten abgeschreckt, beziehungsweise durch die Strafe zu künftig rechtstreuem Verhalten erzogen wird. Die spezialpräventive Wirkung hinsichtlich des Einzeltäters ist vor allem von der Wirkung einer Sanktion gegenüber den übrigen Verbandsgenossen abzugrenzen. Es sollen mit der Einzelstrafe vor allem weitere Verstöße gegen die Rechtsordnung und Rechtsgutsbeeinträchtigungen Dritter für die Zukunft verhindert werden. Weitere Sanktionen gegen den Verband zu verhindern dürfte hingegen weniger Aufgabe der durch die Rechtsordnung veranlassten Sanktionen, als Aufgabe des Verbandes selbst sein, im Rahmen seiner oben angesprochenen selbstorganisatorischen Befugnisse dafür zu sorgen, weiteren Schaden von sich abzuwenden.

---

250 Ausnahmen hiervon sind natürlich denkbar, wenn z.B. einer der Teilhaber eines Unternehmens selbst eine juristische Person ist.

Erforderlichkeit von Verbandssanktionen zur Motivation des Täters?

Eine vieldiskutierte Frage in diesem Zusammenhang ist, ob es zur Abschreckung des Einzeltäters vor weiteren Taten zugunsten des Verbandes, neben der Androhung und gegebenenfalls der Verhängung einer Einzelstrafe, zusätzlich noch der Androhung einer Verbandssanktion bedarf. Busch[251] hat dies mit der Begründung bejaht, dass der einzelne Mensch dieselben Handlungen, die er aus ethischen Gründen für verwerflich halte, wenn sie der Befriedigung von Einzelinteressen zu dienen bestimmt sind, in dem Augenblick nicht mehr für bedenklich halte, wenn sie die Förderung der Interessen einer Gemeinschaft bezwecken. Die Tatsache, dass ein überindividuelles Interesse in Frage stehe, führe dazu, dass das Gemeinschaftsinteresse höher bewertet werde als das eigene Einzelinteresse. Die persönliche Strafdrohung vermöge ihre motivierende Kraft im Sinne der Abschreckung nicht mehr zur Geltung zu bringen, weil der Einzelne sich der Verbandsgemeinschaft tiefer verpflichtet fühle als der staatlichen Gemeinschaft.

Dieser Auffassung, dass ein Einzeltäter regelmäßig bereit sei, eine an ihn persönlich gerichtete Strafe auf sich zu nehmen, um die Interessen des Verbandes zu fördern, ist jedoch deutlich zu widersprechen.[252] Ein Verbandsmitglied, das aus reiner Selbstlosigkeit und Unterwerfung unter den Verbandsgeist im Dienste des Verbandes strafbare Handlungen begeht und dabei auch bereit ist, die ihm drohende Strafe auf sich zu nehmen, dürfte in gleicher Weise eine Ausnahmeerscheinung sein, wie der Überzeugungsverbrecher.[253] Diese Auffassung teilen auch weitere Stimmen in der Literatur.[254] Die Bereitschaft, eine persönliche Strafe zugunsten der Förderung der Verbandsziele auf sich zu nehmen, wird man in der heutigen Zeit lediglich ausnahmsweise bei einem Arbeitnehmer annehmen können, wenn dieser anderenfalls den Verlust seines Arbeitsplatzes befürchten müsse.[255]

---

251 Busch, S. 96 ff.; zustimmend Rotberg, FS-DJT, S. 218 f.; vgl. auch Koffka, Niederschriften, Band 4, S. 564.

252 Vgl. nur: Lang-Hinrichsen, FS-Mayer, S. 67 f.; Engisch, Verh. 40. DJT, Band II, S. E 33; Korte, S. 47 f.

253 Engisch, Verh. 40. DJT, Band II, S. E 33.

254 Vgl. nur: Lang-Hinrichsen, FS-Mayer, S. 67 f.; Korte, S. 47 f.

255 Schünemann, Unternehmenskriminalität, S. 23; Korte, S. 46 ff.

b. Generalprävention

Neben den bisher beschriebenen spezialpräventiven Zielsetzungen kommen auch generalpräventive Wirkungen als Ziele von strafrechtlichen Reaktionen auf Verbandsdelinquenz in Betracht. Diese treten zunächst gegenüber den übrigen zum Kreis der Mitglieder des delinquenten Verbandes zählenden Personen auf. Man kann hier von einer generalpräventiven Wirkung sprechen, da diese nicht nur auf den Einzeltäter, sondern die übrigen Verbandsgenossen wirkt.
Gleichwohl erscheint die Generalprävention in gewisser Weise auf den Kreis der zum delinquenten Verband gehörenden Mitglieder begrenzt. Die anderen Verbandsmitglieder sollen durch die gegen den Einzeltäter oder den Verband verhängten Sanktionen davon abgeschreckt werden, selbst Verstöße zu begehen und somit ebenfalls Sanktionen gegen ihren Verband auszulösen. In gleicher Weise wird die Sanktion gegen den Verband die übrigen Verbandsmitglieder nicht nur dazu motivieren, darauf zu achten, selbst keine sanktionswürdigen Verstöße zu begehen, sondern auch andere Verbandsangehörige von möglichen Taten abzuhalten. Denn die gegen den Verband verhängten Sanktionen können sich letztlich auch mittelbar auf die übrigen Verbandsgenossen und die hinter dem Verband stehenden Personen auswirken. Dies kann zum Beispiel durch eine in ihrer Höhe geringer ausfallende Gewinnausschüttung der Fall sein. Diese trifft nicht unbedingt nur die im Hintergrund stehenden Gesellschafter und Aktionäre. Denn häufig sind Angestellte und Arbeiter eines Unternehmens auch selbst durch Gewinnprovisionen oder durch eine Entlohnung in Form der Übertragung von Unternehmensbeteiligungen finanziell an dem Verband beteiligt.
Ein weiterer wesentlicher, sich hieraus ergebender Aspekt ist die Förderung der Installation eines eigenen Kontroll- und Überwachungsmechanismus innerhalb der juristischen Person oder Personenvereinigung selbst. Ein solcher wird zu dem Zweck eingerichtet werden, dafür Sorge zu tragen, Verstöße von Personen für die Zukunft zu verhindern, deren Verhalten eine weitere Verbandssanktion auszulösen vermag. Die Förderung der Einrichtung eines verbandsinternen Kontrollmechanismus zur Verhinderung zukünftiger Verstöße, kann wohl als eines der wichtigsten Ziele in diesem Zusammenhang bezeichnet werden.[256]

Die in den beschrieben Zusammenhängen zu erwartende präventive Wirkung ist hier zwar auf die übrigen zum Verband gehörenden Mitglieder bezogen, man wird aber trotzdem von einer generalpräventiven, wenn auch verbandsinternen Wirkung sprechen können. Darüber hinaus wird eine Sanktion gegen den Einzeltäter auch gegenüber einzelnen Angehörigen anderer Verbände eine entsprechende generalpräventive Wirkung entfalten. Diese werden durch eine ihnen

---

[256] Vgl.: Korte, S. 48; Schünemann, Unternehmenskriminalität, S. 25 ff.

persönlich drohende Strafe oder Ordnungswidrigkeit davon abgehalten, einen Verstoß im Interesse ihres jeweiligen Unternehmens zu begehen.

Rechtschaffenheit als Auswahlkriterium für Organe

Nach überwiegender Auffassung soll mit der Androhung von Sanktionen gegen Verbände auch das generalpräventive Ziel erreicht werden, die Mitglieder der juristischen Person oder Personenvereinigung dazu anzuhalten, bei der Auswahl ihrer Organe oder der sonst für sie tätigwerdenden Personen nicht nur auf deren geschäftliche Tüchtigkeit, sondern auch auf deren Rechtschaffenheit zu achten.[257] Zum Teil wird jedoch in Frage gestellt, ob es zur Erreichung dieses Zweckes tatsächlich der Androhung einer Unternehmenssanktion bedarf. Eine ausreichende Motivation zur Überprüfung der Rechtschaffenheit zukünftiger Mitarbeiter durch die Unternehmensverantwortlichen sei bereits hinreichend durch die Gefahr gewährleistet, bei möglichen Verstößen zivilrechtlichen Schadensersatzansprüchen ausgesetzt zu sein. Auch wirke sich die Bestrafung von Unternehmensangehörigen stets auf den gesamten Verband aus, da eine solche Verurteilung von der Öffentlichkeit stets mit dem gesamten Verband in Verbindung gebracht werde. Ein hiermit verbundener drohender Prestigeverlust trage zusätzlich dazu bei, dass eine Verbandssanktion zur Motivation hinsichtlich einer sorgfältigen Auswahl von Mitarbeitern nicht unbedingt erforderlich sei.[258]

Dass auch von drohenden Schadensersatzverpflichtungen und dem Prestigeverlust durch die Verurteilung von Unternehmensangehörigen Wirkungen auf das Umfeld einer juristischen Person oder Personenvereinigung ausgehen, ist sicher nicht zu bestreiten. Hierzu ist jedoch anzumerken, dass es fraglich erscheint, ob sich das Strafrecht zur Erreichung seiner Ziele ausschließlich auf Regelungen des Zivilrechts verlassen darf. Es erscheint in diesem Zusammenhang doch vielmehr geboten, das Strafrecht nicht in Abhängigkeit des Zivilrechtes kommen zu lassen, denn schließlich wird bei der Entwicklung, Änderung oder Streichung von zivilrechtlichen Normen nur sehr begrenzte Rücksichtnahme auf strafrechtliche Erwägungen zu erwarten sein.

---

257 Göhler, Vor § 29a, Rn. 11; KK-Rogall, § 30, RN 16; Rebmann/Roth/Herrmann, Vor § 30, Rn. 8; vgl. Schünemann, Unternehmenskriminalität, S. 25 ff, 158.

258 Zum Ganzen: Korte, S. 48 f.

2. Der Verband als eigenständiges Subjekt und Teil der Rechtsordnung

Mögliche präventive Zwecke von Sanktionen, als Folge der Delinquenz aus der Tätigkeit von Verbänden, beschränken sich nicht auf Wirkungen innerhalb dieser Organisationen. Präventive Ziele werden vielmehr ganz besonders im Zusammenhang mit der Eigenschaft der juristischen Personen oder Personenvereinigungen als eigene Rechtssubjekte und damit Teile der gesamten Rechtsordnung verfolgt. Unter diesem Blickwinkel ist der delinquente Verband selbst Adressat, mithin sind auch alle übrigen zur Rechtsordnung gehörenden Verbände als Adressaten der angestrebten spezial- beziehungsweise generalpräventiven Wirkung der Sanktionen zu verstehen. Hier geht es somit nicht darum, einzelne natürliche Personen zu motivieren, die zum einen als Mitglied eines Verbandes und zum anderen als eigener vom Verband unabhängiger Teil der Rechtsordnung angesprochen werden können. Vielmehr geht es um den Verband als solchen in seiner Eigenschaft als selbständiger Teil der Rechtsordnung.

Zu klären ist dabei jedoch zunächst, ob eine Einwirkung auf den Verband selbst, in Form der Motivation auf zukünftiges Verhalten, überhaupt möglich ist. Teilweise wird angenommen, dass eine juristische Person nicht selbst in der Lage sei, die in der für eine bestimmte Tat ausgesetzten Strafe als Drohung zu verstehen.[259]
Juristische Personen sind Rechtssubjekte, die von der Rechtsordnung anerkannt sind und die selbst Adressaten von Rechten, Pflichten sowie der Sanktionsdrohung des § 30 OWiG sind. Folglich müssen sie auch in der Lage sein, die Inhalte der an sie gerichteten Normen zu verstehen. Selbstverständlich kann eine juristische Person oder Personenvereinigung als solche dieses Verständnis selbst nicht aufbringen. Das notwendige Verständnis kann nur mittelbar durch Einwirkung auf die hinter dem Verband stehenden und für ihn verantwortlich handelnden natürlichen Personen erreicht werden. In diesem Rahmen wird man aber von der Möglichkeit sprechen können, mit einer präventiven Sanktionsdrohung auch einen Verband selbst zu erreichen.[260]

a. Spezialprävention

Im Rahmen der Spezialprävention können die Verbandsmitglieder in ihrer Gesamtheit, also der Verband selbst, Ziel einer Sanktion sein. Dies ist dann der Fall, wenn die juristische Person oder Personenvereinigung selbst, in Abgren-

---

259 Korte, S. 45.
260 Im Ergebnis so auch Tiedemann, NJW 1988, 1169, 1172.

zung zu allen anderen Verbänden, dazu angehalten werden soll, dafür Sorge zu tragen, dass sich aus ihrer Tätigkeit im Rechtsverkehr heraus ein solcher Verstoß, wie der, der mit der gegen sie gerichteten Sanktion geahndet wurde, nicht nochmals ereignet. Angesprochen werden hierbei vor allem die Gremien und deren einzelne Mitglieder, deren Aufgabe es ist, durch die gebührende Kontrolle ein rechtskonformes Agieren der Vertreter der Organisation und damit des Verbandes selbst zu gewährleisten. Auch hier erlangt der Gedanke erneut Bedeutung, durch die Androhung von Sanktionen auf die Einrichtung eines internen Kontroll- und Überwachungsmechanismus zur Verhinderung von Rechtsverstößen hinzuwirken.[261]

b. Generalprävention

Eine generalpräventive Abschreckung kann im Hinblick auf die Eigenschaft der Verbände als selbständige Rechtssubjekte in gleicher Weise erfolgen, wie dies bei natürlichen Personen als Teilen der Rechtsordnung der Fall ist. Ziel ist es hierbei, dass sich die Sanktionierung eines delinquenten Verbandes oder seines Vertreters auch andere Organisationen oder die für sie verantwortlich handelnden natürlichen Personen zur Warnung gereichen lassen, dafür Sorge zu tragen, einen vergleichbaren Verstoß aus ihrer Betätigung heraus nicht zuzulassen.

IV. Zusammenfassung

Die Argumente der Befürworter einer Ausweitung der Sanktionsmöglichkeiten, obwohl zum Teil schon alt und vor der Einführung der einheitlichen Verbandsgeldbußenregelung im OWiG entstanden, behalten dennoch auch heute noch weitgehend ihre Gültigkeit.

Wir haben gesehen, dass die Bestrafung des Einzeltäters gegenüber dem Verband keine nennenswerte Wirkung zu entfalten vermag. Vielmehr scheint innerhalb von Unternehmen eine gewisse Bereitschaft zu bestehen, einzelne Verbandsangehörige im Interesse des ganzen Verbandes zu opfern. Wird nun ein Verbandsmitglied durch die Rechtsfolgen einer gegen ihn verhängten Strafe getroffen, handelt es sich hierbei in den meisten Fällen um eine Geldstrafe. Die im heutigen Wirtschaftsleben gängige Praxis, eben diejenigen, die im Interesse eines Unternehmens eine Zuwiderhandlung begangen haben und hierfür mit eine Geldstrafe oder –buße belegt wurden, durch Leistungen des Unternehmens

---

[261] Vgl. oben: Teil 1, B, III, 1, b.

gleich welcher Art von den Folgen der Tat freizustellen, führt weiter dazu, dass auch die Wirkung der an den Täter gerichteten Strafe gegenüber diesem verblasst. Vielfach wird daher in diesem Zusammenhang auch die Forderung erhoben, statt Geldstrafen wirkungsvollere Freiheitsstrafen zu verhängen.[262] Die Möglichkeit der Verbandsgeldbuße ermöglicht jedoch, den Verband selbst mit einer seinen wirtschaftlichen Verhältnissen angemessenen Geldsanktion belegen zu können. Dem Problem des Missverhältnisses zwischen einer zugunsten und im Interesse eines Verbandes begangenen Zuwiderhandlung und einer an den persönlichen Verhältnissen des individuellen Täters bemessenen und ihm gegenüber verhängten Strafe ist so wirkungsvoll begegnet worden. Einzig das begrenzte Sanktionsinstrumentarium, das sich in der Verhängung einer Geldbuße erschöpft, lässt im Vergleich zu den Möglichkeiten des Individualstrafrechts noch Flexibilität vermissen.

Dem Phänomen der organisierten Unverantwortlichkeit ist durch die verschiedenen Reformen des § 30 OWiG schon auf beachtliche Weise entgegengewirkt worden. Zum einen ist mit der durch die Einführung der Verbandsgeldbußenregelung geschaffenen und mit dem 2. WiKG erweiterten Möglichkeit des selbständigen Verfahrens eine beachtliche Handhabe geschaffen worden, um auf diese Problematik reagieren zu können. Aufgrund der Möglichkeit der Strafverfolgungsbehörden, auch ohne in der Lage zu sein, den Einzeltäter zu identifizieren, in bestimmten Fällen gegen einen Verband eine Geldbuße verhängen zu können, ist den Verbänden auf wirksame Weise die Fähigkeit genommen worden, sich selbst durch die Verlagerung von Wissen, Verantwortung und der Ausführung von Tätigkeiten auf verschiedene Bereiche der Unternehmenshierarchie, der strafrechtlichen Haftung für Zuwiderhandlungen ihrer Angehörigen zu entziehen. Doch können die Regelungen des selbständigen Verfahrens in seiner aktuellen Fassung die organisierte Unverantwortlichkeit nicht in Gänze bekämpfen. Es bleiben Bedenken insoweit bestehen, als für die Anwendung des selbständigen Verfahrens feststehen muss, dass der Täter zum Kreis der in § 30 Abs. 1 OWiG genannten Personen zählt.
Zum anderen hat die Ausweitung des Täterkreises des § 30 Abs. 1 OWiG durch das EU-Rechtsinstrumente-AG die Wirksamkeit der Verbandsgeldbuße erheblich gestärkt. Durch eine schlichte Delegation von Verantwortung auf Personen außerhalb des Kreises der in § 30 Abs. 1 Nr. 1 bis 4 OWiG aufgezählten Verbandsvertreter lässt sich eine Sanktion gegen den Verband nun nicht mehr umgehen. Vielmehr kann nun das Verhalten von allen für die Leitung eines Betriebs oder Unternehmens verantwortlich handelnder Personen eine Verbandsgeldbuße auslösen. Damit bleibt zwar theoretisch die Möglichkeit, prekäre Aufgaben auf Personen zu delegieren, die gänzlich außerhalb der Leitungsebene

---

[262] Roxin, AT, § 8, Rn. 59; Jescheck/Weigend, AT, S. 229, m.w.N.

stehen. In welchem Umfang dieser Fall in der Praxis aber eine nennenswerte Relevanz erfahren wird, bleibt abzuwarten.

Die Spezial- und die Generalprävention ist heute als Ziel von Sanktionen gegen juristische Personen und Personenvereinigungen, neben dem in § 46 StGB verankerten Vergeltungsgedanken anerkannt. Alle aufgezeigten Mängel der bestehenden Möglichkeiten, mit Sanktionen auf Zuwiderhandlungen aus dem Bereich der Betätigung von Verbänden zu reagieren, führen letztlich zu einer Einschränkung der von der Sanktionsdrohung ausgehenden Präventionswirkung gegenüber juristischen Personen und Personenverbänden. Dies führt wieder zu dem Anspruch zurück, dass ein Sanktionensystem gegen Verbände zu einer in gleicher Weise effektiven Bekämpfung der Verbandsdelinquenz führen sollte, wie dies das bestehende System des Individualstrafrechts für Individualtaten tut.

C. Die Sanktionsmöglichkeiten des geltenden Rechts

Nachdem die wesentlichen Argumente betrachtet wurden, die von den Befürwortern einer Kriminalstrafe gegen Verbände vorgebracht werden, soll im Folgenden ein Blick auf das bestehende Sanktionsinstrumentarium der aktuellen Rechtslage geworfen werden. Es soll dabei vor allem darum gehen, die Wirksamkeit der bestehenden Sanktionsmöglichkeiten gerade auch unter Berücksichtigung der vorgebrachten Argumente für die Notwendigkeit ihrer Ausweitung zu untersuchen und zu klären, ob die angeführten Schwächen tatsächlich bestehen, oder ob die aktuelle Rechtlage nicht doch bereits ausreichend wirksame Mittel zur Bekämpfung der Verbandsdelinquenz bereit hält.

Wie bereits zuvor festgestellt wurde, kennt das deutsche Strafrecht keine Strafbarkeit von juristischen Personen und Personenvereinigungen.[263] Gleichwohl ist es dem deutschen Recht nicht fremd, Verbände als Adressaten bestimmter Maßnahmen, die auch sanktionsrechtlichen Charakter haben können, anzuerkennen. So finden sich über die schon zur Sprache gekommenen Normen des Ordnungswidrigkeitenrechts hinaus auch im Verwaltungsrecht und in zivilrechtlichen Bestimmungen Regelungen, die Sanktionen gegen juristische Personen und Personenvereinigungen bereithalten.

I. Geldbuße gegen Verbände gemäß § 30 OWiG

Die zentrale Bestimmung des aktuellen deutschen Rechts zur Sanktionierung von Verbänden findet sich in § 30 des Ordnungswidrigkeitengesetzes, der im Vorangegangenen schon ausführlich zur Sprache gekommen ist.[264] Von einer nochmaligen detaillierten Besprechung an dieser Stelle, soll daher Abstand genommen werden. Es wird insoweit auf die bisherigen Ausführungen zu § 30 OWiG verwiesen. Dennoch sollen an dieser Stelle noch einige Punkte in die Diskussion einfließen, die bisher noch nicht besprochen wurden.

---

263 Vgl. hierzu auch Bottke, JuS 2002, 320, 321 f.; Müller-Gugenberger/Bieneck, Wirtschaftsstrafrecht, S. 441 ff.; Achenbach, JuS 1990, 601, 605.

264 Siehe oben: Teil 1, A.

1. Verhältnis zu § 9 OWiG (§ 14 StGB) und § 130 OWiG

Die Regelung des § 30 OWiG steht in einem engen Zusammenhang zu § 9 OWiG (§ 14 StGB)[265] und § 130 OWiG. Kennzeichnend für diese Normentroika des Ordnungswidrigkeitenrechts ist es, durch ein vielfältiges Geflecht der Zurechnung und Zuordnung von Handlungen und Tatbestandsmerkmalen zwischen dem Verband und der für ihn tätig werdenden natürlichen Personen drohende Lücken im Regelungsbereich dieser Vorschriften einzugrenzen und so deren Anwendungsbereich insgesamt auszudehnen.[266] Dabei wird anders als beim § 30 OWiG, sowohl das Verhalten der Organe und sonstigen Vertreter als auch von Mitarbeitern der unteren Organisationsstufen relevant.

Bei einer Reihe von Sonderdelikten, die auch bei der Betätigung von Verbänden im Wirtschaftsverkehr relevant werden können, hängt die Möglichkeit ihrer Anwendung davon ab, dass der Täter zu einem bestimmten, mit besonderen persönlichen Merkmalen ausgestatteten Personenkreis gehört.[267] Beispiele für Sondereigenschaften, die auch in einer juristischen Person oder Personenvereinigung vorliegen können, finden sich etwa in § 130 OWiG beim Merkmal des Inhabers eines Betriebes oder Unternehmens, in § 29 StVZO beim Merkmal des Halters eines Kraftfahrzeuges oder dem Gewerbetreibenden nach § 15a GewO. Lässt sich der Verband nun bei der Vornahme der tatbestandsmäßigen Handlung von seinem Organ vertreten, dann könnte die entsprechende Vorschrift dadurch umgangen werden, dass der handelnde Vertreter selbst nicht Träger des besonderen persönlichen Merkmals und Normadressat ist und der Verband zwar Träger des besonderen persönlichen Merkmals und damit Normadressat ist, selbst aber nicht gehandelt hat. Im Fall eines solchen juristischen Patts[268] ermöglicht es § 9 OWiG (§ 14 StGB) dem handelnden Vertreter das besondere persönliche Merkmal des Vertretenen zuzurechnen. Erst durch die Zurechnung dieser Sondereigenschaft des Verbandes gegenüber der für ihn handelnden natürlichen Person mittels des § 9 OWiG (§ 14 StGB), ist damit eine Bestrafung des Vertreters überhaupt möglich.[269]

Handelt es sich bei der für den Verband tätig werdenden natürlichen Person um jemanden, der zu dem in § 30 Abs. 1 OWiG aufgezählten Personenkreis gehört, stellt sein Verstoß auch eine taugliche Anknüpfungstat für die Verbandsgeldbu-

---

265 Zur Organ- und Vertreterhaftung siehe auch: Bruns, GA 1982, 1 ff.

266 Zum Zusammenwirken der §§ 9, 30, 130 siehe insbesondere: Többens, NStZ 1999, 1 ff.; Adam, wistra 2003, 285, 287 f.

267 Vgl. hierzu z.B. Marxen, JZ1988, 286 ff.

268 Achenbach, FS-Stree/Wessels, S. 547.

269 Adam, wistra 2003, 285, 287.

ße nach § 30 OWiG dar. Die Zurechnung des die Strafbarkeit begründenden persönlichen Merkmals des Verbandes, gegenüber der für ihn handelnden natürlichen Person bewirkt in diesem Fall also nicht nur die Möglichkeit, gegen den Vertreter selbst vorzugehen. Vielmehr wird durch die Zurechnung der Eigenschaft des Verbandes gegenüber einem Vertreter und der sich hieraus erst ergebenden ahndbaren Tat des Vertreters, überhaupt erst eine taugliche Anknüpfungstat gemäß § 30 OWiG. Hieraus ergibt sich dann wiederum die Möglichkeit, mittels der Verbandsgeldbuße wiederum gegen den Verband vorgehen zu können. § 9 OWiG ermöglicht hier also die Zurechnung des strafbarkeitsbegründenden Merkmals des Verbandes gegenüber dem Vertreter und § 30 OWiG die Zurechnung der Handlung des Vertreters gegenüber dem Verband.[270]

Die Aufsichtspflichtverletzung nach § 130 OWiG ist die praktisch wichtigste Bezugstat des § 30 OWiG. § 130 OWiG sieht für den Inhaber eines Betriebes oder Unternehmens eine Geldbuße vor, wenn dieser eine ihm obliegende Aufsichtsmaßnahme unterlassen hat, ein Mitarbeiter aufgrund der unterbliebenen Aufsicht, eine ebenfalls mit Geldbuße bedrohte betriebliche Zuwiderhandlung begangen hat und diese Zuwiderhandlung durch die gebotene Aufsicht hätte verhindert werden können. Inhaber des Betriebes oder Unternehmens kann dabei sowohl eine natürliche als auch eine juristische Person sein. Kennzeichnend für § 130 OWiG ist damit eine Aufsichtspflichtverletzung des Betriebsinhabers, durch die erst eine Zuwiderhandlung gegen betriebsbezogene Pflichten ermöglicht wird. Dem Inhaber kann hier das Handeln oder Unterlassen von Mitarbeitern zugerechnet werden, die unterhalb der Organ- oder Vertreterebene einzuordnen sind. Allerdings muss die Aufsichtspflichtverletzung von dem Inhaber des Betriebes oder Unternehmens begangen worden sein. § 130 OWiG ist insoweit als Sonderdelikt anzusehen. Ist Inhaber des Betriebes oder Unternehmens eine juristische Person oder Personenvereinigung, sind es deren Organe und Vertreter, denen diese Aufsichtspflicht obliegt.[271] Ihnen wird dann wiederum nach § 9 OWiG die Eigenschaft des Betriebs- beziehungsweise Unternehmensinhabers zugerechnet. In Folge dessen werden sie gemäß § 130 OWiG für die durch ihre Verletzung der Aufsichtspflicht ermöglichte Zuwiderhandlung von Mitarbeitern der unteren Organisationsstufe verantwortlich gemacht. Diese Aufsichtspflichtverletzung nach § 130 OWiG ist ihrerseits wiederum eine taugliche Anknüpfungstat im Sinne des § 30 OWiG. So kann letztlich auch wieder die ju-

---

270 Rebmann/Roth/Herrmann, Vor § 30, Rn. 8a; KK-Rogall, § 30, Rn. 20; Göhler, Vor § 29, Rn. 11a; Achenbach, FS-Stree/Wessels, S. 544, 547; Többens, NStZ 1999, S. 1, 7f.

271 Többens, NStZ 1999, 1, 7 f.; Achenbach, FS-Stree/Wessels, S. 544, 547 f.; Rebmann/Roth/Herrmann, Vor § 30, Rn. 8a; KK-Rogall, § 30, Rn. 20; Göhler, Vor § 29, Rn. 11a.

ristische Person oder Personenvereinigung selbst für die begangenen Verstöße haftbar gemacht werden.[272]

Indem die Regelungen der §§ 9, 130 OWiG zum einen kraft Überwälzung der Sonderpflichtenstellung den Kreis tauglicher Anknüpfungstaten von Organen, etc. erweitern und zum anderen durch die Sanktionierung der Aufsichtspflichtverletzung auch die Haftung des Verbandes für Taten von Angehörigen der unteren Organisationsstufen ermöglichen, tragen sie insgesamt zu einer Ausdehnung des Anwendungsbereiches der Verbandsgeldbuße nach § 30 OWiG bei.[273] Die überaus komplizierte Struktur der mittels dieser Vorschriften möglichen Zurechnungen dürfte ihre Bedeutung in der praktischen Anwendung jedoch erheblich in Frage stellen.

2. Die Verbandsgeldbuße und das Schuldprinzip (1)

Eine weitere Besonderheit ganz anderer Art findet sich bei der Betrachtung des § 30 OWiG unter dem Blickwinkel der Geltung des Schuldprinzips. Hierbei ergibt sich bei der Bewertung der Verbandsgeldbuße mitunter ein gewisser Widerspruch.

Das deutsche Strafrecht kennt keine Strafbarkeit von Verbänden im Sinne des StGB. Dies wird damit begründet, dass juristische Personen und Personenvereinigungen nicht selbst, sondern nur durch ihre Organe handlungs- und schuldfähig seien.[274] Daher könnten sie auch nicht selbst bestraft werden.[275] Gegenüber Verbänden habe die in der Strafe liegende sozialethische Missbilligung keinen Sinn, weil ein Schuldvorwurf nur gegenüber verantwortlichen Einzelpersonen erhoben werden könne, nicht jedoch gegenüber einer Vermögensmasse.[276]

Nun wird überwiegend angenommen, dass auch das Ordnungswidrigkeitenrecht zum Strafrecht im weiteren Sinne gezählt werden muss. Kriminalunrecht und Ordnungswidrigkeitenunrecht unterschieden sich in ihrer materiellen Bedeutung insoweit nicht qualitativ, sondern nur quantitativ.[277] Wie die Straftat, so weise

---

272 Többens, NStZ 1999, 1, 7 f.; Achenbach, FS-Stree/Wessels, S. 544, 547 f.

273 Többens, NStZ 1999, 1, 8; Adam, wistra 2003, 285, 287; Achenbach, FS-Stree/Wessels, S. 544, 547 f.; Deruyck, Verbandsdelikt, S. 118 ff.; ders., ZStW 103 (1991) 706 ff.; Rebmann/Roth/Herrmann, Vor § 30, Rn. 8a.

274 BVerfGE 20, 322, 336.

275 LK-Schmidt, § 75, Rn. 1; Otto, Jura 1998, 409, 415; BT-Drucks., 5/1269, EOWiG, S. 58.

276 Jescheck/Weigend, AT, S. 227; vgl. auch: Kaiser, S.93!

277 BVerfGE 51, 60, 74; Jescheck/Weigend, AT, S. 59; Kaiser, S. 93 ff.

auch die Ordnungswidrigkeit einen so erheblichen Grad von Gefährlichkeit auf, dass zu ihrer Verhinderung die Androhung einer repressiven Sanktion geboten sei. Hingegen blieben die Ordnungswidrigkeiten hinsichtlich der ihnen immanenten Verwerflichkeit deutlich hinter Straftaten zurück.[278]
Wenn es nun aber keinen qualitativen Unterschied zwischen Kernstrafrecht und Ordnungswidrigkeitenrecht gibt, so müssten sich die zuvor dargestellten Grundsätze auch auf das Ordnungswidrigkeitenrecht und damit die Verbandsgeldbuße des § 30 OWiG anwenden lassen. Folglich müsste dann auch die Verbandsgeldbuße nach § 30 OWiG gegen genau diese Grundsätze verstoßen. Auch eine Ordnungswidrigkeit kann nämlich nach der Auffassung des BVerfG[279] nur verfolgt werden, wenn ihr Täter schuldhaft gehandelt hat! Dennoch hat sich der Gesetzgeber für die Einführung der Verbandsgeldbuße in der heutigen Form entschieden.

Die Antworten der sich in diesem Zusammenhang stellenden Fragen dringen, wie unschwer zu erkennen ist, tief in die Problematik der Handlungsfähigkeit und Schuldfähigkeit von juristischen Personen und Personenvereinigungen ein. Um die Übersichtlichkeit zu wahren und der im Weiteren noch folgenden Behandlung der Schuldproblematik nicht vorzugreifen, soll es an dieser Stelle zunächst beim Aufzeigen der Probleme belassen bleiben. Der Versuch, Antworten auf die Fragen zu finden, die sich in diesem Zusammenhang stellen, soll an späterer Stelle unternommen werden.[280]

II. Verfall und Abführung des Mehrerlöses

Nach den §§ 73 Abs. 1 und 3, 73a StGB sowie nach § 29a OWiG besteht neben der Verbandsgeldbuße die Möglichkeit, in gleicher Weise wie gegenüber natürlichen Personen, auch gegenüber juristischen Personen und Personenvereinigungen den Verfall jener Vermögensvorteile beziehungsweise des Wertersatzes anzuordnen, die dem Verband durch die Tat seines Vertreters zugeflossen sind. Im Vergleich zur Verbandsgeldbuße des § 30 OWiG enthalten diese Bestimmungen jedoch eine gewisse Anwendungserleichterung. Anders als auch in den § 14 StGB und § 9 OWiG, ist der Kreis der Personen, deren Taten die Anordnung des Verfalls auslösen können, nicht an eine besondere Stellung innerhalb der juristischen Person oder Personenvereinigung gebunden. Vielmehr kann hier das Verhalten eines jeden Mitgliedes oder Angestellten des Verbandes die Verfallsanordnung auslösen, da es hierfür genügt, dass der Täter für „einen anderen ge-

---

278 Jescheck/Weigend, AT, S. 59; Kaiser, S. 93 ff.
279 BVerfGE 9, 167,170!
280 Siehe unten: Teil 2, A, I und II.

handelt" hat.[281] Dies kann neben natürlichen Personen auch jede juristische Person oder Personenvereinigung sein.[282] Auch auf die Rechtsform des Verbandes kommt es nicht an, so dass der Verfall ohne weiteres auch gegen eine BGB-Gesellschaft angeordnet werden kann.[283]

Das Bestreben, durch die Möglichkeit der Androhung einer Verfallsanordnung zu verdeutlichen, dass sich Verstöße gegen die Rechtsordnung jedenfalls wirtschaftlich nicht auszahlen, ist sicherlich legitim. Doch bleiben Zweifel bestehen, ob mit dem Mittel des Verfalls tatsächlich wirkungsvoll auf das rechtschaffene Verhalten von Verbänden und der für sie handelnden Vertreter hingewirkt werden kann.

Handelt es sich bei dem Verstoß etwa um eine Tat, die sich in der Verletzung eines fremden Rechtsgutes erschöpft, ohne dem Verband selbst einen wirtschaftlichen Vorteil zu verschaffen, ist die Anwendung der Verfallsvorschriften weitgehend ausgeschlossen, wenn nicht ausnahmsweise der Verfall des Wertersatzes, § 73a StGB, angeordnet werden kann. Im Bereich dieser reinen Schädigungsdelikte muss der Verfall weitgehend wirkungslos bleiben.[284]

Noch gravierender ist jedoch die Tatsache, dass durch die Anordnung des Verfalls lediglich der status quo ante wiederhergestellt wird. Im Fall eines Wirtschaftsunternehmens würde dieses also durch den Verfall der aus der Tat erlangten Vermögensvorteile lediglich so gestellt, wie es ohne die Tat gestanden hätte. Eine spürbar präventive Wirkung vor allem gegenüber wirtschaftlich tätigen Verbänden wäre somit allenfalls gewährleistet, wenn man von einer nahezu hundertprozentigen Aufklärungs- und Sanktionsrate ausgehen könnte. Nur dann nämlich müsste der Verband sicher damit rechnen, die aus deliktischem Verhalten erlangten Vorteile wieder abgeben zu müssen. Berücksichtigt man die realistischerweise zu unterstellende große Dunkelziffer nicht verfolgter Verstöße im Bereich der Wirtschaftskriminalität und damit auch der Verbandsdelinquenz, ist die tatsächliche Präventionswirkung der Verfallsvorschriften eher niedrig zu bewerten. Diese Tatsache führt aufgrund der exakten Kalkulierbarkeit eines möglicherweise drohenden Verfalls gerade dazu, dass die Bereitschaft der Verantwortlichen eines Verbandes eher noch steigen wird, einen Verstoß zu riskieren. Denn da der Verband selbst bei einer Entdeckung und Verfolgung der Tat mit der Anordnung des Verfalls, immer noch genau so dasteht wie vor der Tat,

---

281 Schall/Schreibauer, NuR 1996, 440, 447; Müller, S. 10 f.; Bender, ZfZ 1976, 139, 140.

282 OLG Düsseldorf, wistra 1999, 477 f.; Sch/Sch/Eser, § 73, Rn. 35; Güntert, S. 54 ff.; Müller, S. 10 f.

283 Schall/Schreibauer, NuR 1996, 440, 447; Müller, S. 11; Achenbach, FS-Stree/Wessels, S. 548.

284 Schünemann, Unternehmenskriminalität, S. 160 f.; Schwinge, S. 61 f.

verbleiben zwar keine Vorteile aus der Tat, es drohen aber eben auch keine Nachteile.[285] Drastisch gesprochen hat der Verband somit also nichts zu verlieren, sondern allenfalls etwas zu gewinnen.

Die ohnehin eher als gering eingestufte praktische Bedeutung der Verfallsregelungen[286], wird im Bereich des delinquenten Verhaltens von Verbänden noch zusätzlich dadurch gemindert, dass die Anordnung des Verfalls gegenüber der Verbandsgeldbuße, die ebenfalls die Gewinnabschöpfung zum Ziel hat, subsidiär ist, § 30 Abs. 5 OWiG.

Die Abführung des Mehrerlöses

Eine weitere Möglichkeit zur Entziehung von Tatvorteilen beinhalten die §§ 8, 10 Abs. 2 WiStG. Die Abführung des Mehrerlöses kann nach diesen Vorschriften auch gegen eine juristische Person oder Personengesellschaft des Handelsrechts angeordnet werden, wenn sie Inhaber eines Betriebes ist, dem aufgrund einer Zuwiderhandlung eines Betriebsangehörigen ein Vorteil erwachsen ist. Bei Anwendung dieser Vorschriften tritt die Abführung des Mehrerlöses an die Stelle des Verfalls, § 8 Abs. 4 WiStG.

III. Einziehung

Als weitere Reaktion auf delinquentes Verhalten im Zusammenhang mit der Betätigung von juristischen Personen und Personenvereinigungen im Rechtsverkehr hält die aktuelle Rechtsordnung die Möglichkeit bereit, Gegenstände einzuziehen, die durch die Tat hervorgebracht oder zu ihrer Begehung oder Vorbereitung gebraucht wurden, §§ 74 ff., 75 StGB und §§ 22 ff., 29 OWiG. Im Gegensatz zum Verfall ist der Kreis der Personen, die durch ihr Verhalten die Einziehung von Verbandseigentum auslösen können, in den § 75 StGB und § 29 OWiG abschließend aufgezählt. Er ist mit dem Täterkreis des § 30 OWiG identisch. Daraus ergibt sich, dass die Anwendbarkeit und mit ihr die Wirksamkeit der Einziehung in gleicher Weise eingeschränkt ist, wie bei der Verhängung einer Verbandsgeldbuße.[287]

---

285 Vgl. Schünemann, Unternehmenskriminalität, S. 161 f.; Schwinge, S. 61 f.; Müller, S. 11.

286 Güntert, S. 84 ff.; Schall, Deutsche Wiedervereinigung, S. 124 f.

287 Vgl. Müller, S. 12 f.; Schall/Schreibauer, NuR 1996, 440, 447.

Im Bereich des Umweltstrafrechts ermöglicht der § 330c Nr. 2 StGB eine Ausweitung der Anwendungsmöglichkeiten der Einziehung. Die Vorschrift dehnt den Anwendungsbereich der Einziehung über die in § 74 Abs. 1 und § 330 Nr. 1 StGB genannten Gegenstände hinaus auf so genannte Beziehungsgegenstände, wie zum Beispiel Abfälle oder Kernbrennstoffe, aus.[288]

IV. Verbandsauflösung

Neben den vorgenannten Sanktionsmöglichkeiten aus dem Strafrecht im weiteren Sinne bestehen noch eine Reihe anderer Vorschriften, die ebenfalls als Steuerungsmechanismen in Bezug auf die Tätigkeit von Verbänden dienen. Für bestimmte Rechtsformen hält das Gesetz in Sondervorschriften Regelungen bereit, die die Auflösung des jeweiligen Verbandes vorsehen, wenn durch das gesetzwidrige Verhalten des Verbandes beziehungsweise seiner Funktionsträger das Gemeinwohl gefährdet wird, § 396 AktG, § 62 GmbHG, § 81 GenG, § 43 BGB. Bei diesen Maßnahmen handelt es sich nicht um strafrechtliche Sanktionen, sondern vielmehr um verwaltungsrechtliche Mittel der Gefahrenabwehr. Ein schuldhaftes Verhalten ist daher nicht erforderlich.[289] Die Auflösung erfolgt entweder durch die Verwaltungsbehörde oder durch Gerichtsurteil.

Laufen die Zwecke oder die Tätigkeit eines Vereins den Strafgesetzen zuwider oder richtet er sich gegen die verfassungsmäßige Ordnung, stellt die Verbotsbehörde sein Verbot fest und ordnet seine Auflösung an, Art. 9 Abs. 2 GG i.V.m. §§ 3, 17 VereinsG. Auch das BVerfG kann nach §§ 39 Abs. 1, 13 Nr. 1 BVerfGG in Verbindung mit Art. 18 und 9 Abs. 2 GG einen Verband auflösen.

Die praktische Bedeutung der Auflösungsvorschriften ist insgesamt eher als gering einzustufen. Dies liegt zum einen an den hohen tatbestandlichen Voraussetzungen, die selten vorliegen oder zumindest nur selten nachweisbar sind, sowie an der Berücksichtigung des Verhältnismäßigkeitsgrundsatzes. Darüber hinaus scheitert die Anwendung häufig an den kaum absehbaren Folgen der Auflösung etwa eines Unternehmens in sozialer, arbeitsrechtlicher oder wirtschaftspolitischer Hinsicht, insbesondere wegen der damit verbundenen Vernichtung einer häufig großen Zahl von Arbeitsplätzen.[290]

288 Schwinge, S. 63 f.; Müller, S. 12; Triffterer, Umweltstrafrecht, S. 120 ff.

289 Schall/Schreibauer, NuR 1996, 440, 447.

290 Schall/Schreibauer, NuR 1996, 440, 447; Müller, S. 13; Jescheck, Niederschriften, Band 1, S. 297; vgl. Koffka, Niederschriften, Band 1, S.302.

V. Tätigkeitsbeschränkungen

Im Bereich des besonderen Verwaltungsrechts sind Sanktionen gegen juristische Personen und Personenvereinigungen vor allem in Form von Gewerbeuntersagungen und Betriebsuntersagungen möglich, § 35 und § 51 GewO; §§ 20, 25 BImSchG; § 16 Abs. 3 HandwO. Darüber hinaus besteht die Möglichkeit, auch durch die Rücknahme oder den Widerruf von erforderlichen Genehmigungen, Konzessionen, etc. auf die Tätigkeit von Verbänden einzuwirken.

Adressat der Gewerbeuntersagung nach § 35 GewO ist im Falle einer juristischen Person der Verband selbst. Anders als eine Personengesellschaft ist die juristische Person selbst Gewerbetreibender. Bei der für die Gewerbeuntersagung erforderlichen Unzuverlässigkeit ist auf die Zuverlässigkeit der vertretungsberechtigten Personen der juristischen Person abzustellen. Bei der Beurteilung der Zuverlässigkeit eines Vertreters der juristischen Person sind insbesondere auch Straftaten, die von dem gesetzlichen Vertreter begangen wurden, zu berücksichtigen. Um in diesem Zusammenhang Relevanz zu erlangen, muss es sich jedoch in der Regel um gewerbebezogene Straftaten handeln.[291]

Die Untersagung des Betriebes von bestimmten Anlagen ist von besonderer Relevanz für Verbände, da derlei Anlagen ganz überwiegend nicht von Einzelunternehmen, sondern von Personengesellschaften oder juristischen Personen betrieben werden. Als Anlagenbetreiber gilt in diesen Fällen wiederum die juristische Person oder die Personengesellschaft selbst, soweit sie Träger von Rechten und Pflichten ist. Nur natürliche Personen können im Sinne des BImSchG unzuverlässig sein. Für die Feststellung der Unzuverlässigkeit ist bei juristischen Personen daher auf das Tätigwerden aller oder einzelner Mitglieder der vertretungsberechtigten Organe abzustellen. Bei den Personengesellschaften kann es nicht nur auf die vertretungsberechtigten Geschäftsführer, sondern unter Umständen auch auf das Verhalten von einzelnen Gesellschaftern ankommen, wenn ihnen interne Entscheidungsbefugnisse zustehen.[292]

VI. Ergebnis

Der Überblick über die bestehenden Möglichkeiten, durch Sanktionen oder andere Maßnahmen auf delinquentes Verhalten im Zusammenhang mit dem Tätigwerden von juristischen Personen und Personenvereinigungen im Rechtsver-

---

291 Korte, S. 20 f.; Schall/Schreibauer, NuR 440, 447 f.
292 Schall/Schreibauer, NuR 440, 447 f.; Korte, S. 20 f.

kehr reagieren zu können, hat gezeigt, dass der Rechtsordnung bereits ein beachtliches Handlungsinstrumentarium zur Verfügung steht, um auf ein rechtschaffenes Verhalten von Verbänden hinzuwirken.

Vor allem durch die Reform des EU-Rechtsinstrumente-AG wurde § 30 OWiG als Kernvorschrift der Verbandssanktionen von seinen wesentlichen Unzulänglichkeiten befreit. Insbesondere der Kreis tauglicher Täter einer Anknüpfungstat und der Kreis der vom Anwendungsbereich des § 30 OWiG erfassten Verbände wurde deutlich erweitert. Ebenfalls durch das Zusammenspiel mit den §§ 9 und 130 OWiG wird eine nutzbringende Ausdehnung des Anwendungsbereiches der Verbandsgeldbußenregelung erreicht. Denn § 130 OWiG ermöglicht gerade die Haftung des Verbandes auch für das Verhalten von Mitgliedern oder Angestellten, die nicht zu dem Täterkreis des § 30 OWiG selbst gehören. Die überaus kompliziert gestaltete Konstruktion der Zurechnung der Sonderpflichtenstellung sowie der durch die Aufsichtspflichtverletzung ermöglichten Haftung des Verbandes auch für Zuwiderhandlungen von Verbandsangehörigen aus unteren Organisationsstufen, schränkt die Praktikabilität ihrer Anwendung jedoch erheblich ein.

Die Verfallsvorschriften entfalten kaum eine präventive Wirkung, da sie lediglich den status quo ante wiederherstellen. Darüber hinaus sind sie bei reinen Schädigungsdelikten nicht anwendbar. Gegenüber der Verbandsgeldbuße ist die Anordnung des Verfalls zudem subsidiär (§ 30 Abs. 5 OWiG).

Die Wirksamkeit der Einziehung ist durch die ebenfalls komplizierte Struktur der Vorschriften begrenzt.
Die Auflösung eines Verbandes stellt die wohl härteste der vorhandenen Möglichkeiten der Rechtsordnung dar, auf Verbandsdelinquenz zu reagieren. Sie wird häufig auch als ultima ratio bezeichnet.[293] Praktische Relevanz erlangt die Verbandsauflösung aufgrund der hohen Anforderungen an ihre tatbestandlichen Voraussetzungen und der mit ihr einhergehenden Auswirkungen im sozialen und wirtschaftlichen Bereich jedoch kaum.

Die Möglichkeiten zur Untersagung eines Gewerbes, Betriebes oder des Betreibens einer Anlage schließlich sind zwangsläufig auf Zuwiderhandlungen im Zusammenhang mit dem Betreiben eines entsprechenden Gewerbes, Betriebes oder einer entsprechenden Anlage beschränkt.

Insgesamt kann man somit feststellen, dass die vorhandenen Sanktionsmöglichkeiten und insbesondere der reformierte § 30 OWiG bereits eine beachtliche

---

293 Vgl. nur: Engisch, Verh. 40. DJT, Band II, S. E 13.

Wirksamkeit im Hinblick auf die Steuerung des Verhaltens und Tätigwerdens von juristischen Personen und Personenvereinigungen hin zu rechtstreuem Verhalten aufweisen.

Die angeführte Kritik an den bestehenden Regelungen lässt jedoch den Schluss zu, dass eine lückenlose Ahndung von Verstößen aus der Tätigkeit von juristischen Personen oder Personenvereinigungen heraus dennoch bisher nicht gegeben ist. Daher scheint es lohnenswert zu prüfen, inwiefern die vorhandenen Sanktionen durch eine Novellierung oder durch die Ergänzung mit weiteren Vorschriften noch besser auf die Bedürfnisse eines modernen Wirtschaftslebens und an die Anforderungen der Rechtsordnung angepasst werden können.

D. Die historische Entwicklung der Verbandssanktionen

Die Diskussion darum, ob und wenn ja auf welche Weise Verbände für Taten ihrer Mitglieder strafrechtlich verantwortlich gemacht werden können, ist sehr alt und reicht bis in das Römische Recht zurück. Die Auseinandersetzung mit den sich in diesem Zusammenhang stellenden Fragen soll daher nicht ohne einen Blick auf die geschichtliche Entwicklung erfolgen. Dabei erhebt die nun folgende Darstellung keinen Anspruch auf Vollständigkeit. Vielmehr soll nachfolgend lediglich die Möglichkeit gegeben werden, den Lauf der Geschichte der Verbandssanktionen in ihren wesentlichen Grundzügen nachzuvollziehen. Ohne der Darstellung vorzugreifen, kann schon an dieser Stelle festgestellt werden, dass zahlreiche Argumente, die auch heute noch zu Recht in die Diskussion eingebracht werden, schon in der weiten Vergangenheit die Gemüter der Rechtsgelehrten bewegten. Es wird zu sehen sein, dass es letztlich nicht immer nur rechtsdogmatische Erfordernisse, sondern vielmehr Gedanken der politischen Notwendigkeit oder Zweckmäßigkeitserwägungen waren, die Gründe für die Einführung oder Abschaffung von Sanktionen gegen Verbände lieferten.

I. Das Römische Recht

Jeder, der sich auch nur beiläufig mit dem Problem der Verbandssanktionen beschäftigt, kennt den häufig zitierten Satz „societas delinquere non potest“. Gerne wird dieser Satz von den Gegnern der Verbandsstrafe als ein seit jeher geltender Grundsatz ins Feld der Diskussion geführt. Von den meisten Autoren wird er als aus dem Römischen Recht stammend betrachtet.[294] Ob dies jedoch tatsächlich der Fall ist, ist äußerst umstritten.[295] Mehr oder weniger einig ist sich die Wissenschaft jedoch darüber, dass zur Zeit des klassischen Römischen Rechts der Begriff der juristischen Person noch nicht entwickelt war.[296] Doch war die Existenz von Personenverbänden bereits anerkannt. Diesen standen eigene Rechte zu, sie existierten unabhängig vom Ausscheiden einzelner Mitglieder, und ihr Vermögen wurde von dem ihrer Mitglieder unterschieden.[297] Auch unterschied man bereits zwischen den Rechten und Pflichten des Verbandes und den Rechten und Pflichten seiner Mitglieder.[298] Die Frage aber, ob diese Verbände als

---

294 Vgl. Jescheck, DÖV 1953, S. 539; Engisch, Verh. 40. DJT, Band II, S. E 7 ff.; Heinitz, Verh. 40. DJT, Band I, S. 67; Brender, S. 27; Korte, S. 9; Hamm, NJW 1998, 662, 663.

295 Heinitz, Verh. 40. DJT, Band I, S. 67.; Schroth, Sanktionsobjekte, S. 159 f.

296 Schmitt, Maßnahmen, S. 16; Brender, S. 27; Korte, S. 10; Heinitz, Verh. 40. DJT, Band I, S. 67.

297 Seiler, S. 6; Schmitt, Maßnahmen, S. 16; Brender, S. 27; Korte, S. 10.

298 Schmitt, Maßnahmen, S. 16; Seiler, S. 6.

deliktsfähig angesehen wurden, wird unterschiedlich beantwortet. Die Vertreter der Auffassung, dass das Römische Recht prinzipiell keine Deliktsfähigkeit der privatrechtlichen Verbände kannte, stützen ihre Auffassung im Wesentlichen auf eine Digestenstelle, in der Ulpian die Strafklage gegen eine Provinzialstadt ablehnt, deren Vorsteher eine Person arglistig geschädigt und die Stadt hierdurch bereichert hatten.[299] In gleicher Weise nehmen die Vertreter der Gegenmeinung eine überlieferte Quelle für sich in Anspruch, in der wiederum Ulpian eine Strafklage gegen die Bürgerschaft einer Stadt zulässt, weil diese einer Person ein Schuldversprechen abgepresst habe.[300] Und auch nach Berichten von Livius und Plutarch sollen Verfahren gegen Städte möglich gewesen sein.[301] Nach Auffassung Schmitts[302] haben sich die römischen Juristen die Frage nach der Strafbarkeit der Verbände in dieser grundsätzlichen Form jedoch nie gestellt. Weil diese Frage nicht gestellt worden sei, sei sie auch nicht beantwortet und somit nicht vollends verneint worden.

Eine generelle Antwort darauf, ob das Römische Recht eine Strafbarkeit von Verbänden kannte, kann aus all diesem wohl nicht mit Sicherheit entnommen werden. Festzuhalten ist jedoch, dass die römischen Rechtsgelehrten die Bestrafung eines Verbandes nicht generell für ausgeschlossen hielten, sondern eine Strafe für möglich erachteten, wenn sie im Einzelfall berechtigt erschien.[303]

II. Das Germanische Recht

Anders als bei den Römern und ihrer personalen Auffassung des Rechts[304] entsprach es der germanischen Rechtstradition, den Einzelnen als Glied eines verantwortlichen Verbandes zu betrachten.[305] Zwar kannte auch das germanische Recht noch keine juristischen Personen im heutigen Sinne, jedoch wird man die Sippe als ältesten aus dieser Zeit stammenden Zusammenschluss von Personen, schon als Verband ansehen dürfen.[306] Dabei folgte die Zugehörigkeit zu einer Sippe aus der Blutsverwandtschaft zu den übrigen Mitgliedern und nicht aus einer Willensentscheidung.[307] Allerdings vermochte das Germanische Recht nicht

299 Heinitz, Verh. 40. DJT, Band I, S. 67 f.; Schmitt, Maßnahmen, S. 17.
300 Schmitt, Maßnahmen, S. 17; vgl. Heinitz, Verh. 40. DJT, Band I, S. 67 f.
301 Vgl. Schmitt, Maßnahmen, S. 16 ff.
302 Schmitt, Maßnahmen, S. 18.
303 Vgl. Schmitt, Maßnahmen, S. 16 ff.
304 Jescheck, DÖV 1953, 539.
305 Brender, S. 28; Jescheck, DÖV 1953, 539, 540.
306 Schmitt, Maßnahmen, S. 23.
307 Busch, S. 32 ff.; Schmitt, Maßnahmen, S. 23 ff.

zwischen der Sippe und der Gesamtheit ihrer Mitglieder zu unterscheiden.[308] Für Fehltaten eines Einzelnen, die sich außerhalb seiner Sippe auswirkten, hatte seine gesamte Sippe bedingungslos durch Fehde oder Sühneleistung einzustehen.[309] Die Folgen einer Tat wurden auf diese Weise zwischen zwei auf gleicher Ebene stehenden Parteien geregelt, ohne dass es zum Eingreifen einer übergeordneten Staatsmacht kam.

In der fränkischen Zeit war die Markgenossenschaft die wichtigste Form eines Verbandes.[310] Für Fehltaten ihrer Mitglieder musste die Genossenschaft auf ähnlich bedingungslose Weise einstehen, wie dies die Sippe für Taten ihrer Angehörigen tun musste. Auch wurde die Deliktsfähigkeit der Markgenossenschaft bejaht. Ein Genossenschaftsdelikt lag vor, wenn die Gesamtheit der Genossen die Tat ausführte. In gleicher Weise wurden Taten einzelner Genossen als Taten der ganzen Genossenschaft angesehen, wenn sie auf einem Auftrag der gesamten Genossenschaft oder zumindest der Mehrheit der Mitglieder beruhte oder von dieser nachträglich gebilligt wurde. Dabei war eine ausdrückliche Billigung nicht erforderlich, es genügte auch schon eine stillschweigende Billigung, zum Beispiel durch die bewusste Nichtverfolgung des Täters.[311]

III. Das Mittelalter und die Rezeption in Deutschland

Den Glossatoren war der Begriff der juristischen Person ebenfalls noch nicht bekannt, wenngleich sie aber Verbände anerkannten, die unabhängig von dem Wechsel ihrer Mitglieder Träger von Rechten sein konnten.[312] Auch waren diese Verbände nach dem Verständnis der Glossatoren deliktsfähig. Ihnen wurde das Verhalten ihrer Mitglieder, wenn es ein Handeln in korporativer Form darstellte, zugerechnet. Hierzu genügte nicht nur ein einstimmiger Beschluss, vielmehr war auch ein Mehrheitsvotum zur Zurechnung gegenüber dem Verband ausreichend. Delikte der Vorsteher oder einzelner Mitglieder wurden dem Verband jedoch nicht zugerechnet, sondern stellten Individualstraftaten dieser Personen dar. Ausnahmen hiervon lagen lediglich vor, wenn die Taten im Auftrag der Gesamtheit vorgenommen oder von dieser nachträglich gebilligt wurden.[313]

---

308 Seiler, S. 7; Schmitt, Maßnahmen, S. 24.

309 Busch, S. 32 ff.; Schmitt, Maßnahmen, S. 24; vgl. Brender, S. 28.

310 Vgl. Schmitt, Maßnahmen, S. 24 f.; Brender, S. 28.

311 Vgl. zum ganzen: Schmitt, Maßnahmen, S. 24 f., m.w.N.

312 Seiler, S. 8; Schmitt, Maßnahmen, S. 19 f.; vgl. Heinitz, Verh. 40. DJT, Band I, S. 68; Brender, S. 28.

313 Seiler, S. 8; Busch, S. 39; Schmitt, Maßnahmen, S. 19 f.

Zur Prägung des Begriffes der juristischen Person kam es erst durch die Kanonisten.[314] Sie beschäftigten sich mit der Rechtsnatur der Kirche und kamen dabei zu dem Ergebnis, dass die Kirche ihren Träger allein in Gott und nicht in der Gesamtheit der Gläubigen finde, mithin also ein von den Gläubigen vollends getrenntes Rechtssubjekt sei.[315] Innocenz IV. schloss aus dieser Erkenntnis, dass die universitas und mit ihr die Kirche nicht deliktsfähig sei und somit auch nicht exkommuniziert werden könne.[316] Die Mehrheit der Kanonisten hingegen vertrat weiterhin die Auffassung, dass die Verbände deliktsfähig seien.[317]

Die Lehre der Kanonisten wurde von den Postglossatoren übernommen und weiterentwickelt. Besonders hervorzuheben sind hierbei die Arbeiten von Bartolus, die der Lehre der Straffähigkeit der Personenverbände für lange Zeit eine feste Gestalt gaben.[318] Er unterschied insbesondere zwischen eigentlichen und uneigentlichen Körperschaftsdelikten. Die von Bartolus entwickelten Grundsätze fanden nicht nur in Italien allgemeine Anerkennung, sondern wurden trotz verschiedener Zweifelsfragen auch in Deutschland rezipiert.[319] Bis in die Neuzeit hinein wurden durch die Beachtung dieser Grundsätze Strafmaßnahmen, wie etwa die Reichsacht, gegen Städte verhängt oder die in den Stadtrechten beinhalteten Vorschriften über die Bestrafung von Gilden oder Zünften für rechtens erachtet.[320]

Die Epoche der weitgehend unbestrittenen Gültigkeit der auf Bartolus zurückgehenden Lehre von der Deliktsfähigkeit der Verbände fand erst gegen Ende des 18. Jahrhunderts ein relativ abruptes Ende. Die im Jahr 1792 erschienene Schrift des Erlanger Rechtsgelehrten Malblanc war der äußere Auslöser eines Wandels in der Rechtsauffassung. Dies war der Fall, obwohl das Werk Malblancs keinerlei neue Einwände gegen die Sanktionierbarkeit von Verbänden anführte.[321] Malblanc folgerte die Unzulässigkeit einer Bestrafung von Verbänden vielmehr aus der Unstatthaftigkeit einer Schuldzurechnung und aus der Natur der Strafe. Allesamt Argumente, die auch schon zuvor die Diskussion genährt hatten.[322]

---

314 Brender, S. 28; Schmitt, Maßnahmen, S. 20; Busch, S. 39.

315 Seiler, S. 8; Busch, S. 40; Brender, S. 28; Schmitt, Maßnahmen, S. 20.

316 Busch, S. 40; Korte, S. 10 f.; Brender, S. 28; Seiler, S. 8 f.; Schmitt, Maßnahmen, S. 20 f.

317 Korte, S. 10 f.; Busch, S. 40; Schmitt, Maßnahmen, S. 20; Seiler, S. 8 f.; Brender, S. 28.

318 Seiler, S. 9; Heinitz, Verh. 40. DJT, Band I, S. 68 f.; vgl. Lang-Hinrichsen, FS-Mayer, S. 49 ff.

319 Schmitt, Maßnahmen, S. 21.

320 Brender, S. 28 f.; Jescheck, DÖV 1953, 539, 540.

321 Heinitz, Verh. 40. DJT, Band I, S. 71; Lang-Hinrichsen, FS-Mayer, S. 50; Engisch, Verh. 40. DJT, Band II, S. E 8 f.

322 Schmitt, Maßnahmen, S. 26 f.; Lang-Hinrichsen, FS-Mayer, S. 50; Heinitz, Verh. 40. DJT, Band I, S. 71.

Tatsächlicher Hintergrund des sich in nur wenigen Jahrzehnten vollziehenden Stimmungswandels, war vielmehr das nicht mehr vorhandene politische Bedürfnis für eine Verbandsbestrafung. Unter dem Einfluss des Absolutismus und des Liberalismus der Aufklärung hatten die Verbände ihre Macht und Bedeutung, die sie noch im Mittelalter besaßen, fast völlig verloren.[323] Der Absolutismus wollte keine weiteren Machtzentren neben dem absoluten Herrscher zulassen und war daher bestrebt, die Körperschaften zu beseitigen oder ihnen zumindest ihre frühere Macht und ihren Einfluss zu nehmen. Die Aufklärung wollte den Einzelnen in seiner individuellen Freiheit von so wenigen Institutionen wie möglich einschränken lassen. Es sollten daher zwischen Individuum und Staat so wenige Zwischeninstanzen existieren wie möglich.[324] Die Entwicklung führte dahin, dass sich schon zu Beginn des 19. Jahrhunderts auch die Gesetzgebung dieser Auffassung anschloss. Das bayerische Strafgesetzbuch von 1813, das hannoversche Strafgesetzbuch von 1840 und das hessische Strafgesetzbuch von 1841 schlossen die Verbandsbestrafung ausdrücklich aus. Zur Zeit der Entstehung des Reichsstrafgesetzbuches von 1871 war die Ablehnung des Körperschaftsdeliktes so selbstverständlich geworden, dass es eine Vorschrift, die die Verbandsstrafe ausdrücklich ablehnte, überhaupt nicht mehr enthielt.[325]

IV. Die Entwicklung seit 1871

Seit der durch den Absolutismus und die Aufklärung bewirkten Abkehr von der mittelalterlichen, vor allem durch Bartolus geprägten, Lehre und die hiermit einhergehende Ablehnung einer Sanktionierbarkeit von Verbänden, gab es im deutschen Kernstrafrecht keine Bestimmung mehr, die eine Strafe gegen Verbände vorsah. Von dieser Epoche an bekennt sich die deutsche Strafrechtswissenschaft ganz überwiegend zu der letztlich auf Kant zurückgehenden individualethischen Auffassung von Schuld und Strafe.[326]

Doch sind die Stimmen, die sich für die Notwendigkeit von Sanktionen gegen Verbände einsetzten, nie ganz verstummt. Beeinflusst von der auf von Gierke[327] zurückgehenden Theorie der realen Verbandspersönlichkeit fand die Körperschaftsstrafe erneut Befürworter. Einer der bekanntesten Vertreter dieser Auf-

---

323 Korte, S. 11 f.; Lang-Hinrichsen, FS-Mayer, S. 50; Heinitz, Verh. 40. DJT, Band I, S. 71; Jescheck, DÖV 1953, 539, 540; Seiler, S. 10 f.

324 Seiler, S. 10 f.; Korte, S. 11 f.; Schmitt, Maßnahmen, S. 26 ff.

325 Vgl. Jescheck, DÖV 1953, 539, 540; Lang-Hinrichsen, FS-Mayer, S. 50; Engisch, Verh. 40. DJT, Band II, S. E 8 f.; Vgl. auch insgesamt: Schaffstein, Kap. 2 und 3.

326 Seiler, S. 10 f.; Brender, S. 12.

327 Gierke, Genossenschaftstheorie, S. 771 ff.

fassung war von Liszt.[328] Auch Hafter[329] und Busch[330] waren der Ansicht, dass strafrechtliche Maßnahmen gegen Personenverbände möglich und erforderlich seien. Hafter[331] und Schmidt[332] änderten jedoch später ihre Auffassung, so dass diese Meinung nicht nur an Vertretern, sondern auch an Bedeutung einbüßte.

Von der Gesetzgebung wurde eine strafrechtliche Norm gegen Personenverbände lediglich im Nebenstrafrecht noch einmal eingeführt. Nach § 393 der Reichsabgabenordnung (RAO)[333] konnte der Verband selbst für eine Steuerzuwiderhandlung mit einer Kriminalstrafe belegt werden. Daneben bestand nach § 414 RAO die Möglichkeit einer Subsidiärhaftung.[334] § 393 RAO erlangte jedoch nur sehr geringe praktische Bedeutung. Dies lag vor allem daran, dass die Regelung keine Anwendung fand, wenn ein Verschulden des Täters zum gesetzlichen Tatbestand gehörte.[335] Mit der Streichung des § 396 RAO 1939 und damit dem Wegfall der Möglichkeit, eine Verurteilung auf eine bloße Schuldvermutung hin auszusprechen, wurde § 393 RAO in noch stärkerem Maß der Bedeutungslosigkeit preisgegeben, 1967 wurde er endgültig aufgehoben.[336]

Nach dem Zweiten Weltkrieg wurden durch das Besatzungsrecht echte Kriminalstrafen gegen Verbände im Kartell- und Devisenrecht eingeführt. Der BGH[337] erkannte diese Regelungen grundsätzlich als verbindlich für die deutsche Rechtsprechung an. Zugleich stellte er aber fest, dass es dem bisherigen deutschen Rechtsdenken widerspräche, gegen juristische Personen oder sonstige Personengesamtheiten eine Kriminalstrafe zu verhängen. Sie passe nicht zu dem im deutschen Recht entwickelten sozial-ethischen Schuld- und Strafbegriff.[338]

---

328 Von Liszt, § 28 I 2, S.155 f.
329 Hafter, Personenverbände, S. 162; näher zur Auffassung Hafters s.u.: Teil 2, A, I, 3, b. und II, 2, c, aa.
330 Busch, S. 122 ff. und 147 ff; näher zur Auffassung Buschs siehe auch oben: A, I, 2, b sowie unten: Teil 2, A, II, 2, c, aa.
331 Hafter, Lehrbuch, 1. Aufl. (1926), S. 64; ders., Lehrbuch, 2. Auflage (1946), S. 72.
332 Haertel-Joel-Schmidt, S. 31 f.
333 Entspricht § 357 RAO a.F.
334 KK-Rogall, § 30, Rn. 23; Korte, S. 13; Heinitz, Verh. 40. DJT, Band I, S. 74 f.
335 Heinitz, Verh. 40. DJT, Band I, S. 73; Korte, S. 13.
336 Müller, S. 29; KK-Rogall, § 30, Rn. 23; Heinitz, Verh. 40. DJT, Band I, S. 74 f.
337 BGHSt 5, 28, 32 f.
338 Näher zu den Stellungnahmen der Rspr. hinsichtlich der Sanktionierung von juristischen Personen und Personenvereinigungen s.u.: Teil 2, I, 3, a, ee sowie II, 2, a.

E. Zusammenfassung

Die bisherigen Überlegungen haben gezeigt, dass es bereits eine Reihe von Instrumentarien gibt, um auf juristischen Personen oder Personenvereinigungen im Sinne eines rechtschaffenen Handelns einzuwirken. Von zentraler Bedeutung ist hierbei zweifelsohne § 30 OWiG. Alle übrigen Vorschriften erlangen neben dieser Regelung nur eine untergeordnete Bedeutung.

§ 30 OWiG gewährleistet dabei die Verhängung einer finanziellen Sanktion, deren Höhe nicht nach den persönlichen Verhältnissen des Einzeltäters bemessen wird. Vielmehr wird sichergestellt, dass die wirtschaftlichen Verhältnisse des Verbandes sowie die sonstigen Vorteile, die dem Verband durch die Zuwiderhandlung seiner Organe unrechtmäßig zugeflossen sind, bei der Festlegung der Höhe der Geldbuße Berücksichtigung finden. Damit wird auf das Problem des Missverhältnisses von Verbandsdelikt und Strafe gegen den Einzeltäter reagiert. Denn neben der Bestrafung des Einzeltäters, deren Umfang sich nach seinen persönlichen und wirtschaftlichen Verhältnissen richtet, ist mit der Verbandsgeldbuße eine eigenständige Sanktion gegen die juristische Person oder Personenvereinigung möglich, die ihrer wirtschaftlichen Leistungsfähigkeit angemessen ist. Auch trägt die Rechtsordnung damit dem Problem Rechnung, dass ohne eine selbständige Sanktionsmöglichkeit gegen einen Verband, diesem zwar die Vorteile einer in seinem Interesse begangenen Tat zufließen könnten, er aber nicht den Nachteilen ausgesetzt wäre, die als Reaktion auf die Nichtbeachtung der Rechtsordnung zu erwarten wären und er so gegenüber natürlichen Personen besser gestellt wäre.

Indem § 30 OWiG die Möglichkeit eröffnet, unter bestimmten Voraussetzungen eine Geldbuße gegen eine juristische Person oder Personenvereinigung zu verhängen, auch wenn der individuelle Täter nicht identifiziert werden kann, wird der Versuch unternommen, dem Phänomen der organisierten Unverantwortlichkeit entgegen zu steuern. Allerdings ist dies nur unter den einschränkenden Bedingungen möglich, dass der Täter mit an Sicherheit grenzender Wahrscheinlichkeit zum Täterkreis des § 30 Abs. 1 OWiG zählt und auch schuldhaft gehandelt hat.[339] Kann der wahrscheinliche Täter nicht mit hinreichender Sicherheit zum genannten Personenkreis gezählt werden, so schränkt dies die Bekämpfung der organisierten Unverantwortlichkeit jedoch wiederum nicht unbeträchtlich ein.

Im Zusammenhang mit der Bekämpfung der Verbandsdelinquenz steht die Prävention heute im Vordergrund der verschiedenen Sanktionszwecke. Die wohl

---

339 Näher hierzu oben: Teil 1, B, II, 2, m.w.N.

häufigsten und bedeutsamsten Zuwiderhandlungen im Rahmen der Betätigung von juristischen Personen und Personenvereinigungen, dürften von wirtschaftlich tätigen Verbänden ausgehen. Will man einen solchen Verband nun davon abhalten, durch seine Organe, etc. Zuwiderhandlungen zu begehen, wird man versuchen müssen, ihn an seiner empfindlichsten Stelle zu treffen. Dies ist unzweifelhaft seine wirtschaftliche Leistungsfähigkeit und sind damit seine finanziellen Ressourcen. Kann es nun für die Wirksamkeit einer solchen Sanktion darauf ankommen, ob es sich um eine Geldstrafe oder Geldbuße handelt? Unabhängig davon, welche Art von Sanktion es auch ist, die als Rechtsfolge die Zahlung einer Geldsumme für den Verband beinhaltet, sie wird, wenn es sich bei dem Verband um ein Wirtschaftsunternehmen handelt, in dessen gesamter wirtschaftlich buchhalterischen Bewertung lediglich eine, wenn auch unerwünschte und – dies ist letztlich der entscheidende Faktor – eine grundsätzlich vermeidbare Gewinneinbuße darstellen. Da es für die wirtschaftliche Betrachtungsweise insoweit lediglich darauf ankommt, ob eine Gewinneinbuße aufgrund einer Geldsanktion vorliegt oder nicht, ist es in diesem Zusammenhang nicht von Bedeutung, ob es sich bei der Sanktion um eine Geldbuße des Ordnungswidrigkeitenrechts oder eine Geldstrafe des Kernstrafrechts handelt. Es ist daher mehr als fraglich, ob eine Sanktion in Form einer Geldstrafe eine stärkere präventive Wirkung gegen einen Verband zu entfalten vermag, als dies durch die bestehende Verbandsgeldbuße ermöglicht wird.

Ziel eines umfassenden Verbandssanktionensystems sollte es sein zu erreichen, juristische Personen und Personenvereinigungen für im Rahmen ihrer Tätigkeit und in ihrem Interesse begangene oder ihnen zugute kommende Rechtsverstöße in gleich angemessener Weise zur Verantwortung ziehen zu können, wie dies bei natürlichen Personen durch das StGB und seine Nebengesetze gewährleistet wird. Die bisherigen Überlegungen haben gezeigt, dass die aktuelle Rechtslage, vor allem durch die Ausweitung des Täterkreises des § 30 OWiG auf alle für den Betrieb oder das Unternehmen verantwortlich handelnden Leitungspersonen und die Ausdehnung der Anwendbarkeit der Regelung auch auf Gesellschaften bürgerlichen Rechts, diesem Ziel ein großes Stück näher gekommen ist. Doch ist die Rechtsordnung wohl dennoch immer noch nicht in der Lage, einen gleichermaßen wirksamen Schutz vor delinquentem Verhalten im Zusammenhang mit der Tätigkeit von Verbänden zu gewährleisten, wie sie es vor Zuwiderhandlungen durch einzelne natürliche Personen tut. Es besteht daher weiterhin Anlass dazu, über die Ausweitung der Sanktionsmöglichkeiten gegen juristische Personen und Personenvereinigungen nachzudenken.

Teil 2: Die Stellung der Verbandssanktionen im deutschen Rechtssystem

Im ersten Teil der Arbeit wurde zunächst geklärt, was unter dem Phänomen der Verbandstat zu verstehen ist. Es wurden die Argumente der Befürworter des Ausbaus der Sanktionsmöglichkeiten gegen juristische Personen und Personenvereinigungen untersucht. Schließlich wurden die Möglichkeiten beleuchtet, nach denen bereits nach der bestehenden Rechtslage aus Anlass delinquenten Verhaltens auf Verbände eingewirkt werden kann. In einem Exkurs wurde ein Überblick über die geschichtliche Entwicklung der Sanktionen gegen Verbände gegeben.

Im folgenden Teil der Untersuchung sollen nun zunächst die von der herrschenden Meinung vorgebrachten Argumente gegen eine Verbandsstrafe betrachtet werden. In diesem Zusammenhang wird zu klären sein, inwieweit diese Argumente möglicherweise auch gegen die bestehende Verbandsgeldbußenregelung des § 30 OWiG vorgebracht werden können. Die Problematik des Verhältnisses der Verbandsgeldbußenregelung des § 30 OWiG zur Frage der Handlungsfähigkeit von Verbänden sowie zur Schuldproblematik, wurde oben bereits angesprochen und soll hier nun abschließend beurteilt werden. Im Weiteren soll ein Blick auf die über die bestehenden Regelungen hinausgehende aktuelle Entwicklung in der deutschen Gesetzgebung der letzten Jahre sowie auf die Einflüsse durch die Gremien der Europäischen Gemeinschaft den Überblick über die Gesamtentwicklung abrunden. Das Phänomen delinquenten Verhaltens im Zusammenhang mit der Tätigkeit juristischer Personen und Personenvereinigungen ist natürlich nicht auf den Bereich der deutschen Rechtsordnung beschränkt. Auch in anderen europäischen und außereuropäischen Rechtsordnungen spielt dieses Thema eine Rolle. Eine Sonderstellung nimmt dabei der angloamerikanische Rechtskreis ein, dem Sanktionen auch gegenüber juristischen Personen seit jeher nicht fremd sind. Auch ist hier eine schuldunabhängige Haftung nichts Ungewöhnliches.[340] Aber auch in anderen kontinentaleuropäischen Rechtsordnungen lässt sich ein deutlicher Trend hin zu einer strafrechtlichen Haftung von Personenverbänden feststellen. Ein Vergleich mit einigen Lösungsansätzen aus diesen Staaten, deren Rechtsordnungen sich teilweise ebenfalls zum Schuldprinzip bekennen, sollte interessante Aspekte für die Beurteilung der Rechtslage in Deutschland erkennen lassen.

---

340 Vgl. Hinweise bei Schünemann, Taiwan, S. 443, 455, m.w.N.

A. Die Ablehnung der Verbandstrafe durch die h.M.

Die Stimmen in der Literatur, die sich gegen die Einführung einer Kriminalstrafe für Verbände aussprechen, führen zur Begründung ihrer ablehnenden Haltung gegenüber der Möglichkeit einer Verbandsstrafe vor allem die nach ihrer Meinung nicht vorhandene Handlungsfähigkeit, Schuldfähigkeit und Straffähigkeit von juristischen Personen und Personenvereinigungen an. Verbänden fehle die Möglichkeit, selbst im natürlichen Sinne zu handeln. Wenn dies nicht möglich sei, wie sollten sie dann tatsächlich selbst eine Zuwiderhandlung begehen? Wenn sie keinen Verstoß begehen könnten, wie sollten sie als Sanktionssubjekt in Frage kommen?

Befürworten einzelne Schriftsteller doch die Handlungsfähigkeit der Verbände, so scheitert die Sanktionierung der Verbände nach den meisten Stimmen dann doch spätestens an der nicht vorhandenen Schuldfähigkeit oder Straffähigkeit von juristischen Personen oder Personenvereinigungen. Auch eine drohende Bestrafung Unschuldiger, für den Fall, dass von einer Sanktion auch Verbandsangehörige getroffen werden, die keinerlei Möglichkeit zur Einflussnahme auf den Verstoß hatten, wird als Argument gegen eine Sanktionierung von Verbänden vorgebracht. Weiter wird auf die Gefahr einer Doppelbestrafung abgestellt. Eine solche wird für den Fall befürchtet, dass der Täter der Anknüpfungstat nicht nur Organ, sondern zugleich auch Mitglied des entsprechenden Verbandes sei. In einem solchen Fall würde er zum einen durch eine gegen ihn persönlich gerichtete Individualstrafe, zum anderen aber auch als Verbandsmitglied durch eine gegen den Verband verhängte Maßnahme betroffen sein. Hiermit einhergehend wird die Gefahr eines Verstoßes gegen den Verfassungsgrundsatz „ne bis in idem“, Art. 103 Abs. 3 GG, gegen die Verbandsstrafe geltend gemacht. Mitunter werden diese Bedenken auch bereits im Zusammenhang mit der Verbandsgeldbußenregelung des § 30 OWiG diskutiert. Im Folgenden, sollen diese Argumente näher untersucht werden.

I. Handlungsfähigkeit

Im Rahmen der Diskussion um die Möglichkeit, gegen juristische Personen und Personenvereinigungen Sanktionen strafrechtlicher Art verhängen zu können, stellt die Frage nach der Handlungsfähigkeit der Verbände den ersten in der Literatur lebhaft diskutierten Streitpunkt dar. Wenngleich die meisten Autoren eine Kriminalstrafe gegen Verbände an der Frage der Schuldfähigkeit scheitern lassen, so sehen doch auch einige gerade hierin das eigentliche Kernproblem der Verbandsbestrafung.[341]

1. Die Verbandshandlung als Voraussetzung für strafrechtliche oder ordnungswidrigkeitenrechtliche Sanktionen

Den Ausgangspunkt für die Verhängung von Strafen oder Geldbußen, mithin für die Verhängung von jedweden Sanktionen strafrechtlicher Art, bildet stets die Verwirklichung eines Unrechtstatbestandes. Der Unrechtstatbestand beschreibt ein Verhalten, das im Widerspruch zu den Anforderungen der Rechtsordnung steht und sowohl in einem bestimmten Tun entgegen einer Verbotsnorm oder in der Nichtvornahme eines durch ein Gebot geforderten Verhaltens bestehen kann. Anknüpfungspunkt für eine Sanktion gleich welcher Art bildet also zunächst einmal immer eine Handlung.[342] So wird auch das Verbrechen als tatbestandsmäßige, rechtswidrige und schuldhafte Handlung definiert[343] und § 1 OWiG spricht davon, dass eine Ordnungswidrigkeit eine rechtswidrige und vorwerfbare Handlung sei, die den Tatbestand eines Gesetzes verwirkliche. In den Blickpunkt einer straf- oder ordnungswidrigkeitenrechtlichen Sanktion kann demnach nur gelangen, wer als Rechtssubjekt[344] selbst in der Lage ist, gegen ein entsprechendes Gebot oder Verbot zu verstoßen. Will man nun auch gegen juristische Personen und Personenvereinigungen strafrechtliche Sanktionen verhängen, bedeutet dies, dass man auch ihnen die Fähigkeit zugestehen muss, Unrechtstatbestände zu verwirklichen. Ihnen müsste mithin die Fähigkeit zugesprochen werden, Träger eines strafrechtlichen Verhaltens zu sein.

Von der Frage, ob Verbände die Eigenschaft besitzen, durch ihnen zuzuschreibende Handlungen gegen Rechtsnormen zu verstoßen unabhängig ist der in der Wissenschaft geführte Streit nach dem zu befürwortenden Handlungsbegriff. Bei der uns beschäftigenden Frage nach der Handlungsfähigkeit der Verbände geht es nicht darum, ob der Begriff der Handlung kausal, final oder sozial zu fassen ist. Denn im Kern stellen letztlich alle diese Auffassungen darauf ab, dass

---

341 So etwa: Schmitt, Maßnahmen, S. 181; Goetzeler, S. 225 f.; Seiler, S. 53, Fn. 4; Maurach/Zipf, AT 1, § 15, Rn. 6 ff.

342 Jescheck/Weigend, AT, S. 218; Schmitt, Maßnahmen, S. 181; Schwinge, S. 98.

343 Vgl. BGHSt 1, 131 f.; Jescheck/Weigend, AT, S. 195 ff.; Roxin, AT, § 9, Rn. 1 ff.; Baumann/Weber/Mitsch, AT, § 11, Rn. 2 ff.; Schroth, Sanktionsobjekte, S. 173.

344 Nicht ausreichend hingegen ist das Agieren von reinen Rechtsobjekten. Dass etwa Sachen oder Tiere nicht Adressaten von Strafsanktionen des Staates sein können ist heute selbstverständlich. In früheren Epochen der Rechtsgeschichte hingegen waren Prozesse gegen Sachen und Tiere nicht ungewöhnlich. Vgl. nur Hinweise bei Maurach/Zipf, AT 1, § 15, Rn. 2 und Roxin, AT, § 8, Rn. 57., v. Liszt, § 28, I, 2, S. 155 Fn. 2.

eine Handlung darin besteht, einen Willen zu bilden und diesen umzusetzen. Unsere Frage zielt vielmehr darauf ab, ob Verbänden die für eine Bejahung ihrer Handlungsfähigkeit notwendige Subjektsqualität zukommt.[345]

Eine Handlung im natürlichen Sinne wird man grundsätzlich als etwas dem Recht Vorgegebenes betrachten müssen. Wie das Verhalten von Tieren, so existiert auch menschliches Verhalten unabhängig davon, ob das Recht diesem Verhalten eine bestimmte Wertung beimisst oder nicht. Eine Handlung im natürlichen Sinne ist als Reaktion eines Lebewesens auf dessen Umwelt zu begreifen. Auch das Verhalten eines Menschen wird somit nicht dadurch zu einer natürlichen Handlung, dass das Recht sie zu einer solchen erklärt. Vielmehr erfährt eine natürliche Handlung als bestehendes Phänomen durch die Subsumtion unter einen Tatbestand lediglich eine rechtliche Bewertung. Das Recht knüpft somit an die Handlung als etwas Vorgegebenes an.[346]

Nun wird man zugeben müssen, dass juristische Personen und Personenvereinigungen nicht in der Lage sind, selbst einen natürlichen Willen zu bilden und in einem natürlichen Sinne zu handeln.[347] Auch wenn man Verbände heute als real existierende Gebilde im Rechtsverkehr anerkennen muss, so existieren sie doch selbst auch nur durch die Existenz ihrer Mitglieder. Zwar sind Verbände in der Regel unabhängig vom Wechsel ihrer Mitglieder oder der Mitgliedschaft einzelner natürlicher Personen. Eine Existenz juristischer Personen oder Personenvereinigungen ohne jegliche Mitglieder kann man sich dennoch kaum denken. Doch auch der schlichte Zusammenschluss der einzelnen Mitglieder macht den Verband noch nicht aus. Denn die Qualität eines Rechtssubjektes und damit ihre eigentliche Existenz bekommen die Verbände erst durch die Rechtsordnung verliehen, erst hierdurch werden sie real. Da ein Verband also nur durch den Zusammenschluss seiner Mitglieder existiert, dem erst durch die Rechtsordnung der Status eines Rechtssubjekts verliehen wird, kann ein Verhalten und damit ein Handeln des Verbandes im rechtlichen Sinne auch immer nur in einer irgendwie gearteten Zurechnung des Handelns seiner Verbandsmitglieder oder sonstiger für den Verband tätig werdenden natürlichen Personen bestehen.[348]

In der Literatur wird zum Teil dennoch der Standpunkt vertreten, Verbände könnten auch selbst einen eigenen Willen bilden und selbst handeln.[349] Darüber hinaus werden neben der gänzlichen Ablehnung einer Handlungsfähigkeit von

---

345 Hirsch, Personenverbände, S. 10; Ehrhardt, S. 180 f.
346 So auch schon Engisch, Verh. 40. DJT, Band II, S. E 24; Vgl. auch Kaiser, S. 21.
347 Ebenso: Ehrhardt, S. 176.
348 Korte, S. 2.
349 Vgl. nur Hafter, Personenverbände, S. 75 ff.

Verbänden[350] auch zahlreiche Wege vertreten, einer juristischen Person oder Personenvereinigung das Verhalten der für sie tätig werdenden natürlichen Personen zuzurechen. Auch die Rechtsprechung geht zum Teil davon aus, dass man auf das Verhalten der für die juristische Person oder Personenvereinigung tätig werdenden natürlichen Person abstellen müsse, wenn man gegen diese eine Sanktion verhängen wolle.[351]

2. Die Verbandshandlung de lege lata

Das Auftreten von juristischen Personen und Personenvereinigungen im Rechtsverkehr als Handlungen der betreffenden Verbände zu bewerten, ist dabei für die Rechtsordnung nichts Unbekanntes. In verschiedenen Regelungen des einfachen Rechts ist die Möglichkeit vorgesehen, dass Verbände durch das Verhalten der für sie tätig werdenden natürlichen Personen auch selbst handeln können.

a. Handlungszurechung im Zivilrecht

Vor allem im Zivilrecht ist die Handlungsfähigkeit von Verbänden heute weitgehend anerkannt. Im Mittelpunkt steht dabei § 31 BGB, nach dem Verbände für zum Schadensersatz verpflichtende Handlungen ihrer Vertreter verantwortlich gemacht werden. Zwar kann aus dem Wortlaut der Norm nicht ohne weiteres eine Zurechnung des Organhandelns gegenüber dem Verband als dessen eigene Handlung geschlossen werden.[352] Die ganz herrschende Meinung folgt heute jedoch im Wesentlichen der auf Gierke zurückgehenden Organtheorie, die juristische Personen durch das Verhalten ihrer Organe als handlungsfähig ansieht. Ganz überwiegend wird § 31 BGB infolge dessen als auf dem Gedanken der Eigenzurechung beruhend angesehen und wird den Verbänden das Verhalten ihrer Organe als eigenes Handeln zugerechnet.[353] Doch auch in anderen Normen wird von der Handlungsfähigkeit der Verbände ausgegangen. So zum Beispiel bei der Auflösung einer Genossenschaft gemäß § 81 GenG. Nach dieser Vorschrift kann eine Genossenschaft aufgelöst werden, wenn sie sich einer gesetzwidrigen Handlung oder Unterlassung schuldig gemacht hat. Der Vorwurf einer

---

350 So zum Beispiel Schmitt, Maßnahmen, S. 186; Seiler, S. 50 ff.; einschränkend für den Bereich des Strafrechts Maurach/Zipf, AT, § 15, Rn. 1 ff.

351 BVerfGE 20, 322, 336; BGHSt 5, 28, 30.

352 Vgl. Schmitt, Maßnahmen, S. 186.; Kaiser, S. 24.

353 Palandt/Heinrichs, § 31, Rn. 1; Schroth, Sanktionsobjekte, S. 185; MüKo-Reuter, § 26, Rn. 11; Larenz, AT, § 9, Rn. 14; BGHZ 20, 119, 125; Soergel/Hadding, § 31, Rn. 1; K. Schmidt, Handelsrecht, S. 117.

gesetzwidrigen Handlung muss hier der Genossenschaft selbst zu machen sein. Selbst gesetzwidrig handelt die Genossenschaft durch Handlungen oder Unterlassungen von Organen, die in einer der Genossenschaft zurechenbaren Weise vorgenommen wurden.[354]

b. Handlungszurechnung im Strafrecht

Auch dem Strafrecht und dem Ordnungswidrigkeitenrecht ist die Zurechnung des Verhaltens von Organen gegenüber einer juristischen Person oder Personenvereinigung als deren eigenes Handeln nicht gänzlich unbekannt. Vielmehr besteht auch hier die Möglichkeit, in bestimmten Einzelfällen dem Verband Handlungen seiner Organe oder Vertreter zuzurechnen. So bestimmen die §§ 75 StGB und 29 OWiG für den Bereich der Einziehung, dass eine Handlung des Vertreters, dem Vertretenen, mithin dem Verband, zugerechnet wird. Sind also im Falle einer Einziehung gegenüber einer juristischen Person oder Personenvereinigung alle übrigen Voraussetzungen der gesetzlichen Vorschriften durch den Verband erfüllt, wird diesem die Handlung seines Vertreters als eigene zugerechnet. Es wird hier nicht lediglich die Rechtsfolge der Einziehung gegen den Verband gerichtet. Vielmehr muss dieser auf Tatbestandsebene alle Tatbestandsmerkmale bis auf die Handlung selbst erfüllen. Der juristischen Person oder Personenvereinigung wird also das Handeln ihres Vertreters als eigenes zugerechnet, das heißt der Verband wird so behandelt, als ob er selbst die die Einziehung begründende Handlung begangen hätte.[355] Bisher werden diese Normen jedoch nicht als eine allgemeine Zurechnungsgrundlage für das gesamte Straf- und Ordnungswidrigkeitenrecht verstanden.[356] Dennoch wird aus der Regelung der §§ 75 StGB und 29 OWiG deutlich, dass auch für den Bereich des Strafrechts eine Zurechnung der Organhandlungen gegenüber dem jeweiligen Verband jedenfalls nicht grundsätzlich ausgeschlossen ist. Diese Normen betonen vielmehr die dem Gesetzgeber zustehende Gestaltungsfreiheit, die es ihm erlaubt, die notwendigen Regelungen zur Gleichbehandlung juristischer und natürlicher Personen einzurichten.

Anders als die §§ 75 StGB und 29 OWiG ist im Wortlaut des § 30 OWiG eine Handlungszurechnung nicht ausdrücklich normiert. Eine Formulierung, die dem Verband wie im Einziehungsrecht das Handeln seiner Vertreter eindeutig zu-

---

354 Lang/Weidmüller/Metz/Schaffland, § 81, Rn. 2; Meyer/Meulenbergh/Beuthien, § 81, Rn. 2; Müller, GenG, § 81, Rn. 2.

355 Sch/Sch/Eser, § 75, Rn. 1, 10; BT-Drucks. 5/1319, S. 61.

356 In diesem Sinne versteht sie aber Schroth als allgemeine strafrechtliche Zurechnungsgrundlage; siehe: Sanktionsobjekte, S. 187 ff.

rechnet, ist nicht vorhanden. Dennoch wurde auch in § 30 OWiG schon frühzeitig eine entsprechende Zurechnungsnorm gesehen. Trotz seiner früheren Fassung als Nebenfolge der Tat einer natürlichen Person, sollten durch § 30 OWiG a.F. die Handlungen der gesetzlichen Vertreter von juristischen Personen und Personenvereinigungen dem Verband als eigene zugerechnet werden können.[357] Spätestens aber seit der Novellierung des § 30 OWiG durch das 2. WiKG und die Streichung der Bezeichnung als „Nebenfolge“[358], wird § 30 OWiG von zahlreichen Stimmen als eine Norm angesehen, die die Möglichkeit eröffnet, das Handeln einer natürlichen Person einem Verband als eigenes Handeln zuzurechen.[359]

3. Auffassungen zur Handlungsfähigkeit von Verbänden in Literatur und Rechtsprechung

Ohne den verschiedenen im Folgenden darzustellenden Stellungnahmen zur Handlungsfähigkeit von juristischen Personen und Personenvereinigungen vorzugreifen, kann schon vorab auf bestimmte Faktoren hingewiesen werden, die für die Meinungsbildung der einzelnen Autoren von gewisser Bedeutung gewesen sein dürften.

Einen sicher nicht unbedeutenden Einfluss auf den Stand der Diskussion um die Verbandshandlung wird man den Theorien zur Bestimmung des Wesens der juristischen Personen zuschreiben müssen. Im Wesentlichen stehen sich hier die auf Savigny[360] zurückgehende Fiktionstheorie und die von Gierke[361] begründete Theorie der realen Verbandspersönlichkeit gegenüber.
Die Fiktionstheorie leugnet die Realität der juristischen Personen. Natürliche Rechtsfähigkeit wird hiernach jedem einzelnen Menschen, aber auch nur diesem zuteil. Allerdings dehne das Recht die Rechtsfähigkeit zu juristischen Zwecken auf künstliche, durch bloße Fiktion angenommene Subjekte aus. Und ein eben solches Subjekt sei eine juristische Person.[362]

---

357 Müller, S. 19; Kaiser, S.24.
358 BT-Drucks. 10/318, EWiKG 2, S. 6, 13, 38 ff.
359 Tiedemann, NJW 1988, 1169, 1172; Ehrhardt, S. 179 f.; Hirsch, ZStW 107 (1995) 285, 289.
360 Savigny, System des heutigen römischen Rechts, Band II, S. 236; Ehrhardt, S. 178; Palandt/Heinrichs, Vor § 21, Rn. 1.
361 Gierke, Genossenschaftstheorie, S. 22 f., 743 ff., 771 ff.; Ehrhardt, 178; Palandt/Heinrichs, Vor § 21, Rn. 1.
362 Savigny, System des heutigen römischen Rechts, Band II, S. 236; Ehrhardt, S. 178; Palandt/Heinrichs, Vor § 21, Rn. 1.

Die Theorie der realen Verbandspersönlichkeit hingegen erblickt in juristischen Personen reale vorhandene Wesen, die dem Recht als soziale Wirklichkeit bereits vorgegeben seien. Auf dieser Grundlage sieht die Theorie der realen Verbandspersönlichkeit juristische Personen ohne Bedenken sowohl als durch ihre Organe handlungsfähig wie auch als deliktsfähig an.[363]
In den übrigen Rechtsgebieten außerhalb des Strafrechts hat der vorgenannte Streit seine praktische Bedeutung weitgehend verloren. Dies kommt vor allem in § 31 BGB zum Ausdruck, der nach ganz überwiegender Auffassung für den Bereich des Zivilrechts dem Verband die Handlung seiner Organe als eigene zurechnet.[364] Auf diese Weise wird die eigene Handlungsfähigkeit und Deliktsfähigkeit von Verbänden im Bereich des Zivilrechts anerkannt. Demgegenüber ist der Gesetzgeber des Ordnungswidrigkeitengesetzes bei der Einführung der Verbandsgeldbuße in § 26 OWiG a.F. ganz offensichtlich der Fiktionstheorie gefolgt. In der Begründung zu § 19 EOWiG[365] bezeichnete er juristische Personen und Personenvereinigungen als fiktive und im natürlichen Sinne handlungsunfähige Wesen.[366]
Hinsichtlich der verschiedenen zur Frage der Handlungsfähigkeit der Verbände in der Literatur vertretenen Ansichten kann man insgesamt die Tendenz feststellen, dass die Autoren, die einen individualstrafrechtlichen Standpunkt vertreten, eher der Fiktionstheorie Savignys nahe stehen. Bei der Beurteilung der Fähigkeit eines Verbandes zu rechtserheblichem Handeln stellen sie zumeist ganz auf deren eigenständige Handlungsfähigkeit in einem natürlichen Sinne ab. Sie lassen dabei die Organe des Verbandes und deren zweifelsohne vorhandene Fähigkeit zu handeln außer Betracht. Eine mögliche Handlungsfähigkeit der Verbände durch das Verhalten ihrer Organe bleibt hierbei gänzlich unberücksichtigt.
Entgegen dem findet bei den Vertretern, die der Theorie der realen Verbandspersönlichkeit nahe stehen, das Auftreten der Organe und sonstigen für den Verband wirksam handelnden natürlichen Personen Beachtung. Sie erkennen eine Handlungsfähigkeit der Verbände überwiegend an, indem sie auf das Verhalten der Verbandsorgane abstellen und so letztlich auch ein Handeln des Verbandes selbst begründen.

Neben der Beeinflussung durch die Theorien zum Wesen der juristischen Personen lässt sich in der neueren Literatur auch eine Tendenz feststellen, eine Hand-

---

363 Gierke, Genossenschaftstheorie, S. 22 f., 743 ff., 771 ff.; Ehrhardt, 178; Palandt/Heinrichs, Vor § 21, Rn. 1.

364 Palandt/Heinrichs, § 31, Rn. 1; Schroth, Sanktionsobjekte, S. 185; MüKo-Reuter, § 26, Rn. 11; Larenz, AT, § 9, Rn. 14; BGHZ 20, 119, 125; Soergel/Hadding, § 31, Rn. 1; K. Schmidt, Handelsrecht, S. 117; siehe auch: von Freier, S. 175 ff.

365 Die im Entwurf zum OWiG unter § 19 diskutierte Regelung wurde später als Verbandsgeldbuße in § 26 OWiG geltendes Recht.

366 BT-Drucks. 5/1269, EOWiG, S. 58.

lungsfähigkeit von Verbänden wenn auch nicht immer als de lege lata vorhanden, so doch aber als de lege ferenda begründbar zu erachten.[367] Dabei wird eine mögliche Fähigkeit der Verbände zu einem im rechtlichen Sinne eigenen Handeln überwiegend in Anlehnung an bestehende Zurechnungsmodelle im Strafrecht oder in anderen Rechtsgebieten angenommen.[368] In der älteren Literatur hingegen stieß der Gedanke einer Handlungsfähigkeit von juristischen Personen und Personenvereinigungen überwiegend auf Ablehnung.[369] Stimmen, die sich auch schon früher für die Handlungsfähigkeit aussprachen, versuchten diese zumeist nicht durch die Übertragung von Zurechnungsmodellen zu erreichen, sondern auf dogmatischem Wege als eigenständige Handlungsfähigkeit zu begründen.[370]

a. Ablehnung der Handlungsfähigkeit von Verbänden

Eine große Zahl der Stimmen in der strafrechtlichen Literatur spricht sich gegen die Handlungsfähigkeit von juristischen Personen und Personenvereinigungen aus.[371] Dabei wenden sich die Autoren sowohl gegen die Bejahung einer originären Handlungsfähigkeit von Verbänden im natürlichen Sinne als auch vielfach gegen eine Zurechnung des Verhaltens der für die Organisation tätig werdenden natürlichen Personen. Verbänden mangele es an der für eine Willensbildung und dessen Umsetzung nötigen psycho-physischen Existenz.

aa. Umfassende Ablehnung der Verbandshandlung

Konsequent lehnen daher sowohl Schmitt[372] als auch Seiler[373] eine Handlungsfähigkeit nicht nur auf dem Gebiet des Straf- und Ordnungswidrigkeitenrechts ab. Weder könne der Gesetzgeber im Wege einer Fiktion anordnen, dass die Handlungen bestimmter natürlicher Personen als eigene Handlungen des Verbandes zu gelten hätten, dieser Weg sei für das Strafrecht nicht durchführbar.[374]

---

367 Vgl. nur: Brender, S. 57; Kaiser, S. 24; Müller, S. 19.
368 Schroth, Sanktionsobjekte, S. 184 ff.; Brender, S. 54 ff.
369 Vgl. nur: Engisch, Verh. 40 DJT, Band II, S. E 23 f.; Hartung, Verh. 40. DJT, Band II, S. E 43.
370 Vgl. nur Hafter, Personenverbände, S. 75 ff.
371 Vgl. z.B.: Roxin, AT, § 8, Rn. 58; Goetzeler, S. 217 ff.; Jescheck/Weigend, AT, S. 225, 227 ff.; Ferner, § 30, Rn. 1; Groß/Trapp, § 26, Anm. (2).
372 Schmitt, Maßnahmen, S. 181 ff.
373 Seiler S. 56 ff.
374 Seiler, S. 60; Schmitt, Maßnahmen, S. 181.

Noch könne eine Verbandshandlung darin erkannt werden, dass der Gesetzgeber anordnen würde, der Verband habe für ein Handeln von bestimmten natürlichen Personen einzustehen. Hier würde vielmehr gerade auf eine eigene Handlung des Verbandes verzichtet.[375] Auch die Gleichsetzung des Verbandes mit der Gesamtheit seiner Mitglieder sei untauglich zur Begründung einer Verbandshandlung. Zwar könne eine Verbandshandlung noch angenommen werden, wenn alle Verbandsmitglieder aufgrund eines gemeinsamen einstimmigen Beschlusses gemeinsam deliktisch handelten, dies sei in der heutigen Zeit jedoch kaum denkbar.[376] Versagen müsse diese Konstruktion endgültig, wenn zwar noch ein gemeinsamer Beschluss aller Verbandsmitglieder vorliege, jedoch nur noch ein Einzelner den Beschluss ausführe. Liege kein einstimmiger, sondern nur ein Mehrheitsbeschluss vor, fehle es nicht nur wie im vorgenannten Fall an der einheitlichen Umsetzung des Verbandswillens, hier fehle es vielmehr bereits an der gemeinsamen Willensbildung.[377]
Wenn der Begriff der Handlung nicht überhaupt etwas dem Recht Vorgegebenes sei, sei er doch jedenfalls ein rechtlicher Grundbegriff, der nicht für jedes Rechtsgebiet anders bestimmt werden könne.[378] Daher gebe es eine Verbandshandlung weder im Zivil- noch im Verwaltungs- noch im Strafrecht.[379] Daran vermöge auch nicht ein Verweis auf § 31 BGB etwas zu ändern. Denn diese Norm begründe nicht eine eigene Handlungsfähigkeit der Verbände durch Handeln ihrer Organe. Vielmehr löse das Gesetz lediglich ein Zurechnungsproblem. § 31 BGB lege lediglich fest, dass der Verband für Handlungen seiner Organe zivilrechtlich einzustehen habe. Es handele sich somit um eine Einstehenmüssen für fremde Schuld, eine eigene Handlung des Verbandes werde hingegen nicht begründet.[380]
Bereits früh und energisch wandte sich auch Engisch[381] gegen Tendenzen, den Verbänden die Fähigkeit zuzusprechen, in strafrechtlich relevanter Weise handeln zu können. Zum einen könne nach seiner Meinung ein Gesellschafterbeschluss kein Handeln des Verbandes darstellen, da ansonsten bei einem nicht einstimmigen Beschluss ein gespaltenes Handeln des Verbandes vorläge. Aber auch die Zurechnung des Handelns von Einzelmenschen könne keine Handlung des Verbandes selbst begründen. Die Zurechnung sei eine juristische Figur, eine Konstruktion, die Handlung dagegen sei ein natürliches Gebilde, das dem Recht schon irgendwie vorgegeben sei. Engisch befürchtet einen Zirkelschluss, wenn

---

375 Schmitt, Maßnahmen s. 181 f.
376 Seiler, S. 56.
377 Schmitt, Maßnahmen, S. 182 ff.; Seiler, S. 56 ff.
378 Seiler, S. 61; Schmitt, Maßnahmen, S. 186.
379 Schmitt, Maßnahmen, S. 186; Seiler, S. 61.
380 Seiler, S. 62 f.; Schmitt, Maßnahmen, S. 186.
381 Engisch, 40. DJT, Band II, S. E 23 f.; Zustimmend: Hartung, 40. DJT, Band II, S. E 43.

die Verantwortlichkeit des Verbandes auf seinem Handeln gründete, dieses eigene Handeln des Verbandes aber auf einer Zurechnung beruhe.

bb. Mindestmaß an ontologischem Substrat

Zum Teil wird auch die Kompetenz des Gesetzgebers bestritten, auf normativem Wege die Handlung eines Menschen als Handlung der juristischen Person anzuerkennen. Blauth[382] geht davon aus, dass es nur Gedanken der juristischen Zurechnung sein könnten, die es erlaubten, eine menschliche Tätigkeit als Handlung der juristischen Person anzusehen. Ein im Strafrecht gültiger Handlungsbegriff könne dabei jedoch nur ein solcher sein, der auf ein Mindestmaß an ontologischem Substrat nicht verzichte. Wird aber bereits der Wille der für den Verband handelnden Menschen der juristischen Person als eigener zugerechnet, gehe das notwendige ontologische Mindestmaß verloren. Ein derartiger Handlungsbegriff, der schon in seinen Grundlagen normativer Natur sei und notwendigerweise auf jeglichen ontologischen Ansatzpunkt in der Person des Handelnden, nämlich des Verbandes, verzichte, könne im Strafrecht keine Berechtigung finden. Blauth schließt es ausdrücklich nicht aus, dass in den anderen Rechtsgebieten außerhalb des Strafrechts eine Handlungsfähigkeit juristischer Personen bestehen könne. Er vertritt also insoweit die Ansicht, dass in den einzelnen Rechtsgebieten unterschiedliche Handlungsbegriffe bestehen können.
Demgegenüber geht das ganz überwiegende Schrifttum von einem einheitlichen, die einzelnen Rechtsgebiete übergreifenden Handlungsbegriff aus.[383]

cc. Handlung als ureigenstes Produkt des Individuums

Doch auch Maurach/Zipf[384] vertreten entgegen der Auffassung der herrschenden Meinung von einem einheitlichen Handlungsbegriff einen straf- oder ordnungswidrigkeitenrechtlichen Handlungsbegriff, der sich von dem in den übrigen Rechtsgebieten, insbesondere im Zivilrecht gebräuchlichen Begriff der Handlung unterscheidet. Die Handlungsfähigkeit von Verbänden sei, das Strafrecht und damit auch das Ordnungswidrigkeitenrecht ausgenommen, allen Rechtsgebieten geläufig. Für den Bereich des Strafrechts sei die Handlungsfähigkeit der Verbandsperson hingegen zu verneinen. Die Anerkennung der strafrechtlichen Handlungsfähigkeit der juristischen Person würde auf unerträgliche Weise der

382 Blauth, S. 14 f.
383 Vgl. nur: Schmitt, Maßnahmen, S. 186; Brender, S. 57 f.; Kaiser, S. 23; Seiler, S. 61.
384 Maurach/Zipf, AT 1, § 15, Rn. 1 ff.

Finalität entgegenstehen. Deren Verdienst sei es gerade, die Handlung als ureigenes Produkt des Individuums, also des einzelnen Menschen, erscheinen zu lassen. Der Wille der Verbandsperson könne auch bei realster Betrachtung nicht dem die Handlung tragenden Willen des einzelnen Menschen gleichgesetzt werden.

dd. Sinnentleerung des strafrechtlichen Handlungsbegriffs

In neuerer Zeit kritisiert auch Schwinge[385] die Annahme einer Handlungsfähigkeit von Verbänden. Sie wendet sich gegen eine drohende Sinnentleerung des strafrechtlichen Handlungsbegriffes aus pragmatischen Gesichtspunkten. Nach ihrer Ansicht dürften die für ein Unternehmen tätigen Menschen nicht einfach mit diesem identifiziert werden, auch wenn in der Alltagssprache kaum noch eine Differenzierung zwischen dem Unternehmen und seinen Angehörigen vorgenommen werde. Der Handlungsbegriff sei der entscheidende „Transmissionsriemen" für die generalpräventive Wirkung des Strafrechts. Die Gebote und Verbote des Strafrechts setzen nach Schwinge an menschlichem Verhalten an. Der menschliche Täter solle auf diese Weise dahingehend motiviert werden, sein Handeln rechtsgemäß auszurichten. Schwinge bezweifelt die Wirksamkeit der Generalprävention gegenüber Verbänden, da diese nicht handlungsfähig seien. Damit stellt sie im Ergebnis Sanktionen gegen Verbände insgesamt in Frage.

ee. Rechtsprechung

Auch die Rechtsprechung betont die individualstrafrechtliche Ausrichtung des Strafrechts und steht der Handlungsfähigkeit von juristischen Personen und Personenvereinigungen insgesamt ablehnend gegenüber.

Das Reichsgericht ging in ständiger Rechtsprechung von einem der Fiktionstheorie nahe stehenden individualstrafrechtlichen Ansatz aus. Es führte aus, die Unmöglichkeit, dass eine juristische Person als solche eine strafbare Handlung begehe, beruhe darauf, dass derselben als „einem nur fingierten Rechtssubjekte" die natürliche Handlungsfähigkeit abgehe.[386] Ausnahmen hiervon ließ das Reichsgericht nur zu, wo dies das Gesetz ausdrücklich vorsah. So wurde zum Beispiel anerkannt, dass sich etwa die Strafandrohung des § 3 des preußischen Gesetzes über die Bestrafung unbefugter Gewinnung oder Aneignung von Mine-

385 Schwinge, S. 100 f.
386 RGSt 16, 121,123.

ralien auch auf juristische Personen beziehen müsse.[387] Und auch durch § 357 der Reichsabgabenordnung sollten nach der Rechtsprechung des Reichsgerichts juristische Personen über ihre allgemeine Rechtsfähigkeit als Steuerschuldner hinaus auch zu Rechtspersönlichkeiten erhoben werden, die dem Steuerstrafrecht unmittelbar unterworfenen sind.[388] Rückschlüsse auf allgemeine Grundsätze einer Verbandstäterschaft und damit einer Handlungsfähigkeit juristischer Personen zog das Reichsgericht jedoch nicht.

Der Bundesgerichtshof schloss sich dieser Rechtsprechung des Reichsgerichts im Wesentlichen an. Nur im Bereich des Besatzungsrechts und des früheren Wirtschaftsstrafgesetzes (WiStG) erkannte er an, dass juristische Personen durch natürliche Personen handeln können.[389] Zugleich stellte er dennoch fest, dass es dem bisherigen deutschen Rechtsdenken widerspräche, gegen juristische Personen Kriminalstrafen zu verhängen und dass juristische Personen außerhalb der genannten Ausnahmen nicht Täter oder Teilnehmer einer strafbaren Handlung sein könnten.

Das Bundesverfassungsgericht kam schließlich zu dem Schluss, dass – nicht zuletzt aufgrund der zuvor angeführten Ausnahmen – die Bestrafung juristischer Personen dem geltenden deutschen Recht nicht fremd sei. Jedoch hält auch das Bundesverfassungsgericht juristische Personen als solche für nicht handlungsfähig. Würden sie für deliktisches Verhalten im strafrechtlichen Sinne in Anspruch genommen, dann könne nur das Verhalten der für sie verantwortlich handelnden Personen maßgeblich sein.[390]

b. Die Originäre Handlungsfähigkeit von Verbänden

Entgegen den vor allem in der jüngeren Vergangenheit wiederholt vorgetragenen Bemühungen, eine Verbandshandlung durch die Zurechnung des Verhaltens der für sie tätig werdenden natürlichen Personen zu begründen, wurde in der Literatur zum Teil auch der Versuch unternommen, auf dogmatischem Wege eine originäre Handlungsfähigkeit von Verbänden zu konstruieren.

---

387 RGSt 5, 182 f.

388 RGSt 61, 92, 95.

389 BGHSt 5, 28, 30; 3, 130, 132.

390 BVerfGE 20, 323, 335 f.

aa. Willensvorrat des Verbandes

Vor allem Hafter[391] hat den Weg einer dogmatischen Begründung der Handlungsfähigkeit von Verbänden beschritten. Zwar wendet sich Hafter ausdrücklich gegen das Hilfsmittel der Fiktion, gleichwohl kommt die von ihm vertretene Gleichsetzung des Verbandes mit der Gesamtheit seiner Mitglieder einer solchen Fiktion nahe.[392] Ausgangspunkt eines sich von den einzelnen Individualwillen abhebenden Sonderwillens des Verbandes sei der Fall, dass bei Anwesenheit aller Mitglieder ein einstimmiger Beschluss gefasst werde.[393] Doch auch bei nicht einstimmigen Beschlüssen könne mit Hilfe der Organisation von einem einheitlichen Verbandswillen ausgegangen werden. Denn zugleich mit der Erklärung Mitglied eines Verbandes werden zu wollen, gebe der einzelne Mensch kund, er sei damit einverstanden, dass die Generalversammlung in bestimmter Form bestimmte Beschlüsse fasse, dass der Direktor gewisse Geschäfte selbständig abschließe und so weiter. Die einzelnen Organe des Verbandes könnten somit bei ihrer Beschlussfassung aus einem bereit liegenden Willensvorrat des Verbandes schöpfen.[394] Durch den Eintritt in einen Verband erklärt sich nach dieser Auffassung das Mitglied also damit einverstanden, dass die Gremien des Verbandes für den Verband bestimmte Entscheidungen treffen. Dies soll auch gerade dann gelten, wenn im konkreten Fall das Mitglied bei einer bestimmten Entscheidung eine der Meinung des entscheidenden Gremiums entgegengesetzte Auffassung vertrete. Auch als Teil eines Organs (z.B. Vorstand) erkläre sich das Mitglied durch Beitritt mit einer Überstimmung durch die übrigen Mitglieder des Organs einverstanden. Den so gebildeten Verbandswillen umsetzen könne nicht nur ein innerhalb seiner Zuständigkeit handelndes Organ, sondern jeder Mensch, gleich ob Verbandsmitglied oder nicht.[395]

Der Gedanke, dass ein Verbandsmitglied bei seiner Aufnahme einen Teil seines individuellen Willens abliefert, damit ihn der Verband bei Bedarf hervorholen und für sich nutzbar machen könne, erscheint jedoch abwegig. Insbesondere wird sich ein Mitglied kaum im Vorhinein mit möglicherweise rechtswidrigen Beschlüssen des Verbandes einverstanden erklären wollen.[396]

---

391 Hafter, Personenverbände, S. 75 ff.

392 Ähnlich: Schroth, Sanktionsobjekte, S. 182.

393 Busch, S. 164.

394 Hafter, Personenverbände, S. 80 f.

395 Hafter, Personenverbände, S. 84 f.

396 Entschieden gegen die Konstruktion Hafters ebenfalls: Schmitt, Maßnahmen, S. 184; Seiler, S. 58 f.; Goetzeler, S. 224 f.

bb. Handlungsfähigkeit durch Struktureigenheiten von Verbänden

Hirsch[397] erkennt in den menschlichen Handlungen der Organe einer Korporation gleichzeitig eine eigene Handlung des Verbandes selbst. Die Erklärung dafür, dass eine „Korporation qua Korporation" nach außen durch natürliche Handlungen ihrer Organe tätig werde und diese Handlungen als eigene Handlungen der Korporation anzusehen seien, mithin Verbände also selbst handlungsfähig seien, sei in den Struktureigenheiten von Korporationen zu finden. Personenverbände seien als eigenständige Subjekte in der Wirklichkeit des Soziallebens anerkannt, sie seien soziale Realität.[398] Dieser Realität trage die Rechtsordnung dadurch Rechnung, dass sie die Personenverbände mit Rechtsfähigkeit ausstatte und als juristische Personen einstufe. Indem juristische Personen aber soziale Realität seien und wegen ihrer nicht nur gedachten, sondern wirklichen Existenz auch Adressaten von Pflichten sein könnten, könnten sie eben auch eine Pflichtverletzung begehen, indem sie einen an sie gerichteten Normbefehl nicht erfüllten.

Hirsch knüpft mit seiner Begründung einer originären Verbandshandlung im Wesentlichen an den berühmten Satz von Liszts[399] an: „Wer Verträge schließen kann, kann auch wucherische oder betrügerische Verträge schließen". Anders als eine Reihe anderer Autoren schließt er daraus jedoch nicht auf eine Handlungsfähigkeit kraft Zurechnung, sondern erklärt die Handlung des Organs zur gleichzeitig originären Handlung des Verbandes.

cc. Gesellschafterbeschluss als Handlungswille

Auch Jescheck[400] ging zunächst von der Möglichkeit einer unmittelbar eigenen Handlungsfähigkeit von juristischen Personen und Personenvereinigungen aus. Das der strafrechtlichen Handlungslehre gemeinsame Merkmal eines vom Willen getragenen Verhaltens sei in dem Beschluss einer Gesellschafterversammlung und der darauf beruhenden Organhandlung gegeben. Von einem unmittelbar eigenen Verhalten des Personenverbandes im strafrechtlichen Sinne könne man daher dann sprechen, wenn die Organhandlung auf einem Verbandsbeschluss beruhe.

Doch Jescheck selbst sieht schon die Schwierigkeit, die nach dieser Konstruktion besteht, wenn ein Organ nicht aufgrund eines Beschlusses der Gesellschaf-

---

397 Hirsch, Personenverbände, S. 9 ff.; ders. ZStW 107 (1995) 285, 288 ff.

398 Vgl. auch Beuthien, FS-Zöllner, S. 93 ff.

399 Von Liszt, Lehrbuch, S. 156, Fn. 4.

400 Jescheck, ZStW 65 (1953) 211, 212 f.

terversammlung, sondern aus eigenem Entschluss handelt. Auf die Problematik, ob überhaupt ein Handeln des Verbandes vorliegen kann, wenn nicht alle Mitglieder, sondern nur ein einzelner Mensch handelt, geht er nicht ein.
Jescheck ließ sich im Laufe der Diskussion von den Argumenten gegen die Möglichkeit einer Verbandshandlung überzeugen und korrigierte daraufhin seinen Standpunkt. Seither vertritt er konsequent die Auffassung, dass Verbände nicht handlungsfähig seien.[401]

c. Die Handlungsfähigkeit der Verbände kraft Zurechnung

Entgegen der immer noch vorherrschenden Auffassung, dass juristischen Personen und Personenvereinigungen die Fähigkeit zu eigenem Handeln nicht zuzusprechen sei, gibt es vor allem in der jüngeren Literatur immer wieder Ansätze, eine Handlungsfähigkeit der Verbände als Grundlage strafrechtlicher Sanktionen anzuerkennen. In Übereinstimmung mit dem ganz überwiegenden Teil der Wissenschaft und auch den Gegnern der Handlungsfähigkeit von Verbänden gehen diese Stimmen davon aus, dass Verbänden die Fähigkeit fehlt, in einem natürlichen körperlichen Sinne zu handeln.[402] Zur Begründung einer Verbandshandlung wird hier vielmehr der Versuch unternommen, mittels verschiedener Zurechnungsmodelle den juristischen Personen und Personenvereinigungen das Verhalten der für sie tätigen natürlichen Personen als eigenes Verbandshandeln zuzurechen.[403] Dabei wird von der Normativität eines strafrechtlichen Handlungsbegriffes ausgegangen. Das Recht selbst bestimme, wer Zurechnungsendpunkt eines strafrechtlich relevanten Verhaltens sei.[404] Da der Handlungsbegriff insoweit normativer Natur und der Gestaltung durch den Gesetzgeber zugänglich sei, sei eine Anerkennung der Handlungsfähigkeit von Verbänden gleichsam wie im Zivilrecht auch im Strafrecht möglich. Juristische Personen und Personenvereinigungen könnten daher wie im Zivilrecht so auch im Strafrecht durch ihre Organe handeln.[405] Doch sei der Gesetzgeber auch nicht gänzlich frei in der Bestimmung der Handlungszurechnung. Seine Entscheidungen müssten sich hierbei innerhalb des höherrangigen Verfassungsrechts bewegen.

---

401 Jescheck, SchwZStr 1955, 243, 259.
402 Vgl. nur: Müller, S. 17 f.; Brender, S. 54 f.; Kaiser, S. 101.
403 So etwa Otto, Strafbarkeit, S. 15.
404 Baumann, Grundbegriffe, S. 86; ders., BB 1966, 1237, 1239 f.
405 Baumann/Weber/Mitsch, AT, § 13, Rn. 15.

aa. Anlehnung an zivilrechtliche Zurechnungsgrundsätze

Zur Herleitung einer Handlungszurechnung von Organen etc. gegenüber einer juristischen Person oder Personenvereinigung bedient sich die Literatur häufig einer Übertragung von zivilrechtlichen Zurechnungsgrundsätzen auf das Strafrecht. Ausgangspunkt der Diskussion bildet dabei § 31 BGB, der den Verband für das Verhalten seiner verfassungsmäßig berufenen Vertreter verantwortlich macht. Zwar wird sehr wohl darauf hingewiesen, dass die Norm ihrem Wortlaut nach keine Handlungsfähigkeit von Verbänden begründe, sondern nur ein Einstehenmüssen des Verbandes für schadensersatzbegründendes Verhalten der Verbandsvertreter feststelle.[406] Nach Auffassung der ganz herrschenden Meinung erklärt § 31 BGB dennoch Handlungen der Organe zu eigenen Handlungen des Verbandes und begründet damit für den Bereich des Zivilrechts die Handlungs- und Deliktsfähigkeit von Verbänden.[407] Das Zivilrecht habe hierdurch den erforderlichen Schlussstein der organschaftlichen Zurechnung gesetzt, der dem Strafrecht im weiteren Sinne noch fehle.[408] Es sei erforderlich für die benachbarten zivil- und strafrechtlichen Sparten des Deliktsrechts, von einem einheitlichen Handlungsbegriff als Grundlage auszugehen. Anderenfalls drohten unübersehbare Widersprüche, wenn etwa ein und dieselbe Handlung im Zivildeliktsrecht als Individual- und Verbandshandlung anzusehen sei, im Bereich des Straf- oder Ordnungswidrigkeitenrechts hingegen nur als Individualhandlung.[409]

bb. Handlungsfähigkeit von Verbänden und Menschen aufgrund gleichartig wirkender Systeme

Für eine Anlehnung an die Zurechnungsgrundsätze des Zivilrechts spricht sich in neuerer Zeit auch van Jeger[410] aus. Er gründet sein Verständnis einer Handlungsfähigkeit von juristischen Personen zunächst auf einen eigenen Handlungsbegriff. Der Ausgangspunkt für die Entwicklung einer Handlungsfähigkeit von juristischen Personen und Personenvereinigungen ist nach van Jeger in einer Übertragung der Grundsätze der Handlungsfähigkeit von natürlichen Personen auf juristische Personen und Personenvereinigungen zu finden. Die Handlungsfähigkeit von natürlichen und juristischen Personen sowie Personenvereinigun-

---

406 Kaiser, S. 24; Schroth, Sanktionsobjekte, S. 187; Seiler, S. 63; Schmitt, Maßnahmen, S. 186.

407 Palandt § 31, Rn. 1; Schroth, Sanktionsobjekte, S. 185 ff., 187, m.w.N.

408 Schroth, wistra 1986, 158, 162.

409 Schroth, Sanktionsobjekte, S. 186.

410 Van Jeger, S. 35 ff.

gen beruhe insoweit auf gleichartig wirkenden Systemen.[411] Wie bei Handlungen natürlicher Personen so sei auch die Beurteilung der Handlungen juristischer Personen und von Personenvereinigungen in einer gestuften Betrachtung vorzunehmen. Nach diesem an die Gedanken von Jakobs[412] angelehnten Verständnis der Handlung, ist auf das Handlungssubjekt, die Außenwelt dieses Subjektes und die Einflussnahme des Handlungssubjektes auf eben diese Außenwelt abzustellen. Das Subjekt der Handlung werde bei natürlichen Personen aus Psyche und Körper gebildet, das Korrelat von Verbänden bilde hingegen die Verbandsverfassung[413] und die natürliche Handlung der Organe. Der Psyche der natürlichen Person als der Ort in dem der Wille gebildet wird, entspreche bei den juristischen Personen und Personenvereinigungen ihre Verbandsverfassung. Sie sei das Ergebnis einer kollektiven Willensbildung und damit im Ergebnis Ausdruck menschlicher Schöpfungskraft und Beherrschung, die sich im Außenverhältnis als Handlung manifestiere. So wie der Körper der natürlichen Person den von der Psyche gebildeten Willen umsetze, so versetzten die Organe der juristischen Person oder Personenvereinigung der Verbandsverfassung durch ihren Vollzug Außenwirkung.[414]

Ausgehend von diesem Handlungsbegriff, begründet van Jeger das Bestehen der Handlungsfähigkeit von Verbänden bereits de lege lata aus der Gesetzessystematik. Gemäß § 1 OWiG könne die Verhängung einer Geldbuße nur durch eine Handlung des Sanktionssubjektes gerechtfertigt werden, mit der der Tatbestand einer Norm des Straf- oder Ordnungswidrigkeitenrechts verwirklicht worden sei. Indem der Gesetzgeber nach § 30 OWiG eine Geldbuße auch gegen eine juristische Person oder Personenvereinigung zulasse, setze er durch § 30 i.V.m. § 1 OWiG die Handlungsfähigkeit von Verbänden voraus.[415] Die Verhängung einer Verbandsgeldbuße nach § 30 OWiG setze unter anderem auch die Verletzung einer die juristische Person oder die Personenvereinigung treffenden Pflicht voraus. Würden auch an Verbände Pflichten gerichtet, bedeutete dies, dass ihnen auch die Eigenschaft von Normadressaten zuerkannt werde. Wer aber Adressat von Geboten und Verboten sein könne, der könne diese Gebote und Verbote auch verletzen.[416] Die Tat des Organs stelle hiernach eine eigene Handlung des

411 Van Jeger, S. 55 ff.
412 Jakobs, AT, Abschn. 6, Rn. 20 ff.
413 Gesetz und Statuten eines Verbandes, mithin die Verbandsverfassung, hat auch Hafter schon als den für den einzelnen Verband ein für alle Male festgelegten Willen bezeichnet. Siehe: Hafter, Personenverbände, S. 80.
414 Van Jeger, S. 55 ff.
415 Van Jeger, S. 35, 51 f.
416 Van Jeger, S. 52.

Verbandes in Gestalt einer Beteiligung sui generis des Verbandes an der Organtat dar.[417]

Entscheidend für die Zurechnung von Organhandlungen als eigene Handlungen von Verbänden sei es in jedem Fall, dass die Handlungen des Organs nach zivilrechtlichen Zurechnungsnormen dem Verband als eigene zugerechnet werden könnten. Dies sei jedoch nur bei Verbänden möglich, denen eine eigene Rechtspersönlichkeit zukomme, mithin also nur bei solchen Zusammenschlüssen, denen die Rechtsordnung Rechtsfähigkeit verliehen habe. Dies sei beim nichtrechtsfähigen Verein gerade nicht der Fall. Hier könne das Vereinsvermögen nicht dem Verein selbst, sondern nur den Mitgliedern als Gesamthandsgemeinschaft zugeordnet werden. Handlungen des Vorstandes könnten nicht dem Verein, sondern nur den Mitgliedern des Vereins zugerechnet werden. Aus alle dem ergebe sich, dass der nichtrechtsfähige Verein, wie auch alle übrigen nicht rechtsfähigen Zusammenschlüsse, nicht handlungsfähig seien. Folglich sei auch die Androhung einer Verbandsgeldbuße gegenüber nicht rechtsfähigen Vereinen nach § 30 Abs. 1 Nr. 2 OWiG verfehlt.[418]

Im Ergebnis ist nach der Auffassung van Jegers damit jede Handlung eines Organs auch eine eigene Handlung des Verbandes, solange sich das Organ an seine ihm im Außenverhältnis zustehende Vertretungsmacht gehalten hat, mithin den Verband nach zivilrechtlichen oder gesellschaftsrechtlichen Gesichtspunkten fremdwirksam vertreten hat.[419] Damit steht van Jeger auch den übrigen Zurechnungsmodellen nahe, die ebenfalls eine Zurechnung in Anlehnung an die bestehenden zivilrechtlichen Zurechnungskategorien vertreten. Es erscheint jedoch fraglich, ob sich das Strafrecht in eine derart absolute Abhängigkeit von den zivilrechtlichen Maßstäben für eine Handlungszurechnung begeben sollte oder ob es nicht besser wäre, strafrechtsautonome Zurechnungsmaßstäbe zu entwickeln. Mögen diese Maßstäbe auch in enger Anlehnung an zivilrechtliche Erkenntnisse entstehen.

cc. Anlehnung an straf- und ordnungswidrigkeitenrechtliche Zurechnungsgrundsätze

Doch sind es nicht nur zivilrechtliche Zurechnungsnormen, unter deren Zuhilfenahme versucht wird, eine Verbandshandlung kraft Zurechnung der Handlungen natürlicher Personen gegenüber dem Verband zu begründen. Auch aus straf-

---

417 Van Jeger, S. 35, 72 ff.
418 Van Jeger, S. 63 ff.
419 Van Jeger, S. 58 ff.

rechtlichen oder ordnungswidrigkeitsrechtlichen Vorschriften wird auf eine allgemeine Handlungsfähigkeit juristischer Personen kraft Zurechnung geschlossen.

Für den Bereich der Einziehung legen die §§ 75 StGB und 29 OWiG unzweifelhaft fest, dass das eine Einziehung begründende Verhalten des Vertreters dem Vertretenen als eigenes Handeln zuzurechnen ist. Bei dem Vertretenen in Sinne dieser Normen kann es sich ausdrücklich auch um eine der aufgezählten juristischen Personen oder Personenvereinigungen handeln.[420] Teilweise werden diese Normen nicht nur als Ausnahmebestimmungen des Einziehungsrechts betrachtet. In ihnen wird vielmehr eine notwendige allgemeine Grundlage gesehen, Verbände als Strafrechtssubjekte mit repressiven Sanktionen treffen zu können.[421] Repressive Sanktionen könnten nur gegen Subjekte verhängt werden, die gegen die sie treffenden sanktionsbewehrten Pflichten verstoßen und daher hierfür einzustehen hätten. Die pflichtwidrigen Handlungen der Organe seien den Verbänden auf der Grundlage der allgemeinen Zurechnungsregeln der §§ 75 StGB und 29 OWiG als eigene Handlungen zuzurechnen. Damit sei ein neuer Handlungstypus in Form von Unternehmenshandlungen erkennbar.[422]

Auch § 30 OWiG selbst wird als gesetzliche Zurechnungsnorm betrachtet. Der Gesetzgeber habe nach dieser Auffassung mit § 30 OWiG die Handlungs- und Deliktsfähigkeit der Verbände kraft Gesetzes für den Bereich des Ordnungswidrigkeitengesetzes anerkannt.[423] Spätestens aber nach Streichung der Bezeichnung als „Nebenfolge" durch das 2. WiKG[424] bestünden keine Bedenken mehr dagegen, in § 30 OWiG eine Norm zu erkennen, die das Verhalten einer natürlichen Person dem Verband als eigenes Handeln zurechnet.[425] Der Gesetzgeber habe durch die Neufassung der Vorschrift zumindest für den Bereich des Ordnungswidrigkeitenrechts eine Handlungsfähigkeit der Verbände endgültig als gegeben vorausgesetzt.[426]

---

420 So schon in der Begründung zum EGOWiG, BT-Drucks. 5/1319 S. 60 f.; weiterhin: Sch/Sch/Eser, § 75, Rn. 10.

421 Schroth, Sanktionsobjekte, S. 187 f.

422 Schroth, Sanktionsobjekte, S. 188.

423 Kaiser, S. 103.

424 Vgl. BT-Drucks. 10/318, EWiKG 2, S. 6, 38 ff.

425 Tiedemann, NJW 1988, 1169, 1172; Schroth, Sanktionsobjekte, S. 189; Ehrhardt, S. 179 f.; Müller, S. 19.

426 Hirsch, ZStW 1995, 285, 289; Schroth, Sanktionsobjekte, S. 189; Ehrhardt, S. 179 f.

4. Die Handlungsfähigkeit oder Handlungsunfähigkeit von juristischen Personen und Personenvereinigungen

Sucht man nach dem, was man als Handlung einer juristischen Person oder Personenvereinigung betrachten kann, wird man nicht umhin kommen, festzustellen, dass ein Verband nicht wie ein Mensch mittels eigener Gliedmaßen körperlich handeln kann. Ebenso wenig kann sich ein Verband mittels eigener Sprachorgane mit anderen Rechtssubjekten verständigen. Betrachtet man die Art und Weise, wie Verbände im Rechtsverkehr agieren, ist festzustellen, dass es stets natürliche Personen sind, die für einen Verband tätig werden. Soll eine Antwort auf die Frage gefunden werden, ob es Verbandshandlungen gibt, wird also stets von dem Verhalten der für den Verband handelnden Menschen auszugehen sein. Eine Handlungsfähigkeit von juristischen Personen und Personenvereinigungen kann damit immer nur in einem natürlichen Handeln von Menschen in Vertretung des Verbandes bestehen.

Die Fähigkeit von juristischen Personen oder Personenvereinigungen, in einem natürlichen Sinne zu handeln ist hingegen stets zu verneinen. Bei der Diskussion über die Möglichkeit, Sanktionen auch gegen Verbände zu verhängen, kann somit nicht von deren Fähigkeit ausgegangen werden, Handlungen in einem natürlichen Sinne vorzunehmen. Stattdessen wird man hier die Normativität des Handlungsbegriffs anerkennen und auf der Möglichkeit einer Handlungsfähigkeit der Verbände im rechtlichen Sinne aufbauen müssen.

Nicht zu folgen ist in diesem Zusammenhang den einzelnen Stimmen in der Literatur, die einen von den übrigen Rechtsgebieten verschiedenen strafrechtlichen Handlungsbegriff vertreten und die Handlungsfähigkeit von Verbänden zwar außerhalb des Strafrechts anerkennen, die Handlungsfähigkeit der Verbände auf dem Gebiet des Strafrecht aber ablehnen.[427]

Eine Handlung im natürlichen Sinn ist immer ein schon außerhalb des Rechts bestehendes Phänomen. Dieses Phänomen erfährt durch das Recht lediglich eine Bewertung, die je nachdem für welches Rechtsgebiet diese Bewertung erfolgt, den unterschiedlichen Anforderungen des Rechtsgebietes angepasst werden kann. Ausgehend von einem für alle Rechtsgebiete einheitlich bestehenden natürlichen Handlungsbegriff, kann eine Handlung im rechtlichen Sinne also, je nachdem für welches Rechtsgebiet die Bewertung erfolgt, rechtsgebietsspezifische Merkmale aufweisen.

---

[427] So aber z.B. Maurach/Zipf, AT 1, § 15, Rn. 8.

a. Die Handlungsfähigkeit von Verbänden nach dem aktuellen Recht

Zur Verhängung einer Strafe oder Geldbuße setzt die Rechtsordnung als elementare Voraussetzung die Verwirklichung eines Tatbestandes des Straf- oder Ordnungswidrigkeitenrechts durch ein entsprechendes Verhalten des Rechtssubjektes voraus, gegen das sich die Sanktion richten soll. Strafen oder Geldbußen werden dabei im Wesentlichen dazu eingesetzt, Rechtsgenossen, denen als Normadressaten bestimmte Rechtspflichten auferlegt werden, dazu anzuhalten, sich entsprechend der an sie gerichteten Anforderungen zu verhalten. Auch juristische Personen und Personenvereinigungen sind heute als Normadressaten ganz überwiegend anerkannt.[428] Die Rechtsordnung erhebt sie in den Stand von gleichwertigen Teilen der Rechtsordnung, indem sie sie zu Rechtssubjekten erklärt. Dabei werden den Verbänden aber nicht nur Rechte übertragen. Ihnen werden in zahlreichen Vorschriften sowohl des Nebenstrafrechts als auch des Kernstrafrechts Rechtspflichten, mithin bestimmte Anforderungen an ihr Auftreten im Rechtsverkehr aufgegeben. Werden aber Verbänden als Normadressaten Pflichten übertragen, wird auch erwartet und vorausgesetzt, dass sie diese zu erfüllen in der Lage sind. Wird also juristischen Personen und Personenvereinigungen die Fähigkeit zur Erfüllung der an sie gerichteten Rechtspflichten zuerkannt, wird auf diese Weise auch deren Fähigkeit zum Handeln vorausgesetzt, soweit dies zur Erfüllung der Pflichten erforderlich ist. Werden an ein Rechtssubjekt Pflichten in der Erwartung gerichtet, dass es zur Erfüllung dieser Pflichten in der Lage ist, kann es dennoch entgegen dieser Erwartungen auch dazu kommen, dass diese Pflichten nicht erfüllt oder verletzt werden. Denn wer in der Lage ist, Pflichten zu erfüllen, ist auch in der Lage, gegen diese zu verstoßen. Diese auch an juristische Personen und Personenvereinigungen gerichteten Pflichten können Gebote und Verbote enthalten, deren Nichteinhaltung mit einer Sanktionsdrohung aus dem Straf- oder Ordnungswidrigkeitenrecht versehen ist. Wenn die Rechtsordnung aber ein Handeln in bestimmter Form voraussetzt, um eine strafrechtliche Sanktion gegenüber einem Rechtssubjekt androhen und verhängen zu können, bedeutet dies im Umkehrschluss, dass das Rechtssubjekt, an das sich die Strafdrohung richtet, nach Ansicht der Rechtsordnung und des Gesetzgebers auch in der Lage sein muss, gegen eine an das Rechtssubjekt gerichtete Norm zu verstoßen. Mithin muss dieses Rechtssubjekt also ein Verhalten aufweisen können, das den Unrechtstatbestand eines Gesetzes erfüllt. Indem die Rechtsordnung auch an juristische Personen und Personenvereinigungen Rechtspflichten richtet, deren Nichteinhaltung strafbedroht ist, setzt sie voraus, dass diese Verbände durch ein spezifisches Verhalten in der Lage sind, eine zur Verhängung einer Sanktion erforderliche Handlung im strafrechtlichen Sinne zu begehen.

---

[428] BT-Drucks. 10/318, S. 40; van Jeger, S. 53 ff.

b. Zurechnungsnormen des aktuellen Rechts

Indem der Gesetzgeber juristische Personen und Personenvereinigungen als Normadressaten ansieht und ihnen Pflichten auferlegt, deren Erfüllung er durch Sanktionsdrohungen auch gegenüber diesen Verbänden sicherstellen will, geht er von ihrer eigenen, auf dem Verhalten der für sie tätig werdenden natürlichen Personen beruhenden Handlungsfähigkeit aus. Auch der Gesetzgeber unterstellt somit, dass natürliche Personen als Vertreter eines Verbandes für diesen handeln und dadurch eigene Handlungen des Verbandes begründen. Allerdings hat der Gesetzgeber es bisher versäumt, eine allgemeine Zurechnungsnorm zu schaffen, die dem Verband das Verhalten seiner Organe, etc. auch für den Bereich des Straf- und Ordnungswidrigkeitenrechts ausdrücklich in der erforderlichen umfassenden Form zurechnet. Für den Bereich des Zivilrechts hingegen kann in § 31 BGB eine solche allgemeine Zurechnungsnorm gesehen werden. Hier wird den Verbänden das Verhalten ihrer Vertreter umfassend als eigenes Handeln zugerechnet.[429]

Auf dem Gebiet des Straf- und Ordnungswidrigkeitenrechts besteht jedoch für den Bereich des Einziehungsrechts mit den §§ 75 StGB und 29 OWiG eine Zurechnungsgrundlage, die in diesem Bereich eine umfassende Zurechnung des Handelns der Organe als eigenes Handeln ihrer Verbände normiert. Die Regelung ist nach ihrem Wortlaut unzweifelhaft auf den Bereich des Einziehungsrechts beschränkt und eignet sich daher nicht dazu, aus ihr ein allgemeines straf- und ordnungswidrigkeitenrechtliches Zurechnungsmodell herzuleiten.[430] Insbesondere in den Gesetzesmaterialien lassen sich keinerlei Hinweise darauf finden, dass die Handlungszurechnung im Bereich der Einziehung als allgemeine Zurechnungsnorm zu verstehen ist.[431] Doch zeigen die Bestimmungen der §§ 75 StGB und 29 OWiG deutlich auf, dass es keine Schwierigkeiten machen dürfte, eine allgemeine Zurechnungsnorm für Organhandeln auch im Bereich des Strafrechts zu installieren. Insbesondere der Gesetzgeber hat die Möglichkeit einer allgemeinen Zurechnung von Organhandeln hiermit im Grundsatz anerkannt.

Zahlreiche Stimmen in der Literatur sehen in § 30 OWiG eine rechtliche Zurechnungsnorm, die allgemein die Möglichkeit eröffnet, das Handeln natürlicher Personen dem Verband als eigenes Handeln zuzurechnen. Zum Teil wurde schon § 30 OWiG a.F. als Zurechnungsnorm betrachtet, spätestens aber seit der

---

429 Palandt/Heinrichs, § 31, Rn. 1; MüKo-Reuter, § 26, Rn. 11; Larenz, AT, § 9, Rn. 14; BGHZ 20, 119, 125; Soergel/Hadding, § 31, Rn. 1; K. Schmidt, Handelsrecht, S. 117.

430 In diesem Sinne aber Schroth, Sanktionsobjekte, S. 187 ff.

431 BT-Drucks. 5/1319, S. 60 f.; BR-Drucks., E 1962, S. 251 f.

Novellierung durch das 2. WiKG[432] und der damit einhergehenden Abkehr von der Nebenfolgenregelung ist § 30 OWiG in seiner aktuellen Fassung als Normierung der Handlungszurechnung jedenfalls für den Bereich des Ordnungswidrigkeitenrechts anerkannt.
In der Tat spricht einiges dafür, § 30 OWiG als Zurechnungsnorm für Organhandlungen aufzufassen. Dies ist insbesondere bei einem Vergleich mit dem Wortlaut des § 31 BGB der Fall, der für das Zivilrecht nach ganz überwiegender Auffassung als Grundlage für eine allgemeine Zurechnung der Handlungen von Organen gegenüber ihren Verbänden angesehen wird.[433] Beide Normen knüpfen an das Verhalten einer natürlichen Person an, die in Vertretung für den Verband gehandelt hat. An das Verhalten des Verbandsvertreters wird jeweils eine Rechtsfolge gegenüber dem Verband geknüpft, zum einen eine Schadensersatzpflicht, zum anderen die Verhängung einer Geldbuße gegen den Verband. Der Verband wird also nach beiden Normen für das Verhalten seiner Vertreter verantwortlich gemacht. Dabei sprechen beide Normen ihrem Wortlaut nach nicht eindeutig davon, dem Verband das Verhalten ihres Organs als eigenes Handeln zuzurechnen. Dennoch wird § 31 BGB in genau diesem Sinne von der ganz herrschenden Meinung interpretiert. Dass § 30 OWiG nicht ausdrücklich von einer Handlungszurechnung spricht, wie dies etwa in den §§ 75 StGB oder 29 OWiG der Fall ist, kann also nicht dagegen sprechen, auch § 30 OWiG als eine allgemeine Zurechnungsnorm für Handeln von Organen zu verstehen.

Bedenken hinsichtlich des Verständnisses des § 30 OWiG als allgemeiner Zurechnungsnorm für Organhandlungen auf dem Gebiet des Strafrechts sind jedoch insoweit angebracht, als er nicht im Kernstrafrecht, also im Strafgesetzbuch selbst, sondern im Ordnungswidrigkeitengesetz geregelt ist. Dabei ist zunächst von der Identität der Handlungsbegriffe des Straf- und Ordnungswidrigkeitenrechts auszugehen. Zwar sind die Handlungen der Organe, die den Verbänden gemäß § 30 OWiG zugerechnet werden können, nicht nur solche, die ihrerseits einen Tatbestand des OWiG erfüllen, sondern vielmehr auch solche, die den Straftatbestand einer Norm des StGB verwirklichen. Einzige Rechtsfolge, die an die Handlungen von Organen, etc. geknüpft wird, ist jedoch die Geldbuße des Ordnungswidrigkeitenrechts. Den juristischen Personen und Personenvereinigungen werden somit auch Straftaten ihrer Vertreter zugerechnet, ihnen gegenüber wird dies aber lediglich als Ordnungswidrigkeit gewertet. Der Gesetzgeber erkennt damit eine Handlungsfähigkeit der Verbände kraft Zurechnung des Verhaltens der für sie tätig werdenden Vertreter de lege lata lediglich für den Bereich des Ordnungswidrigkeitenrechts allgemein an. Sollte sich der

432 Vgl. BT-Drucks. 10/318, EWiKG 2, S. 6, 38 ff.
433 BGHZ 20, 119, 125; Soergel/Hadding, § 31, Rn. 1; Palandt/Heinrichs, § 31, Rn. 1; MüKo-Reuter, § 26, Rn. 11; K. Schmidt, Handelsrecht, S. 117; Larenz, AT, § 9, Rn. 14.

Gesetzgeber in Zukunft auch für strafrechtliche Sanktionen im engeren Sinne gegen juristische Personen und Personenvereinigungen entscheiden, wird auch eine entsprechende Zurechnungsnorm im StGB zu schaffen sein.

5. Ergebnis

Wir haben also gesehen, dass es zahlreiche Ansätze in der Literatur gibt, die dahin gehen, das Handeln von Verbandsvertretern als Handlungen der Verbände selbst anzusehen. Überwiegend beruhen diese Ansätze auf Zurechnungsmodellen.
Auch die aktuelle Rechtslage bringt zum Ausdruck, dass der Gesetzgeber eine Handlungsfähigkeit von juristischen Personen und Personenvereinigungen nicht nur auf dem Gebiet des Zivilrechts anerkennt. Zwar fehlt es im Bereich des Strafrechts noch an einer zentralen Zurechnungsnorm, die das Verhalten der Verbandsorgane zu eigenen Handlungen der Verbände erklärt, doch bestehen schon einige Regelungen, die für bestimmte Bereiche eine Handlungszurechnung ausdrücklich zulassen.

In der Tat bestehen keinerlei unüberwindliche Hindernisse, die gegen die Annahme einer Handlungsfähigkeit von Verbänden kraft Zurechnung des Verhaltens der Verbandsvertreter sprechen. Wie wir gesehen haben, bildet vielmehr immer eine Handlung, durch die der Tatbestand eines Gesetzes verwirklicht wird, den Ausgangspunkt dafür, das Rechtssubjekt, dem die Handlung zugeschrieben wird, mit einer Sanktion treffen zu können. Soll das Ziel erreicht werden, auch juristische Personen und Personenvereinigungen in angemessener und wirkungsvoller Weise für die im Zusammenhang mit ihrer Tätigkeit begangenen Rechtsverstöße verantwortlich machen zu können, kommt man nicht umhin, ihnen eine eigene Handlungsfähigkeit zuzuerkennen. Für den Bereich des Ordnungswidrigkeitenrechts stellt bereits jetzt § 30 OWiG eine Zurechnungsnorm dar, nach der das Handeln der für das Unternehmen verantwortlich handelnden Leitungspersonen als eigenes Handeln des Verbandes angesehen werden kann.

II. Schuldfähigkeit

Neben der Handlungsfähigkeit von Verbänden wird als entscheidende Hürde für die Verhängung von Sanktionen gegen juristische Personen und Personenvereinigungen die Frage diskutiert, ob Verbände als eigenständige Subjekte der Rechtsordnung in der Lage sind, die Anforderungen des im System des deutschen Strafrechts fest verankerten Schuldprinzips[434] zu erfüllen. Repressive Sanktionen, zu denen neben Strafen des StGB auch die Geldbuße des OWiG zählt[435], sind hiernach nur dann zu rechtfertigen, wenn dem Täter, den die Sanktion, sei es Kriminalstrafe oder Geldbuße, treffen soll, die schuldhafte oder verantwortliche Verwirklichung eines Unrechtstatbestandes zur Last gelegt werden kann. Die Fähigkeit des Täters, das Unrecht seines Handelns zu erkennen und sein Verhalten daraufhin nach den Normen des rechtlichen Sollens auszurichten, ist nicht nur im Rahmen der Schuld des Strafrechts, sondern auch für die Verantwortlichkeit des Ordnungswidrigkeitenrechts relevant. Es wird daher im Folgenden zu untersuchen sein, ob es auch juristischen Personen und Personenvereinigungen möglich ist, schuldhaft im Sinne des Strafrechts oder verantwortlich im Sinne des Ordnungswidrigkeitenrechts zu handeln.

1. Die Bedeutung des Schuldgrundsatzes – „nulla poena sine culpa“

Das in Deutschland herrschende System des Straf- und Ordnungswidrigkeitenrechts unterscheidet klar zwischen Unrecht und Schuld. Im Unrechtsbereich erfolgt die Überprüfung der mit einer Sanktion bedrohten Handlung auf ihre Übereinstimmung mit den Sollensnormen der Rechtsordnung. Unrecht liegt hiernach vor, wenn die zu beurteilende Handlung gegen die in einem Unrechtstatbestand geforderten Verhaltensanforderungen verstößt. Im Rahmen der Schuld hingegen wird geprüft, ob und unter welchen Voraussetzungen dem Täter die Tat zum Vorwurf gemacht werden kann.

Strafe setzt Schuld voraus. Schuld ist Vorwerfbarkeit. Dieses durch den Bundesgerichtshof[436] ausgesprochenen Grundprinzip des deutschen Strafrechts hat das Bundesverfassungsgericht[437] in den Rang eines Verfassungsgrundsatzes erhoben. Das Erfordernis von Vorwerfbarkeit und Schuld gilt dabei nicht nur für die Kriminalstrafe, sondern auch für strafähnliche Sanktionen. Das Bundesverfassungsgericht hat diesen Grundsatz ausdrücklich auch auf Ordnungswidrigkeiten angewandt.[438] Zur Vereinbarkeit mit dem Rechtsstaatsprinzip setze der sowohl in der Kriminalstrafe als auch in der bloßen Ordnungsstrafe enthaltene repressive Ausspruch eines Vorwurfes gegenüber dem Täter das Vorliegen von Vorwerfbarkeit, mithin also strafrechtliche Schuld voraus. Demzufolge geht also

---

434 BVerfGE 20, 323, 331.
435 BVerfGE 20, 323, 331; 9, 167, 170.
436 BGHSt 2, 194, 200.
437 BVerfGE 20, 323, 331 ff.
438 BVerfGE 9, 167, 169 f.; 20, 323, 331 ff.

das Strafrecht ebenso wie das Ordnungswidrigkeitenrecht vom Schuld- beziehungsweise Verantwortlichkeitsprinzip aus.[439]

Dem Schuldprinzip im Strafrecht kommt dabei, ebenso wie dem Verantwortlichkeitsprinzip im Ordnungswidrigkeitenrecht, auf unterschiedliche Weise Bedeutung zu. Es ist einmal neben der Verwirklichung des Tatbestandes und der Feststellung der Rechtswidrigkeit im Rahmen der Unrechtsprüfung ein weiteres strafbegründendes Verbrechensmerkmal. Darüber hinaus kommt ihm im Rahmen der Strafzumessung, bei der Frage nach dem Umfang der zu verhängenden Sanktion, entscheidende Bedeutung als strafbegrenzendes Tatmerkmal zu. Denn jede im Einzelfall verhängte Strafe muss schuldangemessen sein.

Seine gesetzliche Ausprägung hat das Schuldprinzip vor allem in § 46 Abs. 1 StGB gefunden. § 46 Abs. 1 StGB fasst die wesentlichen Aspekte des Schuldprinzips in der kurzen Formel zusammen, dass die Schuld des Täters die Grundlage für die Zumessung der Strafe sei. Eine Definition des Schuldbegriffs enthält das Gesetz dagegen nicht. Der früher vertretene psychologische Schuldbegriff[440] verstand Schuld als psychologische beziehungsweise als subjektiv-seelische Beziehung des Täters zu seiner Tat. Heute wird hingegen ganz überwiegend ein normativer Schuldbegriff vertreten.[441] Zwar sind auch innerhalb des normativen Schuldbegriffs Einzelheiten umstritten, grundsätzlich wird hiernach das Wesen der Schuld aber darin gesehen, das Verhalten des Täters zum Gegenstand eines Vorwurfes gegenüber ihm zu erheben. Dabei wird dem Täter vorgeworfen, dass er sich nicht durch die Sollensnormen der Rechtsordnung hat zu rechtmäßigem Handeln motivieren lassen, obwohl ihm dies möglich gewesen wäre. Vereinzelt wird in der neueren Literatur ein sozialer Schuldbegriff vertreten.[442] Hierbei wird der Schwerpunkt der Bedeutung des Schuldbegriffs in der strafbegrenzenden Funktion des Schuldbegriffs gesehen. Schuld sei nach dieser Auffassung nicht als sittliche oder moralische, sondern nur als soziale Verantwortung zu verstehen.

2. Die Schuldfähigkeit von Verbänden in Rechtsprechung und Literatur

Ähnlich wie die Frage nach der Handlungsfähigkeit der Verbände, ist auch die Frage danach, ob juristische Personen und Personenvereinigungen schuldhaft im Sinne des Strafgesetzbuches oder verantwortlich im Sinne des Ordnungswidrig-

439 Vgl. Kaufmann, JZ 1967, 553 ff.
440 Vgl. Hinweise bei: Tröndle/Fischer, Vor § 13, Rn. 28.
441 Vgl. nur: Tröndle/Fischer, Vor § 13, Rn. 28.
442 Vgl. nur: Lackner/Kühl, Vor § 13, Rn. 23.

keitengesetzes handeln können, seit langer Zeit Gegenstand einer lebhaften Diskussion in Literatur und Rechtsprechung.

a. Rechtsprechung

Auf Seiten der Rechtsprechung hat vor allem das Bundesverfassungsgericht zur Frage des Schulderfordernisses im Bereich des Ordnungswidrigkeitenrechts und der Anwendbarkeit der Grundsätze des Schuldprinzips auch auf juristische Personen Stellung bezogen. In seiner für die strafrechtliche Haftung von Verbänden grundlegenden Entscheidung zu § 890 ZPO, dem in der Entscheidung ausdrücklich auch strafrechtliche Elemente beigemessen werden, leitet das Bundesverfassungsgericht den Grundsatz, dass jede Strafe – nicht nur die Strafe für kriminelles Unrecht, sondern auch die strafähnlichen Sanktionen für sonstiges Unrecht – Schuld voraussetze, aus dem Rechtsstaatsprinzip ab und erhebt den Grundsatz „nulla poena sine culpa" in den Rang eines Verfassungsgrundsatzes.[443]

Als einer der konstituierenden Grundpfeiler des Grundgesetzes stelle das Rechtsstaatsprinzip eines der elementaren Verfassungsprinzipien dar.[444] Es gewähre dabei nicht nur Rechtssicherheit, sondern verbürge auch materielle Gerechtigkeit.[445] Der Idee der materiellen Gerechtigkeit könne man aber nur entsprechen, wenn Tatbestand und Rechtsfolge in einem sachgerechten Verhältnis zu einander stünden. Sowohl Kriminalstrafen als auch bloße Ordnungsstrafen zeichneten sich im Gegensatz zu Maßnahmen, die ausschließlich auf Prävention gerichtet sind, dadurch aus, dass sie – wenn auch nicht ausschließlich, so doch auch – auf Repression und Vergeltung für ein rechtlich missbilligtes Verhalten abzielten. Sowohl mit der Kriminalstrafe als auch mit der Ordnungsstrafe werde dem Täter ein Rechtsvorstoß vorgehalten und zum Vorwurf gemacht. Ein solcher strafrechtlicher Vorwurf setze aber stets Vorwerfbarkeit und damit strafrechtliche Schuld voraus. Würde gegenüber dem Täter ein derartiger Vorwurf erhoben, ohne dass diesem Schuld in entsprechender Weise vorgeworfen werden könne, stelle dies eine mit dem Rechtsstaatsprinzip nicht zu vereinbarende Vergeltung für einen Vorgang dar, den der Betroffene nicht zu verantworten habe. Eine solche strafrechtliche oder strafrechtsähnliche Ahndung einer Tat, ohne dass den Täter Schuld treffe, verstoße gegen das Rechtsstaatsprinzip und verletze den Betroffenen in seinem Grundrecht aus Art. 2 Abs. 1 GG. Diese Grundsätze gelten nicht nur für Kriminalstrafen, sondern wurden vom Bundesverfas-

---

443 BVerfGE 20, 323, 331.
444 BVerfGE 1, 14 ff. Leitsatz 28.
445 BVerfGE 7, 89, 92; 7, 194, 196.

sungsgericht ausdrücklich auch auf Ordnungswidrigkeiten angewandt.[446] Auch eine Ordnungswidrigkeit kann demnach nur geahndet werden, wenn der Täter schuldhaft gehandelt hat.

Die zum Schuldprinzip ausgeführten Grundsätze hält das Bundesverfassungsgericht ausdrücklich auch gegenüber juristischen Personen für anwendbar.[447] Juristische Personen seien rechtsfähig und nähmen gleichwertig mit den natürlichen Personen am Rechtsleben teil. Die Bestrafung juristischer Personen sei dem geltenden deutschen Rechtssystem nicht fremd. So könnten auch gegen juristische Personen Geldbußen festgesetzt werden. Doch erklärt das Bundesverfassungsgericht juristische Personen als solche für nicht handlungsfähig. Würden juristische Personen für im strafrechtlichen Sinne schuldhaftes Handeln in Anspruch genommen, könne daher nur die Schuld der für sie verantwortlich handelnden Personen maßgeblich sein.

Das Bundesverfassungsgericht hat damit in nunmehr ständiger Rechtsprechung festgestellt, dass ein strafrechtlicher oder strafrechtsähnlicher Vorwurf gegenüber dem Täter allein dann zulässig sei, wenn dieser die Fähigkeit zu verantwortlichem Handeln besitze. Denn eine straf- oder ordnungswidrigkeitenrechtliche Ahndung ohne Schuld oder Vorwerfbarkeit des Täters verstoße gegen das Rechtsstaatsprinzip. Es kommt nach der Auffassung des Bundesverfassungsgerichts somit entscheidend darauf an, dass als Voraussetzung für eine Ahndung straf- oder ordnungswidrigkeitenrechtlicher Art auf die Schuld desjenigen abgestellt wird, dem die Sanktion auferlegt werden soll. Wenn es in diesem Zusammenhang die Möglichkeit, Sanktionen auch gegen juristische Personen und Personenvereinigungen zu verhängen zulässt, impliziert dies, dass nach Ansicht des Bundesverfassungsgerichts auch diese Rechtssubjekte in der Lage sein müssen, Schuld auf sich laden zu können. Zugleich stellt das Bundesverfassungsgericht fest, dass juristische Personen nach seiner Auffassung als solche nicht handlungsfähig seien. Vielmehr soll es, wenn eine juristische Person im strafrechtlichen Sinne in Anspruch genommen wird, auf die Schuld des für sie verantwortlich handelnden Menschen ankommen. Damit schließt es das Bundesverfassungsgericht ausdrücklich nicht aus, dass die Möglichkeit besteht, juristischen Personen das schuldhafte Handeln der für sie verantwortlich handelnden Personen als eigenes schuldhaftes Handeln des Verbandes zuzurechnen.[448]

---

446 BVerfGE 9, 167, 169 f.
447 BVerfGE 20, 323, 335 f.
448 Ebenso Ehrhardt, S. 48.

Auch der Bundesgerichtshof zählt das Schuldprinzip zu einem der elementaren Grundsätze des deutschen Strafrechts.[449] Er setzt strafrechtliche Schuld voraus, um einen Täter strafrechtlich für seine Tat verantwortlich machen zu können. Nach seinen Worten setze Strafe Schuld voraus. Schuld sei Vorwerfbarkeit. Mit dem Unwerturteil der Schuld werde dem Täter vorgeworfen, dass er sich nicht rechtmäßig verhalten, dass er sich für das Unrecht entschieden habe, obwohl er sich rechtmäßig verhalten, sich für das Recht hätte entscheiden können.

Im „Stahlhändlerurteil"[450] hat der Bundesgerichtshof die strafrechtliche Haftung der juristischen Personen anerkannt. Zwar spricht er ausdrücklich nur davon, dass juristische Personen nur durch natürliche Personen handeln könnten und dass deren Verhalten als Handlungen der juristischen Personen gelte. Die Schuldfähigkeit juristischer Personen wird nicht explizit angesprochen. Indem der Bundesgerichtshof aber eine Strafbarkeit von juristischen Personen im Bereich des Besatzungsrechts bejaht, geht er nicht nur von der Handlungsfähigkeit, sondern vielmehr auch von der Möglichkeit aus, dass juristische Personen und Personenvereinigungen schuldhaft handeln können.[451]

b. Ablehnung der Schuldfähigkeit

Wenngleich sich die Stimmen derer, die die Verhängung von Sanktionen gegen juristische Personen und Personenvereinigungen auch unter Berücksichtigung des Schuldgrundsatzes befürworten, in der letzten Zeit zunehmen, hält die ganz überwiegende Auffassung im Schrifttum daran fest, dass die Schuldfähigkeit der Verbände abzulehnen ist.[452] Der Satz „societas delinquere non potest" sei letztlich gerade Ausdruck des Prinzips „nulla poena sine culpa".[453] Die herrschende Meinung begründet ihre Position ganz einhellig mit dem Verständnis von Schuld als fehlender Motivierbarkeit des Täters zu rechtstreuem Handeln. Nur der Mensch sei in der Lage, sich aufgrund autonomer sittlicher Selbstbestim-

---

449 BGHSt 2, 194, 200.

450 BGHSt 5, 28 ff.

451 Vgl. Schroth, Sanktionsobjekte, S. 195.

452 Engisch, Verh. 40. DJT, Band II, S. E 24 f.; Heinitz, Verh. 40. DJT, Band I, S. 85; Rebmann/Roth/Herrmann, Vor § 30, Rn. 5; Schwinge, S. 102 f.; Brender, S. 58 ff.; derselbe, ZStW 65 (1957) 26, 51; Kaiser, S. 25 ff.; Jescheck, ZStW 65 (1953) 211, 213; Hartung, Verh. 40. DJT, Band II, S. E 43; Schmitt, Maßnahmen, S. 196; Lange, JZ 1952, 261 ff.; Lang-Hinrichsen, FS-Mayer, S. 53 (Fn. 21); Wilmanns/Urbach, BB 1953, 102; Bruns, JZ 1954, 12 ff.; Huss, ZStW 90 (1978) 237, 238 f.; E. Schmidt, Wirtschaftsstrafrecht, S. 52.; Ferner, § 30, Rn. 1; Siegert, NJW 1953, 527, 528.

453 Hafter, Lehrbuch, 1. Aufl., S. 72; Lange, JZ 1952, 261, 263; van Jeger, S. 96; Ehrhardt, S. 45.

mung für das Recht und gegen das Unrecht zu entscheiden, sein Verhalten also nach den Normen des rechtlichen Sollens einzurichten und das rechtlich Verbotene zu meiden. Bei einem so verstandenen Schuldbegriff beziehe sich der Vorwurf gegenüber dem Täter stets auf ein sozialethisches Versagen. Ein solcher Vorwurf aber könne nur gegenüber einem Menschen erhoben werden, auf einen Personenverband, auch auf eine juristische Person sei er nicht übertragbar.

Aufgrund dieser Überlegungen wird bis heute vom ganz überwiegenden Teil der Strafrechtswissenschaft die echte Kriminalstrafe als Sanktion gegen juristische Personen und Personenvereinigungen abgelehnt.

c. Ansätze zur Begründung der Schuldfähigkeit von juristischen Personen und Personenvereinigungen

Entgegen der von der herrschenden Meinung vertretenen Auffassung, die einer Zubilligung der Schuldfähigkeit von juristischen Personen und Personenvereinigungen ablehnend gegenübersteht, wurden in der strafrechtlichen Literatur verschiedene Versuche unternommen, die Fähigkeit von Verbänden, Schuld im strafrechtlichen Sinne auf sich laden zu können, zu begründen. Zwar wurden teilweise auch die von der herrschenden Meinung vorgebrachten dogmatischen Bedenken in Frage gestellt, vielfach waren es aber wohl pragmatische Erwägungen, die zur Bejahung der Schuldfähigkeit von juristischen Personen und Personenvereinigungen geführt haben.

aa. Originäre Verbandsverantwortlichkeit

Ausgehend von seiner Annahme, dass es einen sich von den Individualwillen der einzelnen Verbandsmitglieder unterscheidenden Verbandswillen gibt, geht Hafter ohne weiteres davon aus, dass dem Recht zweierlei schuldhafte Willen gegenüberstehen können. Zum einen der persönliche Wille der einzelnen Organe, zum anderen der schuldhafte Wille der Gesamtperson also des Verbandes.[454] Hafter hat damit keinerlei Bedenken, von der Schuldfähigkeit der Verbände auszugehen.[455]

---

[454] Hafter, Personenverbände, S. 93 ff.

[455] Seine Auffassung von der strafrechtlichen Deliktsfähigkeit der Verbände zieht Hafter in seinem später erschienenen Lehrbuch (1926, S. 64) mit dem Hinweis auf die überragende Bedeutung des Grundsatzes keine Strafe ohne Schuld zurück.

Aus der Sicht eines Verbandsdeliktes als einer schuldhaften Nichterfüllung einer dem Verband obliegenden Pflicht durch alle Verbandsmitglieder, kommt auch Busch[456] zu der Annahme der Schuldfähigkeit juristischer Personen und Personenvereinigungen. Die Teilnahme am Verband begründe für jeden Einzelnen die Pflicht, nach seinen Möglichkeiten und nach seinen Kräften dahin zu wirken, dass die Tätigkeit des Verbandes zur Erfüllung seiner Zwecke keinen sozialschädlichen Charakter annehme. Die von ihm vorgeschlagene dogmatische Begründung wurde auch als eine „Verurteilung unter einer Kollektivbezeichnung" beschrieben.[457]

Auch andere Stimmen in der Literatur gehen von der grundsätzlichen Möglichkeit einer originären Verantwortlichkeit von juristischen Personen und Personenvereinigungen aus. Die These der Unvereinbarkeit der Körperschaftsstrafe mit dem sozialethischen Schuldbegriff sei eine unbewiesene Behauptung. Tatsächlich widerspreche die Verhängung einer Strafe gegenüber einem Verband dem Schuldprinzip nicht.[458] Der Gesetzgeber habe juristischen Personen auch aufgrund ihrer körperschaftlichen Verfassung Rechtsfähigkeit verliehen und sie damit zur gleichwertigen Teilnahme am Rechtsverkehr befähigt. Daher träfen juristische Personen rechtlich auch Pflichten, für deren Erfüllung sie einzustehen hätten.[459] Es sei nicht einzusehen, warum gegenüber einer juristischen Person, die die ihr bei Strafe obliegenden Rechtspflichten vorsätzlich oder infolge der Vernachlässigung der im Verkehr erforderlichen Sorgfalt nicht erfüllt hat, nicht ein diesbezüglicher Vorwurf erhoben werden sollte.[460] Die Vertreter dieser Auffassung gründen ihre Überlegungen auf die Frage, wem durch ein solches Urteil gegen eine juristische Person oder Personenvereinigung ein Unrecht zugefügt werde.[461] Sie kommen zu dem Ergebnis, dass dies jedenfalls gegenüber dem delinquenten Verband nicht der Fall sei. Und auch die Mitglieder und Vertreter der juristischen Person oder Personenvereinigung würden nicht in ungebührlicher Weise getroffen. Die Mitglieder träten im Verfahren überhaupt nicht auf und würden durch das Urteil lediglich in ihren Mitgliedschafts- und Vermögensrech-

---

456 Busch, S. 177.

457 Schwinge, S. 102; Engisch, Verh. 40. DJT, Band II, S. E 25; nach Lange, JZ 1962, 261, 263.

458 Von Weber, GA 1954, 237, 240.

459 Von Weber, DRiZ, 1951, 153, 155; ders., GA 1954, 237, 239 f.

460 Zustimmend Ackermann, S. 229.

461 Zustimmend Pohl-Sichtermann, Geldbuße, S. 7, die darauf hinweist, dass die Frage, wem durch eine Verbandsstrafe Unrecht zugefügt werde, den Kern der Diskussion um die Verbandsstrafe hätte bilden müssen, die Strafrechtslehre eine Antwort hierauf bislang aber schuldig geblieben sei.

ten mitbetroffen. Die Vertreter des Verbandes würden lediglich als solche und nicht selbst als Beschuldigte im Verfahren auftreten.[462]

bb. Parallele zum zivilrechtlichen Verschulden

Durch einen Vergleich des als Voraussetzung der bürgerlich-rechtlichen Haftung juristischer Personen regelmäßig erforderlichen Verschuldens mit dem Schuldbegriff des Strafrechts, will Rotberg[463] die Schuldfähigkeit der Verbände im strafrechtlichen Sinne begründen. Für den Vergleich der Schuldbegriffe beider Rechtsgebiete hält er sowohl den Bereich der Vertragsverletzungen, besonders aber das Recht der unerlaubten Handlung für geeignet. So kann nach Ansicht Rotbergs auch eine Vertragsverletzung einen sittlichen Vorwurf gegen den Vertragsbrüchigen begründen, mithin also auch ein sittliches Unwerturteil über denjenigen Vertragspartner rechtfertigen, der sich nicht an die Vereinbarungen eines wirksam geschlossenen Vertrages hält. Dass ein sittliches Unwerturteil in Form einer sozialethischen Vorwerfbarkeit gegenüber einer juristischen Person oder Personenvereinigung auch dem Zivilrecht nicht fremd sei, macht der Autor vor allem aber an Hand der Regelungen der unerlaubten Handlung, insbesondere am Tatbestand des § 826 BGB sowie § 1 UWG fest.[464] Die vorsätzliche sittenwidrige Schadenszufügung, mithin also die sittliche Vorwerfbarkeit des schädigenden Verhaltens werde hier gerade zum Tatbestandsmerkmal einer bürgerlichrechtlichen Haftung gemacht. Entgegen dem nehme auch im Strafrecht der Schuldvorwurf keineswegs immer sittliche Färbung an. Dies sei namentlich im Bereich der Fahrlässigkeit der Fall, wo sich der Schuldvorwurf sowohl im Zivilrecht als auch im Strafrecht auf einen Mangel zumutbarer Sorgfalt beschränke. Rotberg gelangt nach alledem zu dem Ergebnis, dass sich das Kriterium der sozialethischen Vorwerfbarkeit, anhand dessen die herrschende Meinung die Unübertragbarkeit zivilrechtlicher Schuld auf das Strafrecht ausschließe, nicht als Unterscheidungskriterium zwischen zivilrechtlicher und strafrechtlicher Schuld eigne.[465]

---

462 Von Weber, GA 1954, 237, 240; ders., DRiZ, 1951, 153, 155 f.

463 Rotberg, FS-DJT, S. 198 ff.

464 In diesem Sinne argumentiert neuerdings auch Ehrhardt, S. 191.

465 Vgl. Ehrhardt, S. 46; Müller, S. 20.

cc. Schuld als negative Ehre

Einige Autoren[466] versuchen eine Schuldfähigkeit juristischer Personen und Personenvereinigungen daraus abzuleiten, dass sie den strafrechtlichen Schutz der Verbandsehre als Begründungsansatz heranziehen. Die Rechtsprechung[467] habe Verbände für beleidigungsfähig erklärt, ihnen damit einen eigenständigen sittlich-sozialen Wert zugesprochen, mithin also eine selbständige Ehre zuerkannt. Denn eine Beleidigung stelle nichts anderes dar, als ein unverdientes zur Last legen eines sittlichen Versagens.[468] Wer aber Träger einer Ehre sei, also einen sozialethischen Wert für sich in Anspruch nehme und den Schutz dieses Wertes durch die Rechtsordnung fordern könne, dem müsse auch dieser Wert im Falle des Missbrauches der ihm eingeräumten Rechtsstellung abgesprochen werden können.[469] Ebenso wie man juristische Personen beleidigen, ihnen also ungerechtfertigter Weise ihren sittlichen Geltungswert absprechen könne, müsse es auch möglich sein, ihnen im Falle des Missbrauchs ihrer Rechtsstellung ein tatsächliches sittliches Versagen vorzuwerfen. Denn wer Ehrenschutz genießt, müsse auch bestraft werden können.[470] Das hierzu erforderliche Unwerturteil setze aber gerade die Empfänglichkeit des betroffenen Verbandes für einen entsprechenden Vorwurf voraus. Besitze aber eine juristische Person Ehre und damit einen sittlichen und sozialen Wert, dann müsse ihr auch ein eben solcher Vorwurf gemacht werden können, wenn sie unrechtmäßig gehandelt habe.[471]
Die Vertreter dieser Auffassung gehen somit davon aus, dass aus dem Vorliegen einer als schutzwürdig anerkannten Ehre eines Rechtssubjektes auch auf dessen Schuldfähigkeit geschlossen werden könne und anders herum.[472] Schuld sei hiernach das negative Abbild des in der Ehre anerkannten sittlich-sozialen Wertes.[473]

dd. Schuld als soziale Verantwortung

In neuerer Zeit wird von Teilen der Literatur der Versuch unternommen, den Aspekt der sozialen Verantwortung im Rahmen des Schuldbegriffs hervorzuhe-

---

466 Erhardt, S. 190 f.; Rotberg, FS-DJT, S. 201; Bockelmann, Niederschriften, Band IV, S. 329 f.; Hirsch, Personenverbände, S. 14; Ackermann, S. 227 ff.
467 BGHSt 6, 186 ff.
468 Hirsch, Ehre und Beleidigung, S. 91.
469 Rotberg, FS-DJT, S. 201.
470 Bockelmann, Niederschriften, Band 4, S. 329.
471 Ackermann, S. 229.
472 A.A.: Rotenpieler, S. 287 f., der anmerkt, dass ein stringenter Schluss weder von der Schuldfähigkeit auf die Ehrfähigkeit von Verbänden noch umgekehrt möglich sei.
473 Ehrhardt, S. 190; vgl. van Jeger, S. 89.

ben und auf der Grundlage dieses neu gefassten Schulverständnisses auch eine Schuldfähigkeit juristischer Personen und Personenvereinigungen zu entwickeln. Nach diesem neuen Verständnis soll der Schuld nur noch eine strafbegrenzende Funktion zukommen. Von den Vertretern dieser Lehre wird der Schuldbegriff als Derivat der Generalprävention bezeichnet und der Versuch unternommen, ihn allein oder vorrangig von den Präventionszwecken der Strafe her zu bestimmen.[474]

Müller[475] regt an, den Versuch zu unternehmen, die Funktion, die das strafrechtliche Schuldprinzip in unserer Rechtsordnung übernimmt, durch eine andere Systemkategorie zu ersetzen und durch die so gefundene Kategorie die Verbandsstrafe zu legitimieren. Der überlieferte herkömmliche Schuldbegriff bedürfe einer Entmythologisierung.[476] Auch komme dem Staat keine metaphysische Aufgabe zu. Nach dieser Auffassung gehe es bei der Frage der Schuld nicht mehr um die Frage sittlicher und moralischer, sondern allein um die Frage sozialer Verantwortlichkeit.[477] Heute trete verstärkt die soziale Aufgabe des Strafrechts in den Vordergrund.[478] Auf diesem Grundgedanken aufbauend könnte eine Legitimationsgrundlage für die Bestrafung von Verbänden entwickelt werden. Hierbei sollte dann anstatt von Schuld besser von Verantwortlichkeit gesprochen werden, um den Gehalt der individualstrafrechtlichen Schuld zu erhalten. Die Gesellschaft stelle auch an Verbände die Erwartung normgemäßen Verhaltens. Der materielle Gehalt des Begriffes Verantwortlichkeit als Legitimationsgrundlage für eine Bestrafung von Verbänden bestehe also in dem Zurückbleiben des Verbandes hinter den an ihn gestellten Anforderungen an die Beachtung der Rechtsordnung. Dem Verband werde so nicht das Verschulden des delinquenten Verbandsmitgliedes zugerechnet, sondern er hafte selbst für die Verletzung der Pflicht zur wirksamen innerbetrieblichen Kontrolle.

ee. Zurechnung der Schuld des Verbandsvertreters

Die überwiegende Zahl der Autoren, die sich für die Bejahung der Schuldfähigkeit von juristischen Personen und Personenvereinigungen einsetzen, versuchen

---

474 Siehe nur Nachweise bei Wessels/Beulke, Rn. 398; vgl. Achenbach, Individuelle Zurechnung, S. 135 ff.; Tiedemann, NJW 1988, 1169, 1172; ablehnend: Maiwald, FS-Lackner, S. 149 ff.

475 Müller, S. 20 ff.

476 Baumann, Umbruch, S. 35; Müller, S. 21.

477 Baumann/Weber/Mitsch, AT § 18, Rn. 27; Baumann, Umbruch, S. 35; Müller, S. 21; zum sozialen Schuldbegriff siehe auch: Schünemann, Entwicklung der Schuldlehre, S. 147 ff.

478 Müller, S. 21; vgl. Stratenwerth, Schuldprinzip, S. 28.

dies auf dem Weg der Zurechnung des Organverschuldens gegenüber dem Verband zu erreichen. So wird teilweise die Auffassung vertreten, es verstoße keineswegs gegen den Verfassungsgrundsatz nulla poena sine culpa, einer juristischen Person das Verschulden der für sie handelnden natürlichen Personen zuzurechen. Dabei wird für die Zurechnung des Verschuldens ausdrücklich auf eine Parallele zum Zivilrecht hingewiesen. Die Zurechnung der strafrechtlichen Schuld solle danach ähnlich wie in § 31 BGB möglich sein.[479] Die zivilrechtliche Literatur und Rechtsprechung leite aus § 31 BGB ein über den eigentlichen Wortlaut der Norm hinausgehendes Haftungsprinzip ab. Hiernach sei auch die Zurechnung einer schuldhaften Organhandlung gegenüber einer juristischen Person oder Personenvereinigung möglich.[480] § 31 BGB sei als Ausprägung des allgemeinen auch im Straf- und Ordnungswidrigkeitenrecht geltenden Grundsatzes zu verstehen, wonach juristische Personen und Personenvereinigungen für das Verschulden der für sie handelnden natürlichen Personen einzustehen haben.

(1) Mangelndes Entgegenwirken gegen kriminogene Faktoren

Andere Stimmen gestehen zwar zu, dass sich bei Kollektiven ein mit der Willensbildung von Individuen vergleichbarer natürlicher Vorgang der Entscheidungsfindung nicht feststellen lässt. Dennoch müsse dem Gesetzgeber, der die Verbände erst mit Rechtsfähigkeit ausstatte, in gleichem Maße auch die Befugnis zugesprochen werden, anordnen zu können, dass die Schuld, die ein für den Verband handelndes Individuum auf sich lädt, einen Vorwurf auch gegenüber der juristischen Person oder Personenvereinigung begründet, dieser also zugerechnet werden kann.[481] Dass auch Verbände Adressaten kriminalstrafrechtlicher Vorschriften sein können, steht für die Vertreter der hier beschriebenen Auffassung außer Frage. Als Rechtssubjekte würden auch juristische Personen und Personenvereinigungen für die Erfüllung der an sie gerichteten Rechtspflichten einzustehen haben.[482] Gerade aus der Prämisse, dass jede Rechtspflicht auch eine sittliche Pflicht beinhalte, folge klar, dass juristische Personen, die als Rechtssubjekte Träger von Pflichten seien, auch als Adressaten sittlicher Pflichten in Betracht kämen. Ein Zurückbleiben hinter diesen an sie gerichteten Forde-

---

479 Göhler, Vor § 29 a, Rn. 12; Baumann/Weber/Mitsch, AT, § 18, Rn. 27; Ackermann, S. 230; Weber, ZStW 96 (1984) 376, 411 f.; vgl. Schroth, Sanktionsobjekte, S. 204 ff.

480 A.A.: Alwart, ZStW 105 (1995) 752, 762 f., der kritisch zum Ausdruck bringt, dass im Rahmen des § 31 BGB auf die Handlung des Organs, etc. abgestellt werde, um eine Schadensersatzpflicht des Vereins zu begründen, nicht hingegen auf die personalen Qualitäten der handelnden natürlichen Person.

481 Ehrhardt, S. 186 f.; Baumann/Weber/Mitsch, AT, § 18, Rn. 27; Ackermann, S. 231.

482 Ehrhardt, S. 187.

rungen stelle ein rechtliches und zugleich sittliches Versagen des Verbandes dar, das ihm gegenüber auch einen entsprechenden Vorwurf zulasse.[483] Die Zurechnung der Schuld scheitere mithin nicht daran, dass Verbände nicht zu einem sittlichen Handeln in der Lage seien.

Die Zurechnung der Schuld des Organs gegenüber dem Verband bedürfe jedoch einer besonderen Legitimation. Diese solle darin zu sehen sein, dass der Verband etwas „dafür können muss", dass sein Vertreter sich normwidrig verhalten habe. Erforderlich sei in soweit ein innerer Zusammenhang zwischen der schuldhaften Verwirklichung eines Straftatbestandes durch das Individuum und dem von ihm repräsentierten Verband. Die Eingliederung des Individuums in einen Verband löse bei jedem Einzelnen verschiedene kriminogene Wirkungen aus. Es liege in der Verantwortung des Verbandes, durch eine sorgfältige Auswahl der Mitarbeiter, der Sicherstellung eines funktionierenden innerbetrieblichen Informations- und Kommunikationssystems, der Straffung der hierarchischen Strukturen und durch die Bestärkung der Angestellten darin, dass Gesetzestreue im Zweifel der Gewinnerzielung vorgehe, diesen kriminogenen Faktoren entgegenzuwirken. Komme der Verband seiner Pflicht hierzu nicht nach, sei darin die Legitimation zu sehen, das Verschulden des Verbandsvertreters auch dem Verband selbst als eigenes Verschulden zurechnen zu können.[484] Die Zurechnung der Schuld des handelnden Individuums gegenüber der juristischen Person oder Personenvereinigung sei nach alledem also nicht ausgeschlossen. Ihre Legitimation findet sich darin, dass die Begehung der Tat der natürlichen Person auf Versäumnissen und Fehlleistungen des Kollektivs beruhe. Denn obwohl der Verband in der Lage gewesen wäre, den kriminogenen Faktoren, denen der Täter ausgesetzt gewesen sei, entgegenzuwirken, habe er dies nicht in ausreichendem Maße getan.

(2) Schuldvorwurf wegen der nicht genutzten Möglichkeit des Andershandelnkönnens

Schroth[485] geht davon aus, dass Unternehmen nach Maßgabe des heutigen Unternehmensstrafrechts und des Schuldprinzips, also bereits de lege lata, als schuldfähig anzusehen sind. Denn der Gesetzgeber habe durch die Schaffung von schuldabhängigen Verbandssanktionen bereits eine spezifische Verantwortlichkeit juristischer Personen und Personenvereinigungen anerkannt.[486] Unter

483 Ehrhardt, S. 190; Hirsch, Ehre und Beleidigung, S. 94.
484 Ehrhardt, S. 192 ff.
485 Schroth, Sanktionsobjekte, S. 191 ff.
486 In diesem Sinne auch KK-Rogall, § 30, Rn. 8 ff., 11.

der Geltung des normativen Schuldbegriffes sei der Ausschluss von Unternehmen aus dem Kreis der tauglichen Adressaten eines Schuldvorwurfes nicht zwingend. Denn der Gesetzgeber könne im Rahmen general- und spezialpräventiver Überlegungen die Reichweite der Tatverantwortung und damit auch den Kreis der Schuldadressaten selbst bestimmen.[487]

Der heute herrschende normative Schuldbegriff ermögliche ein Schuldurteil nach rechtlichen Gesichtspunkten. Entscheidend sei das schuldhafte Abweichen des Täters von den an ihn gerichteten Verhaltensanforderungen. Da Unternehmen handlungsfähig seien, könnten sie auch gegen Verhaltensanforderungen verstoßen, die in an sie gerichteten Rechtspflichten enthalten sind. Unter Berücksichtigung des normativen Schuldbegriffs entstehe so auch Raum für einen an Unternehmen gerichteten Schuldbegriff.[488] Der Schuldvorwurf beziehe sich auch auf die verantwortliche Entscheidung für das Unrecht. Dieser Vorwurf sei aber nicht rein individual-ethischen Charakters, weil sich individuell-menschliche Schuld nicht beweisen lasse, sondern nur analog festgestellt werden könne. Dabei werde das Verhalten des Täters in Beziehung gesetzt zu den an einen Durchschnittsmenschen gestellten Verhaltensanforderungen. Eine solche Schuldfeststellung könne auch auf Verbände Anwendung finden, indem ihr Verhalten mit den Verhaltensanforderungen an ein Durchschnittsunternehmen verglichen werde.[489] Der Gedanke der Verantwortung sei zwar untrennbar mit der Vorstellung menschlichen Fehlverhaltens verknüpft. Das bedeute aber nicht, dass es sich stets um einzelmenschliches, organisationsfreies Verhalten handeln müsse. Der Gesetzgeber mache deutlich, dass nicht nur menschlich-privates Einzelverhalten, sondern auch Verhaltensweisen von Unternehmen zu verantworten seien. In jedem Unternehmensverhalten drücke sich, durch die innere Organisation des Verbandes und die gesetzlichen Vorgaben zur inneren Entscheidungsfindung, vermittelt durch die Verbandsorgane, menschliche Willensbildung aus. Gerade die Zuordnung von Organen gewährleiste bei Verbänden, dass der Verbandswille in die Tat umgesetzt werde. Komme es bei dieser Umsetzung zu einem Rechtsverstoß, bestehe hierin eine fehlerhafte kollektive Willensbildung auf der Verbandsebene, mithin eine Unternehmensschuld.[490] Der Schuldvorwurf beziehe sich auch auf die nicht genutzte Möglichkeit des Andershandelns. Unternehmen müsste eine eigene Schuld zur Last gelegt werden können. Eine solche Unternehmensschuld könnte sich jedoch nur in dem schuldhaften Verhalten der für die Unternehmen verantwortliche handelnden natürlichen Personen äußern. Das Verhalten dieser Personen müsste dann als

---

487 Schroth, Sanktionsobjekte, S. 199.
488 Schroth, Sanktionsobjekte, S. 198 f.
489 Schroth, Sanktionsobjekte, S. 199 f.
490 Schroth, Sanktionsobjekte, S. 201 f.

eigenes Verhalten der Unternehmen angesehen werden. Aufgrund dieser Konstellation könnte man dann von einer Organisationsschuld sprechen. Für diese Zurechnung bedürfe es jedoch unternehmensstrafrechtlicher Zurechnungsnormen.[491] Diese Zurechnungsnormen erblickt Schroth in den §§ 75 StGB, 29 und 30 OWiG. In ihrem Wortlaut ließen diese Normen eine Zurechnung der Schuld des Verbandsvertreters zwar offen, dennoch ließen sich diese Regelungen gerade schulddogmatisch fundieren, wenn in ihnen Zurechnungsvorschriften einer funktionalen Organschuld gesehen würden.

(3) Identität von individueller und kollektiver Antriebssteuerung

Auch nach anderen Stellungnahmen werden Verbände bereits als de lege lata schuldfähig angesehen. Nach der Ansicht van Jegers[492] habe der Gesetzgeber bei der Schaffung des § 30 OWiG die Fähigkeit von juristischen Personen und Personenvereinigungen zu einer verantwortlichen Handlung im Sinne des Ordnungswidrigkeitengesetzes vorausgesetzt.[493] Dem Verband werde gemäß § 30 OWiG das Verschulden der für ihn tätig werdenden Organe als eigenes Verschulden zugerechnet. Da aber die Zurechnung von Verschulden nur zulässig sei, wenn auch derjenige, gegenüber dem die Zurechnung erfolgt – hier also die juristische Person oder Personenvereinigung –, verantwortlich im Sinne des Ordnungswidrigkeitengesetzes sein könne, sei davon auszugehen, dass nicht nur natürliche Personen, sondern auch juristische Personen und Personenvereinigungen die für eine ordnungswidrigkeitenrechtliche Verantwortlichkeit notwendige Einsicht haben, etwas Unerlaubtes zu tun.[494] Die Zurechnung der Verantwortlichkeit von Organen für juristische Personen und Personenvereinigungen im Sinne des Ordnungswidrigkeitengesetzes sei dabei jedoch nur zu begründen, wenn auch den Verbänden die Fähigkeit zukomme, mit Blick auf die der Anknüpfungstat zugrunde liegende Zuwiderhandlung, im Rahmen ihrer für ihre Antriebssteuerung relevanten Willensbildung das Unerlaubte der Verbandshandlung einzusehen und ihren Willen nach dieser Einsicht zu bestimmen.[495]

Ähnlich wie bei der Entwicklung der Handlungsfähigkeit von Verbänden, wendet van Jeger auch bei der Frage der Verantwortlichkeit die zur Einsichts- und Steuerungsfähigkeit von natürlichen Personen entwickelten Grundsätze entspre-

---

491 Schroth, Sanktionsobjekte, S. 203 f.
492 Van Jeger, S. 79 ff.
493 Van Jeger, S. 100.
494 Van Jeger, S. 101.
495 Van Jeger, S. 107.

chend auf Verbände an. Nach van Jeger besteht die Verbandshandlung aus zwei Systembausteinen.
Zum einen aus der Verbandsverfassung, der die Aufgabe zukomme, zu klären, ob die Handlung des Organs dem Verband als eigene Handlung zugerechnet werden könne. Sie entspreche der Psyche der natürlichen Person als dem Ort, in dem der Wille gebildet werde. Sie sei das Ergebnis einer kollektiven Willensbildung und damit im Ergebnis Ausdruck menschlicher Schöpfungskraft und Beherrschung, die sich im Außenverhältnis als Handlung manifestiere.[496]
Zweiter Systembaustein sei die Organhandlung. So wie der Körper der natürlichen Person den von der Psyche gebildeten Willen umsetze, so versetzten die Organe der juristischen Person oder Personenvereinigung der Verbandsverfassung durch ihren Vollzug Außenwirkung.[497] Dabei komme ihnen anders als dem Körper der natürlichen Personen allerdings eine zusätzliche Funktion im Rahmen der Willensbildung zu. Während der Körper der natürlichen Person den in der Psyche gebildeten Willen lediglich in Muskelanspannung umsetze, müssten die Vorgaben der Verbandsverfassung durch die Organhandlung noch eine Konkretisierung hinsichtlich der Art und des erforderlichen Umfanges der Handlung erfahren.[498] Der Wille des handelnden Organs sei damit sowohl für die Handlung des Organs als natürlicher Person als auch für die Verbandshandlung selbst relevant. Indem der Verbandsvertreter durch sein Handeln erst die Verbandsverfassung konkretisiere, stelle seine Fähigkeit, das Unerlaubte seiner Handlung einzusehen, zugleich auch die Einsichtsfähigkeit des Verbandes dar. Und durch die Fähigkeit des Organs, seinen Willen auf der Grundlage seiner Einsichtsfähigkeit zu bestimmen, werde zugleich auch die Steuerungsfähigkeit des Verbandes vermittelt. Die Antriebssteuerung der Vertreterhandlung fällt nach der Ansicht van Jegers also mit der Antriebssteuerung der Verbandshandlung zusammen. Es bestehe insoweit eine systemimmanente Identität der Antriebssteuerung der Handlung des Organs als natürliche Person und der hierauf beruhenden Verbandshandlung.[499]

Im Ergebnis stellt van Jeger letztlich darauf ab, dass die personalen Fähigkeiten des für den Verband handelnden Organs, die allgemein für die Schuldfähigkeit eines Rechtssubjektes als erforderlich erachtet werden, und die die herrschende Meinung den juristischen Personen und Personenvereinigungen gerade abspricht, gleichfalls als Fähigkeiten des Verbandes selbst anzusehen seien. Die Fähigkeit der für den Verband handelnden natürlichen Person, sich für das Recht

---

496 Van Jeger, S. 55 ff., 107 f.
497 Van Jeger, S. 55 ff.
498 Van Jeger, S. 108 f.
499 Van Jeger, S. 109.

und gegen das Unrecht entscheiden zu können, sieht er damit zugleich als eigene Fähigkeit der juristischen Person oder Personenvereinigung hierzu an.

3. Schuld und Verantwortlichkeit von juristischen Personen und Personenvereinigungen

a. Ansätze zur Begründung der Schuldfähigkeit von Verbänden

Die zuvor dargestellten Versuche, die Schuldfähigkeit von juristischen Personen und Personenvereinigungen herzuleiten, weisen zum Teil beachtliche Begründungsansätze auf. Doch vermögen diese Konstruktionen wirklich das auf Verbände zu übertragen, was Schuld im Bereich des Individualstrafrechts ausmacht?

Der Versuch, die Schuldfähigkeit der Verbände auf der Grundlage zivilrechtlich geprägter Überlegungen zu begründen, kann deshalb nicht gelingen, weil sich der Schuldbegriff des Zivilrechts und der des Strafrechts in wesentlichen Gesichtspunkten gerade nicht entsprechen und unterschiedliche Funktionen erfüllen. Das Vertretenmüssen im Sinne des Zivilrechts bewertet als Voraussetzung für einen Schadensersatzanspruch im Wesentlichen einen Lebenssachverhalt, hierbei steht aber kein Unwerturteil über eine Person im Vordergrund. Für das Verschulden oder die Verantwortlichkeit im Sinne des Straf- beziehungsweise Ordnungswidrigkeitenrechts hingegen ist gerade entscheidend, dass der Person des Täters der Vorwurf gemacht werden kann, sich gegen die Sollensnormen der Rechtsordnung gestellt zu haben.[500] Vom zivilrechtlichen Verschulden kann danach nicht auf eine Schuld im Sinne des Straf- oder Ordnungswidrigkeitenrechts geschlossen werden.
Ähnliches gilt für den angeführten Ehrenschutz der Verbände. Zwar wird man etwa einem Unternehmen eine äußere Ehre im Sinne eines guten Rufes zugestehen können.[501] Eine Ehre, wie sie dem Menschen als Träger geistiger und sittlicher Werte zukommt, kann einer juristischen Person oder Personenvereinigung jedoch nicht zugesprochen werden.

---

500 Vgl. Brender, S. 58 f.; van Jeger, S. 89 f.

501 Vgl. BGHSt 11, 67, 70: Der BGH vertritt einen normativ-faktischen Ehrbegriff, er unterscheidet dabei zwischen einer inneren Ehre, die dem Menschen als Träger geistiger und sittlicher Werte zukommt, und einer äußeren Ehre, das heißt dem guten Ruf innerhalb der Gesellschaft.

Genauso wenig kann es als richtig erachtet werden, den Schuldbegriff und die in ihm verkörperten Anforderungen zugunsten einer Verbandsstrafbarkeit umzuinterpretieren oder gar einen ganz neuen Schuldbegriff zu kreieren. Sicherlich wird man eingestehen müssen, dass die Akzente innerhalb dessen, was man unter den Schuldbegriff fassen will, entsprechend den sich wandelnden Umständen im wirtschaftlichen, sozialen und gesellschaftlichen Leben ebenfalls gewissen Anpassungsvorgängen unterworfen sind. In diesem Zusammenhang ist auch anzuerkennen, dass die Frage der sozialen Verantwortung in der Vergangenheit an Bedeutung gewonnen hat. Den Schuldbegriff aber gänzlich unter eine rein soziale Verantwortung zu subsumieren und sittliche und moralische Aspekte gänzlich außer Betracht zu lassen, erscheint dabei jedoch alles andere als angebracht und ist daher abzulehnen.[502]

Auch die Konstruktion einer Verbandstat van Jegers[503], als Beteiligung sui generis des Verbandes an der Tat des Verbandsvertreters, wirft einige Zweifel auf. Mit diesem Verständnis einer Verbandstat bringt van Jeger zum Ausdruck, dass er die Taten, die im Zusammenhang mit der Tätigkeit juristischer Personen und Personenvereinigungen begangen werden, nicht als eigenständige Taten des Verbandes verstanden wissen will. Er bewertet die Verbandstat als Beteiligung des Verbandes an der Tat des Organs, mithin also nicht als wirklich eigenständige Tat der juristischen Person oder Personenvereinigung. Vielmehr erscheint die Verbandstat nach dieser Auffassung lediglich als Anhängsel an die Individualtat des Verbandsvertreters. Damit folgt sein Ansatz im Grunde der Idee des Gesetzgebers, der die Verbandsgeldbuße zunächst als Nebenfolge der Tat des Verbandsvertreters verstanden wissen wollte. Zwar wertet van Jeger die Verbandstat von einer reinen Nebenfolgenregelung zu einer Teilnahmeform[504] auf, bleibt der dahinter stehenden Grundidee aber dennoch verhaftet. Ob diese Konstruktion damit den zahlreichen Bemühungen in der Literatur gerecht wird, eine Gleichbehandlung der Verstöße im Zusammenhang mit der Tätigkeit von juristischen Personen und Personenvereinigungen mit den Verstößen natürlicher Personen zu erreichen, erscheint mehr als fraglich.
Besondere Voraussetzung für die Konstruktion van Jegers als Beteiligung des Verbandes an der Tat des Vertreters ist das Erfordernis einer strengen Akzessorietät.[505] Anders als bei den bekannten Teilnahmeformen des Strafgesetzbuches soll hier also nicht eine tatbestandsmäßige und rechtswidrige Haupttat genügen. Die Haupttat muss vielmehr auch schuldhaft verwirklicht worden sein. Van Je-

---

502 Ebenso: Brender, S. 57 ff.

503 Vgl. näher zur Konstruktion van Jegers oben: 2, c, ee, (3) sowie van Jeger, S. 55 ff., 79 ff., 100 ff.

504 Van Jeger, S. 72 ff.; van Jeger versteht die Verbandsgeldbuße i.E. als Rechtsfolge einer Verbandsbeteiligung sui generis.

505 Van Jeger, S. 73 ff.

ger begründet dies damit, dass nach seiner Auffassung die Einsichts- und Steuerungsfähigkeit des Organs gleichzeitig auch die Einsichts- und Steuerungsfähigkeit des Verbandes darstellt. Eine Verantwortlichkeit des Verbandes kommt daher nach van Jeger nur in Betracht, wenn auch das handelnde Organ bei der Tatbegehung verantwortlich im Sinne des Ordnungswidrigkeitengesetzes gehandelt hat. Daher kann es zwangsläufig nur eine schuldhafte Tat des Verbandes geben, wenn auch das Organ vorwerfbar gehandelt hat. Handelt der Verbandsvertreter nicht schuldhaft, liegt auch keine Verantwortung des Verbandes vor. In der Teilnahmelehre des Strafgesetzbuches gilt hingegen die limitierte Akzessorietät. Dass heißt, es ist lediglich eine vorsätzliche und rechtswidrige, nicht aber eine schuldhafte Anknüpfungstat erforderlich. Hier kann es also dazu kommen, dass der eigentliche Täter schuldlos, der Teilnehmer aber schuldhaft handelt. § 29 StGB erklärt dies damit, dass jeder Beteiligte ohne Rücksicht auf die Schuld des anderen nach seiner Schuld bestraft werden soll. Van Jeger hingegen setzt die Verantwortung des Verbandsvertreters aufgrund der „systemimmanenten Identität der Antriebssteuerung" von Verbandsvertreter und Verband mit der Verantwortung des Verbandes gleich. Daraus folgt, dass eine wie in § 29 StGB geforderte differenzierte Bestrafung jedes einzelnen Täters nach seiner Schuld nach dem Modell van Jegers nicht möglich ist, da das Maß der Verantwortung des Verbandes mit dem des Verbandsvertreters gleichgesetzt wird.

b. Die Unfähigkeit zu eigenem schuldhaftem Handeln

Wie die Konstruktion van Jegers, so vermögen auch die anderen Stimmen, die über eine Zurechnung der Schuld des Verbandsvertreters oder sonstiger Eigenschaften der Organe versuchen, die Schuld beziehungsweise Verantwortlichkeit juristischer Personen oder Personenvereinigungen herzuleiten, letztlich nicht zu überzeugen.[506]

Es liegt ja schon in der dogmatischen Figur der Zurechnung begründet, dass es sich bei der zuzurechnenden Eigenschaft nicht um ein Merkmal desjenigen handelt, dem es zugerechnet werden soll. Vielmehr wird ein Merkmal, das eigentlich nur in der Person eines Anderen vorliegt, auch als in der Person desjenigen vorliegend behandelt, gegenüber dem die Zurechnung erfolgt. Wird also dem Verband die Schuld des für ihn handelnden Verbandsvertreters zugerechnet, handelt es sich doch im Grunde nicht wirklich um eine eigene Schuld des Verbandes, sondern um die Schuld des Organs, die lediglich kraft Zurechnung auch als Schuld des Verbandes erscheinen soll. Und das ist es ja, was im Bereich der Handlungsfähigkeit durchaus noch vertretbar ist, für die Frage der Schuldfähig-

---

506 Zu den verschiednen Ansätzen der Zurechnung der Schuld des Verbandsvertreters siehe oben: 2, c, ee.

keit hingegen aber gerade unmöglich erscheint. Anders als die Handlung, die einen äußeren Lebenssachverhalt darstellt, beinhaltet die Schuld einen inneren Vorwurf gegenüber dem Täter. Ihm soll vorgehalten werden, dass er sich gegen das Recht entschieden hat, obwohl es ihm möglich gewesen wäre, das mit seinem Verhalten einhergehende Unrecht zu erkennen und sich deshalb für die Einhaltung der Rechtsordnung zu entscheiden.

Nun mag es auch im Bereich der strafrechtlichen Teilnahmelehre die Möglichkeit geben, einzelne Handlungen jemand anderem als dem tatsächlich Handelnden zuzurechen. Doch sollte dies auch für den Bereich der Schuld möglich sein? Nach § 46 Abs. 1 StGB ist die Schuld des Täters Grundlage für die Zumessung der Strafe. Richtig verstanden kann dies nur bedeuten, dass anders als bei der Handlung eine Zurechnung im Rahmen der Schuld gerade nicht erfolgen kann und nicht erfolgen darf. Denn würde dem einen Täter die Schuld eines anderen zugerechnet und die so entstandene Schuld zur Grundlage der Strafzumessung gemacht, würde der Täter nicht nur für seine eigene, sondern für fremde Schuld verantwortlich gemacht. Dass dies mit den Anforderungen des Schuldprinzips nicht in Einklang zu bringen ist, wird noch deutlicher durch § 29 StGB ausgedrückt. § 29 StGB bestimmt, dass jeder Beteiligte ohne Rücksicht auf die Schuld des anderen nur nach seiner eigenen Schuld bestraft werden soll. Die Schuld des Täters ist also ein höchstpersönlicher Umstand. Zurechnung von Schuld als Grundlage einer Sanktion bedeutete aber Verantwortlichmachen für die Schuld eines anderen.[507] Dies steht im klaren Widerspruch zu den dargestellten Grundsätzen des Schuldstrafrechts, die in §§ 29 und 46 Abs. 1 StGB ihre gesetzliche Konkretisierung finden.

Letztlich setzen die Befürworter einer Schuldzurechnung also die Schuld oder die Verantwortlichkeit des Verbandsvertreters mit der Schuld der Organisation gleich. Schuld ist jedoch etwas Höchstpersönliches, § 29 StGB bringt dies ganz unzweifelhaft zum Ausdruck. Und das ist es eben, was juristische Personen und Personenvereinigungen von Menschen unterscheidet. Auch wenn die Handlungen der Organe den Verbänden als eigene Handlungen zugerechnet werden können, so ist es dennoch stets das Organ und nur das Organ als natürliche Person, als Mensch und gerade nicht der Verband, der die Einsichtsfähigkeit besitzt, Unrecht zu tun. Handelt das Organ dann entgegen dieser Einsicht, kann dies zwar als Handlung des von ihm vertretenen Verbandes aufgefasst werden. Die Fähigkeit, das Unrecht der Handlung einzusehen, verbleibt jedoch einzig in der Person des handelnden Verbandsvertreters. Der Verband selbst ist hierzu nicht in der Lage.

---

507 In diesem Sinne auch: Lang-Hinrichsen, FS-Mayer, S. 53 f., Fn. 21.

c. Ergebnis

Zusammengefasst kann also mit der ganz überwiegenden Zahl der Stimmen in der Literatur angenommen werden, dass Schuld als Vorwerfbarkeit dessen zu verstehen ist, dass sich der Täter gegen das Recht und für das Unrecht entschieden hat, obwohl er die Möglichkeit gehabt hätte, das drohende Unrecht seines Handelns einzusehen und daraufhin sein Verhalten nach den Sollensnormen der Rechtsordnung auszurichten. Des Weiteren ist klar geworden, dass es auch bei Rechtsverstößen, die im Zusammenhang mit der Tätigkeit von juristischen Personen und Personenvereinigungen begangen werden, letztlich nur die für den Verband handelnden natürlichen Personen sein können, die in der Lage sind, zwischen Recht und Unrecht zu unterscheiden. Dieser Umstand wird auch von der überwiegenden Zahl der Befürworter einer Schuldfähigkeit von Verbänden anerkannt.[508] Es handeln also nur die Verbandsvertreter, nicht aber die juristischen Personen oder Personenvereinigungen unmittelbar schuldhaft. Damit wäre die Annahme einer Schuld von Verbänden also nur möglich, wenn ihnen die Schuld der Organe zugerechnet werden könnte. Zurechnung bedeutet aber, ein Merkmal, das in Wirklichkeit gar nicht in der Person des Zurechnungsadressaten vorliegt, als in seiner Person vorhanden anzunehmen. Die Zurechnung der Schuld des Organs gegenüber dem Verband würde also bedeuten, die Schuld des Organs als Schuld des Verbandes anzusehen. Damit würde der Verband letztlich nicht für seine eigene Schuld, sondern für die Schuld des Organs verantwortlich gemacht. Es ist jedoch in den vorangegangenen Überlegungen unzweifelhaft klar geworden, dass es sich bei der strafrechtlichen Schuld um einen höchstpersönlichen Umstand handelt. Aufgrund dieser Höchstpersönlichkeit der Schuld, muss die Schuld als ein Merkmal angesehen werden, das einer Zurechnung gegenüber einem Anderen nicht zugänglich ist. So wie die Schuld eines Menschen nicht einer anderen natürlichen Person zugerechnet werden kann, kann die Schuld eines Organs auch nicht dem durch ihn vertretenen Verband zugerechnet werden. Da also ein Verband weder unmittelbar selbst schuldhaft handeln kann, es aber ebenso nicht möglich ist, ihm die Schuld der für ihn handelnden natürlichen Personen zuzurechnen, ist klar, dass ein Verband keine strafrechtliche Schuld auf sich laden kann.

Es ist dabei kein Widerspruch, wie vorstehend, auf der einen Seite die Möglichkeit zu bejahen, Verbänden das Handeln der für sie tätig werdenden natürlichen Personen als eigene Handlungen zuzurechnen, auf der anderen Seite aber die Fähigkeit der juristischen Personen und Personenvereinigungen, selbst Schuld im strafrechtlichen Sinne oder Verantwortlichkeit im Sinne des OWiG auf sich laden zu können, abzulehnen. Denn Handlungsfähigkeit, das heißt die Fähigkeit

---

508 Vgl. nur: Schroth, Sanktionsobjekte, S. 201, 203 f.; Ehrhardt, S. 186 f.

der Verbände, durch ihre Vertreter selbst gegen Rechtspflichten zu verstoßen, ist für alle die Reaktionen der Rechtsordnung von Bedeutung, deren Verhängung nicht an die Voraussetzung schuldhaften oder verantwortlichen Handelns geknüpft werden.

4. Die Verbandsgeldbuße und das Schuldprinzip (2)

Mit § 30 OWiG gewährt das aktuelle Recht die Möglichkeit, gegenüber einer juristischen Person oder Personenvereinigung eine Sanktion in Form der Verbandsgeldbuße zu verhängen. Die vorangehenden Überlegungen kamen zu dem Ergebnis, dass Verbände einer Schuld im engeren strafrechtlichen Sinne nicht zugänglich sind. Im weiteren Verlauf der Untersuchung sollte nun auch eine Antwort auf die – schon zuvor aufgeworfene[509] – Frage zu finden sein, ob die Verbandsgeldbuße des Ordnungswidrigkeitenrechts mit dem Grundprinzip des Schuldstrafrechts in Einklang zu bringen ist. Dabei wird zu klären sein, welche Anforderungen an eine Vorwerfbarkeit im Sinne des Ordnungswidrigkeitenrechts zu stellen sind und ob diese von juristischen Personen und Personenvereinigungen erfüllt werden können.

a. Die Rechtsnatur von Ordnungswidrigkeit und Geldbuße

Auch das Ordnungswidrigkeitenrecht setzt für die Verhängung einer Geldbuße vorwerfbares Handeln voraus. § 1 OWiG enthält hierzu eine Legaldefinition, die eine Ordnungswidrigkeit als rechtswidrige und vorwerfbare Handlung beschreibt, die den Tatbestand eines Gesetzes verwirklicht. Fraglich erscheint daher, was die Voraussetzungen für eine Vorwerfbarkeit im Sinne des Ordnungswidrigkeitenrechts sind und inwieweit sich diese Vorwerfbarkeit vom Erfordernis der Schuld im Bereich des Kernstrafrechts unterscheidet.

Obwohl die deutsche Rechtsordnung mittlerweile auf eine lange Tradition der ordnungswidrigkeitenrechtlichen Bußgeldhaftung zurückblicken kann, ist der Unterschied zwischen einer Ordnungswidrigkeit und einer Straftat sowie den an sie geknüpften Rechtsfolgen nach wie vor nicht abschließend geklärt. Das Gesetz selbst gibt hierauf keine Antwort. Unterschiedlich bewertet wird in der Literatur und Rechtsprechung vor allem eine mögliche Antwort auf die Frage, ob zwischen Ordnungswidrigkeiten und Straftaten ein qualitativer oder nur ein quantitativer Unterschied besteht.

---

[509] Teil 1, C, I, 2.

Bei der Einführung des Ordnungswidrigkeitenrechts konzentrierte man sich zunächst auf den Bereich des Wirtschaftsstrafrechts. Es nahm das alte Verwaltungsstrafrecht wieder auf und diente der Abgabe von materiell abgegrenzten Bagatelldelikten an die Verwaltung zur nicht-kriminellen Ahndung sowie der Aussonderung der Ordnungswidrigkeiten aus dem Kriminalstrafrecht. Das Ordnungswidrigkeitenrecht wurde anfangs theoretisch damit begründet, dass Ordnungswidrigkeiten und Straftaten qualitative Unterschiede aufwiesen. Es wurde angenommen, dass die Ordnungswidrigkeit keine Rechtsgüter, sondern nur Verwaltungsgüter betreffe. Ihr Wesen sollte hiernach nur in einem bloßen Ungehorsam, einer Lässigkeit gegenüber den Verwaltungsbehörden liegen. Sie stelle daher kein besonderes ethisches Unwerturteil dar (sog. „aliud-Theorie"").[510] Im Laufe der Entwicklung ist aber immer deutlicher zum Vorschein gekommen, dass nicht nur Fälle des Verwaltungsungehorsams als Ordnungswidrigkeiten eingestuft worden sind. Vielmehr sind auch immer zahlreicher Fälle unter das Ordnungswidrigkeitenrecht gefasst worden, in denen der Rechtsgüterschutz gefährdet oder sogar beeinträchtigt ist.[511] Daher wird heute überwiegend auch von der Rechtsprechung vertreten, dass zwischen Straftat und Ordnungswidrigkeit lediglich eine quantitative Abstufung bestehe. Das Bundesverfassungsgericht hat dies so ausgedrückt, dass in dem Grenzbereich zwischen kriminellem Unrecht und Ordnungsunrecht nur graduelle Unterschiede bestünden.[512] Danach unterscheidet sich das Ordnungsunrecht vom Kriminalunrecht also nur durch seinen geringeren Unrechtsgehalt.[513]

Die einzige Rechtsfolge des Ordnungswidrigkeitenrechts, die Geldbuße, ist von den Sanktionsmöglichkeiten des Strafrechts im engeren Sinne zu unterscheiden.[514] Dies wird unter anderem daran deutlich, dass ihre Verhängung nicht in das Bundeszentralregister eingetragen wird, so dass der Betroffene nicht als vorbestraft gilt. Auch besteht anders als im Kernstrafrecht nicht die Möglichkeit der Ersatzfreiheitsstrafe.[515] Die nach §§ 96 ff. OWiG mögliche Erzwingungshaft stellt im Gegensatz hierzu eine reine Zwangs- und Beugemaßregel dar.[516]

---

510 BGHSt 11, 263, 264; Göhler, § 30, Rn. 4.

511 Göhler, § 30, Rn. 5; Jescheck/Weigend, AT, S. 58.

512 BVerfGE 51, 60, 74.

513 BVerfGE 8, 197, 207; 22, 49, 78 ff.; 51, 60, 74.

514 Göhler, § 30, Rn. 6 ff.; BVerfGE 27, 18, 33.

515 Zur Problematik der Eratzfreiheitsstrafe vgl. auch: Marcuse, GA 1917, 448, 496.

516 Jescheck/Weigend, AT, S. 59 f.

b. Vorwerfbarkeit des Handelns

Unterschiedlich bewertet wird die Geldbuße auch hinsichtlich der Frage, ob ihre Verhängung gegenüber dem Täter einen sozialethischen Vorwurf enthält. Von zahlreichen Stimmen wird vertreten, dass es der Geldbuße an dem mit der Kriminalstrafe notwendigerweise verbundenen sozialethischen Unwerturteil fehle. Zwar habe sie auch repressiven Charakter, dies sei erforderlich, weil die von ihr geahndeten Taten einen so erheblichen Grad von Gefährlichkeit aufwiesen, dass nur eine repressive Sanktion des Staates zu ihrer Ahndung ausreiche.[517] Ihr Zweck sei es aber nicht, eine Tat in dem Sinne zu sühnen, einen Ausgleich für sozialethische Schuld herbeizuführen. Vielmehr sei sie in erster Linie darauf gerichtet, eine bestimmte Ordnung durchzusetzen. Sie sei ein mit einer Sanktion verbundener und daher ein für den Betroffenen spürbarer Pflichtappell.[518]

Doch finden sich auch Vertreter, die der Geldbuße des Ordnungswidrigkeitenrechts sehr wohl die Qualität eines sozialethischen Unwerturteils beimessen.[519] Diese Auffassung gewinnt an Glaubwürdigkeit, wenn man sich darauf besinnt, aus welchen Regelungsmaterien das heutige Ordnungswidrigkeitenrecht besteht. Das Ordnungswidrigkeitengesetz besteht teils aus ausgelagerten Tatbeständen des Strafgesetzbuches und teils aus verwaltungsrechtlichen Bestimmungen. Bevor die aus dem Strafgesetzbuch ausgelagerten Tatbestände in das neu geschaffene Ordnungswidrigkeitengesetz eingegliedert wurden, hat an deren Unwertcharakter wohl kaum Zweifel bestanden. Dieser Normcharakter kann sich durch das Ausgliedern aus dem Strafgesetzbuch und das Eingliedern in das Ordnungswidrigkeitengesetz kaum geändert haben. Jedenfalls bezüglich der Tatbestände des Ordnungswidrigkeitenrechts, die ihren Ursprung im Kernstrafrecht finden, wird man also davon ausgehen müssen, dass sie einen sozialethischen Unwert beinhalten. Der sozialethische Unwertgehalt der ordnungswidrigkeitenrechtlichen Normen, die dem Verwaltungsrecht entstammen, mag anders zu beurteilen sein. Für die Beurteilung des Charakters der Normen, die dem Kernstrafrecht entstammen, kann dies aber nicht von Bedeutung sein. Denn alle diese Tatbestände, sowohl die mit strafrechtlichem als auch die mit verwaltungsrechtlichem Hintergrund, werden im heutigen Recht der Ordnungswidrigkeiten einheitlich als Ordnungswidrigkeit bezeichnet und mit der einheitlichen Sanktion der Geldbuße geahndet. Dies kann nicht dazu führen, dass den Tatbeständen, die ihren Ursprung im Strafrecht finden, der sozialethische Unwert aufgrund ihrer Eingliederung ins Ordnungswidrigkeitenrecht abgesprochen wird.[520] Selbst

---

517 Jescheck/Weigend, AT, S. 59.

518 Göhler, § 30, Rn. 9.

519 Ackermann, S. 222; Kaiser, S. 93.

520 Lang-Hinrichsen, FS-Mayer, S. 65 f.; Ackermann, S. 221.

wenn man der Verhängung einer Geldbuße nur den Charakter einer Pflichtenmahnung zukommen lassen will, ändert dies nichts an dieser Bewertung. Denn auch als Pflichtappell verstanden wird durch die Geldbuße ein nicht normgemäßes Verhalten getadelt, also ein Vorwurf erhoben.[521]

Auch in der Entwurfsbegründung zu § 19 EOWiG[522] wurde zur Begründung der Verbandsgeldbuße auf die Unterschiede zwischen einer Strafe nach dem Strafgesetzbuch und der Geldbuße des Ordnungswidrigkeitengesetzes eingegangen. Die Bedenken, die gegen eine Bestrafung juristischer Personen oder Personenvereinigungen bestünden, würden hiernach nicht in dem gleichen Maße für die Festsetzung einer Geldbuße gegen Verbände gelten. Zwar habe auch die Geldbuße repressiven Charakter und setze deshalb ein vorwerfbares Verhalten voraus, doch knüpfe ihre Festsetzung nicht notwendigerweise an ein Verschulden im Sinne eines sittlichen Vorwurfes an. Die Geldbuße drücke kein sittliches Unwerturteil aus. Über dies hinaus könnten etwaige dogmatische Bedenken ausgeräumt werden, wenn die Geldbuße gegenüber der Tat des Organs als Nebenfolge verstanden werde. Dieser Argumentation, die ohnehin zahlreicher Kritik ausgesetzt war, hat der Gesetzgeber selbst durch das 2. WiKG von 1986 die Grundlage entzogen, indem die hierin vorgenommene Neuregelung des § 30 OWiG die Streichung der Nebenfolgenregelung beinhaltete.

Fest steht also, dass auch die Verhängung einer Verbandsgeldbuße als repressive Sanktion gegenüber einem Verband einen Vorwurf beinhaltet. Dies drückt letztlich auch § 17 Abs. 3 OWiG deutlich aus, indem er bestimmt, dass Grundlage für die Zumessung der Geldbuße auch der Vorwurf ist, der den Täter trifft. Auch dieser Vorwurf des Ordnungswidrigkeitenrechts bezieht sich aber wie auch die Frage der Schuld im Kernstrafrecht darauf, dass rechtswidrig, also entgegen den Sollensnormen der Rechtsordnung gehandelt wurde, obwohl es dem Täter möglich gewesen wäre, den Verstoß gegen die Rechtsordnung als solchen zu erkennen und sich entsprechend den Anforderungen des Rechts zu verhalten. Ganz gleich aber, ob in diesem Vorwurf sittliches oder sozialethisches Unrecht angeprangert wird oder auch nicht, wiederum bedarf es auf Seiten des Täters der Fähigkeit, das Unrecht seines Handelns einzusehen und sein Verhalten daraufhin den Anforderungen des Rechts anzupassen. Dies ist aber nur Rechtssubjekten möglich, die selbst in der Lage sind, das Unrecht ihres Verhaltens einzusehen. Wie schon bei der Frage der strafrechtlichen Schuld gezeigt, geht jedoch Verbänden selbst diese Fähigkeit ab. Die Fähigkeit, über sein Handeln nachzudenken, es mit den Verhaltensanforderungen der Rechtsordnung zu vergleichen und erkennen zu können, ob hierin ein Verstoß gegen eine Rechtsnorm besteht oder

---

521 Ehrhardt, S. 188 f.

522 BT-Drucks. 5/1269, EOWiG, S. 58 f.

nicht, ist immer nur einer natürlichen Person gegeben, mag diese hierbei auch für einen Verband handeln. Es sind also stets nur die Verbandsvertreter als natürliche Personen, nicht aber die juristische Person oder Personenvereinigung selbst, denen diese Fähigkeit zukommt.[523] Damit verbliebe aber nur die Möglichkeit, den Verbänden die Vorwerfbarkeit des Handelns ihrer Vertreter zuzurechnen. Wie aber bereits dargelegt, würde dann der Verband als eigenständiges Rechtssubjekt für die Verantwortung eines anderen Rechtssubjektes, nämlich des Verbandsvertreters haftbar gemacht. Da die Verantwortlichkeit in gleicher Weise wie die strafrechtliche Schuld aber etwas Höchstpersönliches ist – ein anderer Schluss aus § 17 Abs. 3 OWiG wäre wohl kaum zulässig – muss eine Zurechnung der Verantwortlichkeit im Bereich des Ordnungswidrigkeitenrechts in gleicher Weise ausscheiden wie die Zurechnung der strafrechtlichen Schuld.[524]

c. Ergebnis

Die vorangegangenen Überlegungen haben gezeigt, dass auch die Geldbuße des Ordnungswidrigkeitenrechts eine repressive Sanktion darstellt, die einen Vorwurf gegenüber dem Täter beinhaltet. Ganz gleich aber ob es sich hierbei um einen sittlichen oder sozialethischen oder um einen Vorwurf sonstigen Inhalts handelt, fest steht, dass sich dieser Vorwurf persönlich an das Rechtssubjekt richten muss, das Adressat der Sanktion in Form der Geldbuße werden soll. Auch der Vorwurf des Ordnungswidrigkeitenrechts ist somit ein höchstpersönlicher, § 17 Abs. 3 OWiG. Juristische Personen und Personenvereinigungen selbst besitzen nicht die Fähigkeit, Adressaten eines Vorwurfes zu sein. Aus diesem Grund scheitert auch eine Zurechnung der Verantwortlichkeit des handelnden Verbandsvertreters gegenüber dem Verband. Daher ist im Ergebnis eine Verbandsgeldbuße aus Sicht des Schuldprinzips dogmatisch ebenso wenig zu begründen wie eine Verbandsstrafe.[525]

---

523 In diesem Sinne auch: Pelgau, JA 2001, 606, 609.

524 In diesem Sinne auch: Schmitt, Ordnungswidrigkeitenrecht, S. 28; ders. Maßnahmen, S. 216.

525 Jescheck/Weigend, AT, S. 228; Jescheck, JZ 1959, 457, 462; Schmitt, Maßnahmen, S. 216; ders., Ordnungswidrigkeitenrecht, S. 28; Kaiser, S. 93; Lang-Hinrichsen, FS-Mayer, S. 65 f.; Hartung, Verh. 40. DJT, Band II, S. E 46.

III. Straffähigkeit

Dogmatische Bedenken gegen die Möglichkeit, mittels einer repressiven Sanktion auf juristische Personen und Personenvereinigungen einwirken zu können, werden auch hinsichtlich der Frage danach erhoben, ob die mit einer solchen Sanktion – unabhängig davon, ob Strafe oder Geldbuße – verfolgten Ziele überhaupt gegenüber Verbänden erreicht werden können. Mithin wird also angezweifelt, ob von einer Straffähigkeit von Personenverbänden ausgegangen werden kann.

1. Gesellschaftliches Unwerturteil als Wesen der Strafe

Die überwiegende Zahl der Autoren lehnt eine Bestrafung von juristischen Personen und Personenvereinigungen nicht nur wegen deren fehlender Handlungs- und Schuldfähigkeit ab.[526] Ihnen wird darüber hinaus auch die Straffähigkeit abgesprochen und damit angenommen, dass Verbände nicht in der Lage seien, den mit der Strafe verbundenen ethischen Tadel zu empfangen. Das Wesen der Strafe ergebe sich im Wesentlichen aus ihrer Funktion innerhalb der Rechtsordnung. Zweck und Funktion der Strafe sei hiernach vor allem die Aufrechterhaltung der rechtlichen Ordnung und die Bestärkung der Rechtsgenossen in ihrem Vertrauen auf ihre Durchsetzbarkeit. Schon ihrer Idee nach setze die Strafe daher voraus, dass sie nur gegenüber demjenigen in Betracht kommt, von dem als verantwortlichen Subjekt erwartet werden könne, dass es einen derart ethisch begründeten Tadel hätte verstehen, sich also anders hätte verhalten können und auch sollen.[527]

a. Strafe als öffentliches sozialethisches Unwerturteil

Das Wesen der Strafe könne als öffentliches sozialethisches Unwerturteil[528] über den Täter verstanden werden. Strafe stelle die sozialethisch richtige, zur Resozialisierung des Täters geeignete Behandlung dar.[529] Mit der Verhängung der Strafe werde der Schuldvorwurf erst ausgesprochen und allgemein kenntlich gemacht. Weil ein derartiges ethisch fundiertes Urteil einen Verband aber nicht zu

---

526 Hartung, Verh. 40. DJT, Band II, S. E 43; Heinitz, Verh. 40. DJT, Band I, S. 86; Jescheck, ZStW 65 (1953) 211, 213; Engisch, Verh. 40. DJT, Band II, S. E 21; Brender, S. 63.

527 Brender, S. 61 f.; Müller, S. 24; Ehrhardt, S. 200 f.; Schwinge, S. 104 f.

528 Brender, S. 63, m.w.N.

529 Heinitz, Verh. 40. DJT, Band I, S. 86.

erreichen vermag, müsse der Strafgedanke gegenüber Verbänden in wesentlicher Hinsicht fehlgehen.[530] Adressat des der Strafverhängung immanenten Vorwurfes könne nur sein, wer in einer bestimmten Weise gehandelt hat, obwohl er hätte anders handeln können. Die in der Strafe enthaltene Missbilligung der Nichtbeachtung der Rechtsordnung verfehle ihren Sinn, wenn der Adressat der Sanktion ihren Sinn als verdientes Übel nicht verstehen könne.[531] Aus demselben Grund, aus dem gegen einen Verband kein Schuldvorwurf erhoben werden könne, sei es auch undenkbar, gegen ihn eine Strafe auszusprechen.[532]

Auf dieser Erkenntnis aufbauend ist es nur konsequent, wenn die herrschende Meinung juristische Personen und Personenvereinigungen nicht nur als handlungs- und schuldunfähig, sondern auch als unfähig erachtet, Adressat des mit der Strafe verbundenen Unwerturteils zu sein, ihnen also auch die Strafempfänglichkeit abspricht.
Zutreffend in diesem Zusammenhang ist sicherlich das Argument zahlreicher Gegner der Straffähigkeit von Verbänden zu bewerten, dass juristische Personen und Personenvereinigungen nicht in der Lage seien, das in der Strafe zum Ausdruck kommende öffentliche sozialethische Unwerturteil zu empfangen.[533] Hierzu ist jedoch anzumerken, dass die zum ethischen Aspekt des gesellschaftlichen Unwerturteils vorgetragenen Argumente im Wesentlichen bereits im Rahmen der Schuldfähigkeit ausführlich diskutiert wurden.[534] Es scheint nicht angebracht, diese Zusammenhänge im Rahmen der Frage nach der Straffähigkeit der Verbände erneut zu problematisieren.[535] Die Frage nach der Fähigkeit, Unrecht einsehen und nach dieser Einsicht handeln zu können, sollte auf die Diskussion hinsichtlich der Schuldfähigkeit bezogen bleiben und auch eher dort als an dieser Stelle thematisiert werden. Im Zusammenhang mit der Untersuchung der Schuldfähigkeit der Verbände wurde festgestellt, dass ihnen diese Fähigkeit gerade nicht zugesprochen werden kann.[536]

---

530 Brender, S. 61 ff., 63.
531 Engisch, Verh. 40. DJT, Band II, S. E 21 ff., E 25.
532 Lang-Hinrichsen, FS-Mayer, S.53 f., Fn. 21; Brender, S. 63; Engisch, Verh. 40. DJT, Band II, S. E 25; Heinitz, Verh. 40. DJT, Band I, S. 86.
533 Vgl. Brender, S. 62 f.
534 Vgl. oben: II.
535 Vgl. auch Ackermann, S. 196.
536 Siehe oben: Teil 2, A, II, 3.

b. Fähigkeit zur Sühneleistung

Von Teilen der Literatur[537] wird zudem vorgebracht, juristische Personen und Personenvereinigungen seien nicht in der Lage, die mit der Strafe bezweckte moralische Einkehr und Läuterung, mithin also die mit der Strafe bezweckte Sühneleistung zu erbringen. Indem der Täter das ihm in Form der Strafe zugefügte Übel als gerechte und sittlich notwendige Folge seiner Tat akzeptiere, komme es zu einer Entsühnung und Tilgung der sittlichen Schuld. Zu einer echten Sühne könne es aber überhaupt nur dann kommen, wenn ein Verurteilter aus eigenem sittlichen Erleben heraus die Strafe als letzten Ausdruck der Gerechtigkeit anerkenne.[538] Die Strafhaftung setze die Fähigkeit des Leidens voraus. Den juristischen Personen aber fehle es an den Nervensträngen, die das Leid für die juristische Person zur Empfindung brächten. Sie zählten gerade nicht zu den Wesenheiten, die weinen und lachen.[539] Verbänden könne somit das für einen solchen inneren seelischen Vorgang notwendige Verständnis nicht zugesprochen werden. Zugespitzt wurde dies mit den Worten zum Ausdruck gebracht, dass juristische Personen keine Gretchennatur hätten, zum Sühnen gehöre nun einmal so etwas, dass man das Brausen und Sieden der Hölle hören könne.[540] Ein Verband aber sei zu solcherlei seelischen Vorgängen gerade nicht in der Lage.[541]

Dieser Auffassung ist mit Recht entgegengehalten worden, dass echte Sühne als rein innerer, von Dritten nicht zu beeinflussender Vorgang, vom Staat überhaupt nicht auferlegt, sondern allenfalls erhofft werden kann.[542] Die Fähigkeit und Bereitschaft des Täters, zur sittlichen Auseinandersetzung mit seiner Tat, zu Buße und moralischer Einkehr, entziehen sich dem mit den Mitteln der Rechtsordnung ausgeübten Zwang. Wäre dies nicht so, müsste dies in letzter Konsequenz zur Straffreiheit unverbesserlicher, uneinsichtiger und hartnäckiger Verbrecher führen, weil bei ihnen das Strafziel der Sühneleistung niemals erreicht werden könnte und eine weitere Bestrafung daher sinnlos wäre.[543] Dass die Fähigkeit Sühne empfinden zu können oder auch nicht, somit nicht als Argument gegen eine Strafempfänglichkeit juristischer Personen und Personenvereinigungen

---

537 E. Schmidt, Wirtschaftsstrafrecht, S. 45; ders., Niederschriften, Band 4, S. 326; Kohler, Kritische Vierteljahresschrift, Band 36, S. 518 f.; Jescheck, ZStW 65 (1953) S. 211, 213; Hartung, Verh. 40. DJT, Band II, S. E 45; Kohler, GA 64 (1917) S. 503.

538 E. Schmidt, Wirtschaftsstrafrecht, S. 45.

539 Kohler, Kritische Vierteljahresschrift, Band 36, S. 518 f.

540 E. Schmidt, Niederschriften, Band 4, S. 326.

541 Jescheck, ZStW 65 (1953) S. 211, 213; Hartung, Verh. 40. DJT, Band II, S. E 45; Kohler, GA 64 (1917) S. 503.

542 E. Schmidt, Wirtschaftsstrafrecht, S. 45; Ackermann, S. 200; Schwander, FS-Gutzwiller, S. 615 f.; Schreiber, FS-Dünnebier, S. 640.

543 Ackermann, S. 200; Schwander, FS-Gutzwiller, S. 615.

vorgebracht werden kann, wird auch nicht durch den Hinweis entlastet, dass eine Sühne wenigstens prinzipiell als mögliche Folge einer Strafe in Betracht kommen müsse.[544]

Aus dem Aspekt des Wesens der Strafe als öffentliches sozialethisches Unwerturteil und der Frage, ob von Verbänden eine Sühneleistung zu erwarten ist, lässt sich somit nicht ohne weiteres auf eine fehlende Strafempfänglichkeit juristischer Personen und Personenvereinigungen schließen.

2. Die Anwendbarkeit der Strafzwecke auf juristische Personen und Personenvereinigungen

Teilweise wird im Zusammenhang mit der Straffähigkeit juristischer Personen und Personenvereinigungen auch diskutiert, inwieweit die mit einer Strafe verfolgten Zwecke gegenüber Verbänden verwirklicht werden können.[545]

Als Strafzwecke anerkannt sind vor allem die Generalprävention und die Spezialprävention.[546] Sinn der Generalprävention ist es, durch die Strafe gegenüber der Allgemeinheit zum Ausdruck zu bringen, dass das Recht sich zum Schutz der Rechtsgüter durchzusetzen vermag. Durch den Beweis der Unverbrüchlichkeit des Rechts soll Rechtsbewusstsein und Rechtstreue aller Rechtsgenossen erhalten und gestärkt werden. Indem deutlich gemacht wird, welche Rechtsfolgen einen Täter erwarten, wenn er sich über die Rechtsordnung hinwegsetzt, sollen potentielle Täter von der Begehung von Straftaten abgeschreckt werden. Durch die unmittelbare Einwirkung auf den Täter selbst versucht die Spezialprävention dahin zu wirken, den Täter von der Begehung weiterer Straftaten abzubringen, und ihm so dazu zu verhelfen, in Zukunft ein straffreies Leben führen zu können. Die Strafe soll in diesem Zusammenhang den Täter von der Begehung weiterer Taten abschrecken, dem Täter zur Resozialisierung verhelfen und die Gesellschaft vor gefährlichen Tätern schützen.

Dass von Sanktionen sehr wohl eine motivierende Wirkung auf juristische Personen und Personenvereinigungen ausgehen kann, wurde vor allem von Rotberg[547] herausgestellt. Er betont, dass sich nach allgemeiner Lebenserfahrung doch nicht leugnen lasse, dass auch Verbände durch das in der Strafe zum Aus-

---

544 Brender, S. 63.
545 Vgl. Ackermann, S. 195 ff.; Ehrhardt, S. 203 ff.
546 Zur General- und Spezialprävention und ihrer Wirkung auf Verbände siehe auch oben: Teil 1, B, III.
547 Rotberg, FS-DJT, S. 203.

druck kommende missbilligende Unwerturteil der staatlichen Gemeinschaft und durch den als Strafübel gedachten Rechtsgüterverlust ansprechbar seien. Schon auf der zivilrechtlichen Ebene gründende Einbußen finanzieller Art, wie sie durch schlechtes Wirtschaften, durch die Pflicht zu erheblichen Steuernachzahlungen oder durch eine fühlbare Schadensersatzverpflichtung entstehen könnten, wirken sich nach Rotberg auf Stimmung, Haltung und Entschlüsse der für die Willensbildung und Willensbetätigung maßgebenden Menschen und damit auf das Verhalten des Verbandes selbst deutlich erkennbar aus.[548]

In der Tat muss davon ausgegangen werden, dass sich – insbesondere bei wirtschaftlich orientierten Verbänden – jegliche den Gewinn beeinträchtigende Faktoren motivierend auf die Willensbildung und das Verhalten der für den Verband verantwortlich handelnden Personen auswirken. Dabei wird es regelmäßig keine entscheidende Rolle spielen, ob es sich hier um Faktoren handelt, die ihren Ursprung in wirtschaftlichen Fehlentscheidungen haben, ob es sich um Einbußen handelt, die in zivilrechtlichen Schadensersatzverpflichtungen bestehen oder ob es sich um sanktionsbedingte Einbußen handelt. Dass somit auch eine Sanktion gegenüber einem Verband spezial- und generalpräventive Zwecke erfüllen kann, wurde bereits dargelegt.[549] Hinsichtlich der Motivationswirkung einer Sanktion ist es allerdings so, dass nicht die juristische Person oder Personenvereinigung direkt und selbst angesprochen wird. Ihre motivierende Wirkung entfaltet eine Sanktion nur mittelbar gegenüber dem Verband, indem auf die für die Organisation handelnden natürlichen Personen eingewirkt wird. Denn ebenso wie Verbände bei dem der Schuld immanenten Vorwurf nicht selbst in der Lage sind, diesen zu verstehen, sind sie selbst auch nicht in der Lage, aus einer gegen einen Verband ausgesprochenen Sanktion Schlüsse für zukünftiges Handeln zu ziehen. Hierzu sind wiederum nur die für sie handelnden natürlichen Personen in der Lage. Anders als beim Schuldvorwurf spricht hier aber nichts dagegen, diese Fähigkeit der unterschiedlichen Verbandsvertreter dem Verband zuzurechnen. Denn die Motivationswirkung bezieht sich lediglich auf die Fähigkeit zum Handeln und stellt nicht auf die Einsichtsfähigkeit des Rechtssubjektes ab, das mit der Sanktion getroffen werden soll. Die vorangegangenen Überlegungen zur Handlungsfähigkeit hatten gezeigt, dass juristischen Personen und Personenvereinigungen die Fähigkeit zuzusprechen ist, durch ihre Vertreter selbst handeln zu können.

---

548 In diesem Sinne auch: Ackermann, S. 198; Brender, S. 62 f.; Ehrhardt, S. 201; Müller, S. 25.

549 Siehe oben: Teil 1, B, III.

3. Ergebnis

Abschließend können die Argumente, die gegen die Straffähigkeit von Verbänden vorgebracht werden nicht überzeugen.

IV. Die Gerechtigkeit von Verbandssanktionen

Von zahlreichen Stimmen werden als Argumente gegen die Sanktionierung von juristische Personen und Personenvereinigungen auch vorgebracht, dass hierdurch zum einen ungerechterweise immer auch unschuldige Mitglieder des Verbandes getroffen würden, die an der Tat nicht beteiligt waren.[550] Außerdem seien verfassungsrechtliche Bedenken angebracht, weil bei einem rechtlichen Vorgehen sowohl gegen den Verband als solchen als auch gegen das für den delinquenten Verband handelnde Organ die Gefahr einer Doppelbestrafung des Organs, mithin also ein Verstoß gegen den aus Art. 103 Abs. 3 GG abgeleiteten Verfassungsgrundsatz „ne bis in idem" zu befürchten sei.[551]

1. Mitbestrafung unschuldiger Mitglieder

Ausgangspunkt der Überlegungen, die bei einigen Autoren zu dem Urteil der Ungerechtigkeit der Verbandssanktionen aufgrund der Mitbestrafung von Unbeteiligten führen, ist die Feststellung, dass zu einem Verband immer auch zahlreiche Mitglieder zählen, zum Beispiel Aktionäre, Gesellschafter oder aber auch einfache Angestellte, die mit dem delinquenten Verhalten nicht in Zusammenhang zu bringen sind. Gleichwohl würden durch die Sanktion gegen den Verband stets auch diese unschuldigen Mitglieder von den Wirkungen der Sanktion mitbetroffen.[552] In dem Fall, in dem das handelnde Verbandsorgan gar nicht oder nicht mehr Mitglied des Verbandes sei, werde die Strafe sogar ausschließlich

---

550 Engisch, Verh. 40. DJT, Band II, S. E 26 ff.; Goetzeler, S. 228 f.; Jescheck, SchwZStr 1955, 243, 259; v. Lilienthal, S. 99; Exner, S. 52; von Hippel, s. 125 f.; Hamm, NJW 1998, 662, 663.

551 Engisch, Verh. 40. DJT, Band II, S. E 36 ff., 38; Heinitz, Verh. 40. DJT, Band I, S. 90; Hartung, Verh. 40. DJT, Band II, S. E 44; vgl. Rotberg, FS-DJT, S. 206 f.; Schmitt, Maßnahmen, S. 109 f., 213 f.; Goetzeler, S. 230; Jescheck, SchwZStr 1955, 243, 259.

552 Engisch, Verh. 40. DJT, Band II, S. E 26 ff.; Hartung, Verh. 40. DJT, Band II, S. E 43 f.; Schmitt, Maßnahmen, S. 197; Goetzeler, S. 228 f.; Jescheck, SchwZStr 1955, 243, 259; v. Lilienthal, S. 99; Exner, S. 52; von Hippel, s. 125 f.

von Unschuldigen getragen. Die Sanktionierung von juristischen Personen oder Personenvereinigungen stelle daher eine unzulässige Kollektivhaftung dar.[553]

Soll unter einer juristischen Person oder Personenvereinigung jedoch mehr verstanden werden als nur die Gesamtheit ihrer Mitglieder, kann dieser Auffassung nicht gefolgt werden. Indem der Gesetzgeber Verbände als eigenständige Rechtssubjekte anerkennt und mit § 30 OWiG auch repressive Sanktionen gegen juristische Personen und Personenvereinigungen zulässt, erkennt er diese als vollwertige Adressaten von Straffolgen an. Gegen den Verband als selbständiges Subjekt der Rechtsordnung, nicht gegen die einzelnen Verbandsmitglieder unter einer Kollektivbezeichnung richtet sich eine gegen den Verband ausgesprochene Sanktion.[554] Es ist zu Recht darauf hingewiesen worden, dass es in einem solchen Falle nicht die einfachen Mitglieder des Verbandes sind, gegenüber denen ein Vorwurf erhoben wird. Sie werden hierbei auch nicht zu Angeklagten, müssen nicht vor Gericht auftreten[555] und gelten auch nicht als vorbestraft.[556] Eine gegenüber einem Verband verhängte Sanktion richtet sich also nur gegen diesen, nicht gegen dessen Mitglieder. Die Mitglieder werden nur indirekt von den Folgen der gegen die juristische Person oder Personenvereinigung ausgesprochenen Verbandssanktion mitbetroffen.[557]

Aus alledem lässt sich der Schluss ziehen, dass es bei den Folgen der Verbandssanktion für die an dem Verstoß nicht tatbeteiligten Mitglieder nicht von einer Mitbestrafung gesprochen werden kann. Das Maß, in dem sie von den Folgen der gegen den Verband verhängten Sanktion tangiert werden, lässt sich insoweit nicht nach den Kategorien von Täterschaft und Teilnahme bewerten. Gleichwohl kann nicht bestritten werden, dass sich die Folgen einer Verbandssanktion über den betroffenen Verband als solchen hinaus auch auf einen bestimmten Kreis von natürlichen Personen auszuwirken vermögen. Hierbei handelt es sich dennoch nicht um eine Mitbestrafung derjenigen natürlichen Personen, die zu diesem Kreis gehören und auf deren Mitgliedschafts- und Vermögensrechte sich die Verbandssanktion auswirkt. Vielmehr wird man in diesem Zusammenhang von einem Mitbetroffensein sprechen müssen. Dieses Mitbetroffensein der Mitglieder von den Folgen der Verbandssanktion wird durch ihre enge Verbundenheit gegenüber dem Verband vermittelt. Dabei kann nicht davon gesprochen werden, dass es sich um ein spezifisches Problem von Sanktionen gegen Verbände handelt, wenn von der Verbandssanktion nicht nur der Verband selbst,

553 Hartung, Verh. 40. DJT, Band II, S. E 43 f.; neuerdings: Pelgau, JA 2001, 606, 609.
554 Müller, S. 26; Brender, S. 64 ff.; Ehrhardt, S. 208.
555 Kaiser, S. 33; von Weber, GA 1954, S. 240.
556 Von Weber, JZ 1953, 294; Ehrhardt, S. 208.
557 Kaiser, S. 33; vgl. auch Bottke, wistra 1991, 81, 90 f.

sondern auch noch andere Rechtsgenossen betroffen werden. Auch im Individualstrafrecht wirkt sich jede Straffolge mehr oder weniger zwangsläufig nicht nur auf den Täter, sondern auch auf sein soziales Umfeld aus. So kann nicht abgestritten werden, dass sich etwa die Bestrafung eines Familienvaters nicht auch auf die übrigen Familienmitglieder auswirken würde.[558] Fraglich erscheint im Zusammenhang mit der Sanktionierung von Verbänden aber, ob die Auswirkungen der Verbandssanktion auf die einzelnen Mitglieder als ungerecht bezeichnet werden kann.

Hierbei wird zu bedenken sein, dass es sich bei den Fällen, bei denen die Mitbetroffenheit der Mitglieder für diese auch spürbar wird, in aller Regel um wirtschaftlich orientierte Verbände handeln wird. Die Verbandsmitglieder, mithin also die Gesellschafter, Aktionäre, etc. erstreben durch ihre Mitgliedschaft eine hohe Rendite, steigende Dividende, vor allem also einen Wertzuwachs ihrer Mitgliedschaftsrechte. Wer aber finanzielle Mittel in ein Unternehmen investiert, der muss neben der Möglichkeit der Gewinnsteigerung auch die Gefahr einer Verschlechterung der Ertragslage und einer damit einhergehenden Minderung des Wertes seiner Einlage einkalkulieren. In gleichem Maße, in dem ein Gesellschafter, Aktionär, etc. an dem wirtschaftlichen Erfolg des Unternehmens partizipiert, ist er auch von dessen Einbußen mitbetroffen.[559] Es ist daher nicht als ungerecht anzusehen, dass sich das Maß, in welchem jedes einzelne Verbandsmitglied von der Verbandssanktion betroffen wird, nach dem Maß seiner (wirtschaftlichen) Beteiligung am Verband und nicht nach seinem persönlichen Verschulden richtet.[560] Dabei spielt es keine Rolle, worauf diese Einbußen beruhen. Denn der den Mitgliedern entstandene Schaden könnte auch entstanden sein, ohne dass ein Strafgesetz verletzt oder eine Ordnungswidrigkeit begangen worden ist. In gleicher Weise wie dies durch eine Verbandssanktion möglich ist, kann ein finanzieller Verlust auch durch eine allgemeine Rezession, Missmanagement oder auf einer zivilrechtlichen Inanspruchnahme des Verbandes für Schadensersatzforderungen begründet sein. In diesen Fällen würde man kaum davon sprechen, dass es ungerecht sei, dass die Verbandsmitglieder von der wirtschaftlichen Entwicklung ihres Verbandes mitbetroffen sind.

Dass eine Sanktion gegen einen Verband eine Wirkung gerade auch gegenüber den einzelnen Verbandsmitgliedern entfaltet, ist im Vorangegangenen schon mehrfach zur Sprache gekommen. Hinsichtlich des erklärten Zieles, durch Ver-

---

558 Kaiser, S. 33; Wilfferodt, JR 1954,190; Brender, S. 65.

559 Brender, S. 66; von Weber, GA 1954, 237, 240; Schwander, FS-Gutzwiller, S. 617; Rotberg, FS-DJT, S. 193, 205; Wilfferodt, JR 1954, 190 f.; Pohl-Sichtermann, Geldbuße, S. 11; Jescheck, DÖV 1953, 539, 543; Henkel, S. 110.

560 Vgl. Engisch, Verh. 40. DJT, Band II, S. E 28.

bandssanktionen auch ein internes Kontrollsystem der Verbände zu fördern, ist dies gerade ein unverzichtbares Charakteristikum. Die in diesem Zusammenhang bestehende Wirkungsweise der auch die einzelnen Mitglieder treffenden Folgen einer gegen den Verband gerichteten Straffolge, sind insbesondere im Zusammenhang mit den unterschiedlichen präventiven Wirkungen einer Verbandssanktion ausführlich dargelegt worden.[561]

Nach alledem scheint es kein stichhaltiges Argument dafür zu geben, Sanktionen gegen Verbände deshalb abzulehnen, weil hiervon auch Wirkungen auf die Verbandsmitglieder ausgehen.

2. Doppelbestrafung

Zahlreiche Autoren führen gegen die Verhängung von Sanktionen gegenüber Verbänden zudem an, dass in einer hierdurch drohenden doppelten Bestrafung von Verbandsmitgliedern ein Verstoß gegen das Gerechtigkeitsprinzip liegen könne.[562] Das Problem einer drohenden Doppelbestrafung und einer damit einhergehenden Verletzung des Verfassungsgrundsatzes „ne bis in idem", Art. 103 Abs. 3 GG, ergibt sich nach dieser Auffassung daraus, dass allgemein von der Möglichkeit und dem Erfordernis ausgegangen wird, dass trotz einer Sanktion gegen den delinquenten Verband grundsätzlich auch die für den Verband handelnde natürliche Person weiterhin einer Strafe zugänglich sein muss.[563] Werde also sowohl gegen die juristische Person oder Personenvereinung als auch gegen das in ihrem Namen handelnde Organ strafrechtlich vorgegangen, drohe die Gefahr, dass es zu einer unzulässigen Doppelbestrafung komme.[564]

Unproblematisch ist diese Situation allerdings dann, wenn das Organ nicht selbst Mitglied des Verbandes ist. Fungiert der handelnde Verbandsvertreter zum Beispiel nur als angestellter Geschäftsführer, ohne durch eigene Geschäftsanteile persönlich an dem Unternehmen beteiligt zu sein, handelt es sich bei Verband und Geschäftsführer jeweils um eigenständige Persönlichkeiten im

---

561 Zur spezial- und generalpräventiven Wirkung von Verbandssanktionen siehe oben: Teil 1, B, III.

562 Engisch, Verh. 40. DJT, Band II, S. E 36 ff., 38; Heinitz, Verh. 40. DJT, Band I, S. 90; Hartung, Verh. 40. DJT, Band II, S. E 44; vgl. Rotberg, FS-DJT, S. 206 f.; Schmitt, Maßnahmen, S. 109 f., 213 f.; Goetzeler, S. 230; Jescheck, SchwZStr 1955, 243, 259.

563 Hartung, Verh. 40. DJT, Band II, S. E 44; Rotberg, FS-DJT, S. 206; Schwinge, S. 106; Engisch, Verh. 40. DJT, Band II, S. E 37 f.; Goetzeler, S. 230; Jescheck, SchwZStr 1955, 243, 259; Schmitt, Maßnahmen, S. 109; von Lilienthal, S. 98; vgl. von Hippel, S. 125.

564 Hartung, Verh. 40. DJT, Band II, S. E 44.

rechtlichen Sinne. Wird in einem solchen Falle sowohl gegen den Verband als auch gegen das handelnde Organ strafrechtlich vorgegangen, richten sich Verbandssanktion und Individualstrafe damit unzweifelhaft gegen zwei selbständige und voneinander klar zu unterscheidende Rechtssubjekte.[565] Auch wenn hier zwei verschiedene Rechtssubjekte für ein und dieselbe Tat zur Verantwortung gezogen werden, widerspricht dies nicht Art. 103 Abs. 3 GG. Denn das Prinzip „ne bis in idem" ist darauf gerichtet, den bereits rechtskräftig verurteilten oder freigesprochenen Delinquenten vor einer erneuten Verfolgung und Bestrafung wegen der gleichen Tat zu bewahren.[566] Ziel des Verbotes der Doppelbestrafung ist somit zu verhindern, dass ein und derselbe Täter für eine Tat mehrmals bestraft wird. Verboten werden soll dadurch nicht, für eine Tat mehrere Täter verantwortlich zu machen.[567]

Zu klären bleibt daher, ob ein Verstoß gegen Art. 103 Abs. 3 GG dann angenommen werden muss, wenn aufgrund eines Verbandsdelikts sowohl eine Sanktion gegen den Verband als auch eine Strafe gegen das handelnde Organ verhängt wird und das Organ zugleich auch Mitglied des Verbandes ist. Doch auch in diesem Fall kann im Ergebnis nicht von einem Verstoß gegen das Verbot der Doppelbestrafung ausgegangen werden.[568]
Ist das Organ gleichzeitig auch Mitglied des Verbandes und wird sowohl der Verband als auch das Organ strafrechtlich in Haftung genommen, trifft den Verbandsvertreter zunächst die gegen ihn selbst verhängte Strafe in vollem Umfang. Daneben wird er als Verbandsmitglied auch von der gegen den Verband verhängten Sanktion mitbetroffen. Dieses Mitbetroffensein des Organs ist dennoch nicht intensiver als es zuvor bereits für alle übrigen Verbandsmitglieder beschrieben wurde.[569] Anders als bei der gegen das Organ selbst verhängten Strafe, richtet sich die gegen den Verband verhängte Sanktion nicht unmittelbar gegen das Organ selbst. Vielmehr wird das Organ, in dem Fall in dem es selbst auch Mitglied des Verbandes ist, wie alle übrigen Verbandsmitglieder lediglich von den Folgen der Verbandssanktion mittelbar mitbetroffen.[570] Im Übrigen erschiene es auch unbillig, wenn das Organ nicht selbst zur Verantwortung gezogen

565 Kaiser, S. 34; Müller, S. 28; Ackermann, S. 206; Schall/Schreibauer, NuR 1996, 440, 449.
566 BVerfGE 23, 191, 202 f.
567 Ehrhardt, S. 214; Kaiser, S. 35.
568 Vgl. für den Bereich der Verbandsgeldbuße gem. § 30 OWiG: KK-Rogall, § 30, Rn. 156; OLG Hamm, NJW 1973, 1851, 1853; OLG Celle NdsRpfl 1975, 125 f.; Göhler, § 30, Rn. 29; Rebmann/Roth/Herrmann, § 30, Rn. 38.
569 Siehe oben: Teil 2, A, IV, 1.
570 Schroth, Sanktionsobjekte, S. 206 f.; Rotberg, FS-DJT, S. 207; Hirsch, Personenverbände, S. 20 f.; Schall/Schreibauer, NuR 1996, 440, 449.

würde, nur weil es zufällig auch Mitglied des Verbandes ist, für den es handelt, das Organ aber haften müsste, wenn es nicht selbst Verbandsmitglied ist.

3. Ergebnis

Weder das Argument der Mitbestrafung unschuldiger Verbandsmitglieder noch die Befürchtung einer unzulässigen Doppelbestrafung der handelnden Verbandsorgane vermag zu überzeugen. Auch hierin sind damit keine stichhaltigen Gründe gegen die Möglichkeit der Sanktionierung von juristischen Personen und Personenvereinigungen zu erblicken.

B. Ergebnis

Die Untersuchung der dogmatischen Grundlagen der Verbandssanktionen hat gezeigt, dass jedenfalls Verbandsstrafen im Sinne des StGB mit dem in der deutschen Rechtsordnung unzweifelhaft gültigen Schuldgrundsatz nicht in Einklang zu bringen ist. Und auch die Geldbuße des Ordnungswidrigkeitenrechts als repressive Sanktion ist im Ergebnis nicht mit dem Schuldprinzip vereinbar. Die Versuche, Verbandssanktionen innerhalb des StGB zu integrieren, müssen daher abgelehnt werden.
Allerdings ist auch deutlich geworden, dass nicht alle Argumente, die gegen die Einführung oder Ausweitung der Verbandssanktionen in Feld geführt werden wirklich stichhaltig sind. So kann durchaus von einer Handlungsfähigkeit juristischer Personen und Personenvereinigungen im Sinne des Straf- oder Ordnungswidrigkeitenrechts ausgegangen werden. Und auch die zum Teil vorgetragenen Probleme hinsichtlich der Straffähigkeit von Verbänden sowie der Gerechtigkeit von Verbandssanktionen überhaupt sind letztlich als nicht überzeugend anzusehen.
Da im Ergebnis damit außer der Schuldfähigkeit alle Voraussetzung für Sanktionen gegen Verbände gegeben sind, liegt der Schluss nahe, nach Sanktionsformen zu forschen, die zwar alle notwendigen Voraussetzungen von Sanktionen erfüllen, jedoch nicht die Schuldfähigkeit ihrer Adressaten zur Grundlage haben.

Teil 3: Aktuelle Entwicklungen zur Sanktionierung von Verbänden in Deutschland und ausländischen Rechtsordnungen

A. Entwicklung in Deutschland

Die Problematik um die im Zusammenhang mit dem Tätigwerden von juristischen Personen und Personenvereinigungen begangenen Rechtsverstöße ist in der Vergangenheit schon mehrfach in den Blick des Gesetzgebers gelangt. Dies zeigt sich besonders deutlich in den Novellierungen der Verbandsgeldbußenregelung des § 30 OWiG durch das 2. WiKG von 15.05.1986[571], das 2. UKG von 27.06.1994[572] und nicht zuletzt durch das EU-Rechtsinstrumente-AG vom 22.08.2002[573]. Doch finden sich darüber hinaus in der Diskussion noch weitere Ansätze, die darauf gerichtet sind, das Sanktionsinstrumentarium gegen Verbände weiter auszubauen.[574] Im Folgenden soll daher ein Überblick über die wichtigsten Entwicklungen zur Ausweitung der Sanktionierbarkeit von Verbänden gegeben werden, die in den letzten Jahren auf Seiten der Gesetzgebung zu beobachten waren.

I. Diskussionsentwurf des Landes Hessen

Einen der interessantesten und weitreichendsten Schritte in Richtung der Einführung einer echten Strafbarkeit von juristischen Personen und Personenvereinigungen auf dem Gebiet des deutschen Strafrechts stellt die Initiative des Hessischen Ministeriums der Justiz dar. Das Land Hessen hat im August 1997 zur Vorbereitung einer entsprechenden Bundesratsinitiative der Justizministerkonferenz einen in diese Richtung weisenden Gesetzentwurf („Diskussionsentwurf") vorgelegt. Dieser Entwurf sieht vor, in den Dritten Abschnitt des Allgemeinen Teils des Strafgesetzbuches einen neu zu schaffenden Achten Titel, die §§ 76 b ff. StGB, einzufügen. Die vorgeschlagenen Regelungen sehen dabei die Schaffung einer expliziten strafrechtlichen Verantwortlichkeit von juristischen Personen und Personenvereinigungen vor. Geschaffen werden sollen als echte Straffolgen einer Verbandstat zum einen die Rechtsinstitute der Verbandsgeldstrafe und der Verbandsauflösung. Dem Prinzip der Zweispurigkeit des Strafrechts entsprechend, sollen darüber hinaus zum anderen als Verbandsmaßregeln die

[571] Vgl. BT-Drucks. 10/318, EWiKG 2.
[572] Vgl. BT-Drucks. 12/192, EUKG 2.
[573] Vgl. BT-Drucks. 14/8998.
[574] Siehe hierzu nur die Zusammenfassung bei Wegner, ZRP 1999, 186 ff.

Erteilung von Weisungen an den delinquenten Verband sowie die Anordnung der Zwangsaufsicht vorgesehen werden.[575]

Kernbestandteile des Diskussionsentwurfs des Landes Hessen sind die folgenden Regelungen:

„Achter Titel. Verbandsstrafen und –maßregeln

§ 76 b Voraussetzungen.
(1) Ist in dem Betrieb einer juristischen Person oder einer Personenvereinigung (nicht rechtsfähiger Verein oder Personenhandelsgesellschaft) eine Straftat begangen worden, durch die Pflichten, welche die juristische Person oder die Personenvereinigung treffen, verletzt worden sind, so wird auch eine Verbandsstrafe verhängt oder eine Verbandsmaßregel angeordnet, wenn der Täter in Ausführung der ihm zustehenden Verrichtungen gehandelt hat.
(2) Wird wegen der Straftat ein Strafverfahren nicht eingeleitet oder wird es eingestellt oder wird von Strafe abgesehen, so ist auf die Verbandsstrafe oder Verbandsmaßregel selbständig zu erkennen. Dies gilt jedoch nicht, wenn die Straftat aus rechtlichen Gründen nicht verfolgt werden kann; § 78 c Abs. 1 Satz 2 bleibt unberührt.

§ 76 c Arten der Verbandsstrafen und –maßregeln.
(1) Verbandsstrafen sind
1. die Verbandsgeldstrafe,
2. die Verbandsauflösung.
(2) Verbandsmaßregeln sind
1. die Erteilung von Weisungen,
2. die Anordnung der Zwangsaufsicht.“[576]

---

575 Vgl. hierzu: Krekeler, FS-Hanack, S. 639 ff.; kritisch gegenüber dem hessischen Gesetzentwurf: Hamm, NJW 1998, 662 f.

576 Die im Übrigen vorgesehenen Regelungen lauten wie folgt:
§ 76 d Verbindung von Verbandsstrafe und –maßregel
Das Gericht kann mit der Verhängung einer Verbandsgeldstrafe die Anordnung einer Verbandsmaßregel verbinden.
§ 76 e Verbandsgeldstrafe
Für die Verbandsgeldstrafe gelten die §§ 40 und 42 entsprechend. Ein Tagessatz wird auf mindestens zehn und höchstens hunderttausend Deutsche Mark festgesetzt.
§ 76 f Verbandsauflösung
Auf eine Auflösung der juristischen Person oder der Personenvereinigung ist nur zu erkennen, wenn deren Zwecke oder deren Tätigkeit darauf gerichtet sind, Straftaten zu begehen.
§ 76 g Weisungen
(1) Weisungen sind Gebote und Verbote, welche bei der juristischen Person oder der Personenvereinigung ordnungsgemäße Betriebsabläufe regeln sollen, um weitere Straftaten

Dem vorstehenden Diskussionsentwurf hat das Land Hessen einen an den Bundesrat gerichteten Antrag auf Entschließung des Bundesrates zur Einführung strafrechtlicher Verantwortlichkeit für juristische Personen und Personenvereinigungen folgen lassen.[577] Hierin wurde die Bundesregierung aufgefordert, das Sanktionsinstrumentarium gegenüber Wirtschaftsunternehmen und sonstigen Körperschaften zu reformieren. Insbesondere solle eine strafrechtliche Verantwortlichkeit für Verbände eingeführt werden. Die zwischenzeitlich neu gewählte Regierung des Landes Hessen hat diesen Antrag jedoch mittlerweile wieder zurückgezogen.[578]

Der Diskussionsentwurf des hessischen Ministeriums der Justiz verwirft mit den vorgenannten Regelungen alle von der Strafrechtslehre vor allem gegen die echte Kriminalstrafbarkeit vorgebrachte Bedenken. Er geht in seiner Begründung insbesondere davon aus, dass es ohne weiteres möglich sei, eine strafrechtliche Verantwortlichkeit juristischer Personen und sonstiger korporativer Verbände begründen zu können. Der juristischen Person oder Personenvereinigung soll hierzu sowohl das Handeln als auch das Verschulden der für sie handelnden natürlichen Personen als eigenes Handeln und Verschulden zugerechnet werden. In der Begründung des Entwurfes wird hierzu ausgeführt, dass es sich hierbei ausdrücklich nicht um eine Haftung des Verbandes für fremde Schuld handele, der Verband werde vielmehr für ein eigenes Verschulden verantwortlich gemacht, weil dem Verband selbst die Pflicht obliege, sein Verhalten an den Anforderungen des Rechts auszurichten.

---

zu verhindern. Dabei dürfen an die Betriebsabläufe keine unzumutbaren Anforderungen gestellt werden. Das Gericht kann die juristische Person oder die Personenvereinigung insbesondere anweisen,

bestimmte Tätigkeiten nicht auszuüben, die nach den Umständen zu Straftaten missbraucht werden können, oder

sich zu bemühen, einen Ausgleich mit dem Verletzten zu erreichen oder sonst den durch die Tat verursachten Schaden wiedergutzumachen.

(2) Das Gericht bestimmt die Laufzeit der Weisungen; die Laufzeit darf zwei Jahre nicht überschreiten. Es kann die Weisung ändern oder von ihr befreien.

(3) Kommt die juristische Person oder die Personenvereinigung einer Weisung nicht nach, so kann ein Ordnungsgeld bis zu einer Million Deutsche Mark festgesetzt werden. Der Festsetzung muss eine entsprechende Androhung vorausgehen.

§ 76 h Zwangsaufsicht

(1) Das Gericht kann die juristische Person oder die Personenvereinigung für die Dauer von bis zu fünf Jahren der Aufsicht eines von ihm zu bestellenden Treuhänders unterstellen.

(2) Die Aufsicht kann nur angeordnet werden, wenn Weisungen nicht als ausreichend erscheinen, der Begehung weiterer Straftaten in dem Betrieb der juristischen Person oder der Personenvereinigung vorzubeugen."

577 BR-Drucks. 690/98.

578 Schreiben vom 08.06.1999 an den Präsidenten des Bundesrates, BR-Drucks. 385/99.

Den Personenkreis, durch dessen Straftaten die Verbandsstrafbarkeit begründet werden kann, fasst der Entwurf weiter als es in § 30 OWiG der Fall ist. Der Kreis tauglicher Täter wird nicht auf die Leitungsebene des Verbandes beschränkt. Eine strafrechtliche Verantwortlichkeit der Korporation soll vielmehr durch Straftaten aller Bediensteten ausgelöst werden können.

Da der Gesetzentwurf des Landes Hessen damit wie zahlreiche andere Stimmen auch von der Möglichkeit der Zurechnung der Schuld des Verbandsorgans gegenüber dem Verband selbst ausgeht[579], muss er aus den schon bei der Frage der Schuldfähigkeit von juristischen Personen und Personenvereinigungen vorgebrachten Gründen im Ergebnis abgelehnt werden. Positiv hervorzuheben ist trotz allem dennoch der Ansatz, den Verband nicht nur für Verstöße von Mitgliedern der Leitungsebene, sondern für alle Betriebsangehörigen strafrechtlich verantwortlich zu machen.[580]

II. Beschluss der 69. Justizminister Konferenz

Auch die 69. Konferenz der Justizministerinnen und –minister, die vom 17. bis 18. Juni 1998 in Rostock-Warnemünde stattfand, befasste sich mit der Frage nach dem Ausbau der Sanktionsmöglichkeiten im Hinblick auf die im Rahmen der Tätigkeit und im Interesse von Verbänden begangenen Straftaten. Unter Top II.3 fassten die Justizministerinnen und –minister folgenden Beschluss:

„Einführung strafrechtlicher Verantwortlichkeit für juristische Personen und Personenvereinigungen.

Im Hinblick darauf, dass insbesondere auf den Gebieten der Wirtschafts- und Umweltkriminalität, aber auch der gesamten Organisierten Kriminalität zahlreiche Straftaten im Zusammenhang mit der Tätigkeit von Wirtschaftsunternehmen begangen werden, sehen die Justizministerinnen und –minister im Einklang mit der Entwicklung im Ausland und in internationalen Rechtsinstrumenten die Notwendigkeit, die Sanktionsmöglichkeiten gegen juristische Personen wirksam zu verbessern.

Dies berührt allerdings wesentliche Grundsatzfragen von denen es insbesondere abhängt, ob die vorzusehenden Sanktionen strafrechtlichen Charakter haben können, ob die Mittel des Ordnungswidrigkeitenrechts effektiviert werden können oder ob ein neues eigenständiges System zu schaffen ist.

---

579 Vgl. zu den Befürwortern einer Schuldzurechnung oben: Teil 2, A, II, 2, c, ee.
580 Vgl. zu der Ausweitung des Täterkreises des § 30 OWiG: Teil 1, A, I, 2.

Die Justizministerinnen und –minister gehen davon aus, dass die Bundesregierung im Zusammenwirken mit den Ländern zügig einen den Erfordernissen entsprechenden Regelungsentwurf erarbeitet, der in der nächsten Wahlperiode beim Deutschen Bundestag eingebracht werden kann. "

Auch die Justizminister Konferenz ist somit zu der Erkenntnis gelangt, dass die Notwendigkeit besteht, die gegenüber juristischen Personen und Personenvereinigungen bestehenden Sanktionsmöglichkeiten auf wirksame und den aktuellen Erfordernissen der modernen Wirtschaftsordnung angepasste Weise zu verbessern. Besonders beachtlich an dem Beschluss ist vor allem, dass, wenngleich keine Entscheidung darüber getroffen wird, auf welchem Weg das gesteckte Ziel erreicht werden soll, neben der Einführung einer echten Verbandsstrafbarkeit nach dem StGB und der Ausweitung der nach dem OWiG bestehenden Sanktionsmöglichkeiten auch die Möglichkeit eines eigenständigen auf Verbände zugeschnittenen Sanktionensystems erwogen wird.

III. Parlamentarische Diskussion

Auch auf direkter parlamentarischer Ebene ist die Frage nach der Notwendigkeit der Ausweitung der Sanktionsmöglichkeiten gegen juristische Personen und Personenvereinigungen sowie nach möglichen Wegen, eine solche Ausweitung umzusetzen, in die Diskussion geraten.

1. Große Anfrage an die Bundesregierung vom 15.01.1998

Von Teilen der SPD-Fraktion des Deutschen Bundestages wurden verschiedene Fragen, die sich bei Rechtsverstößen im Zusammenhang mit der Tätigkeit von Verbänden stellen, unter dem Titel „Besondere Verantwortlichkeit von Unternehmen – Probleme kriminalrechtlicher Verantwortlichkeit juristischer Personen und Personenvereinigungen" im Rahmen einer Großen Anfrage vom 15.01.1998 an die Bundesregierung der 13. Legislaturperiode zur Sprache gebracht.[581]

In diesem Zusammenhang stellten die Anfragenden fest, dass den juristischen Personen und Personenvereinigungen innerhalb unserer modernen Industriegesellschaft im Verhältnis zu Einzelpersonen eine herausragende Stellung zukomme. Aufgrund dieser Tatsache und aufgrund des Anstiegs der Unternehmenskriminalität – insbesondere im Bereich der Wirtschafts- und Umweltdelikte –

---

581 BT-Drucks. 13/9682.

wurde die Einführung einer kriminalrechtlichen Verantwortlichkeit von Unternehmen als eine Frage von national und europaweit zentraler Bedeutung bezeichnet. Der Begriff „Unternehmenskriminalität" erfasst nach Auffassung der Anfragenden dabei alle von Mitarbeitern für ihr Unternehmen beziehungsweise im Interesse ihres Unternehmens begangenen Straftaten. Es ist den Ausführungen insgesamt die Tendenz zu entnehmen, den Kreis der Personen, die durch ihr Handeln für einen Verband in der Lage sind, eine Sanktion gegen den Verband auszulösen, über die Leitungsebene hinaus auch auf untere Ebenen der Unternehmenshierarchie auszudehnen. Darauf, dass der Kreis der Personen, deren Verhalten einem Unternehmen zugerechnet werden kann, sich auf dem Gebiet des Rechts der Europäischen Union nicht nur auf die gesetzlichen Vertreter beschränkt, sondern alle befugterweise für ein Unternehmen handelnden Personen umfasst, wird in diesem Zusammenhang besonders hingewiesen. Nach Auffassung der Anfragenden kann mit dem individualistischen Zurechnungskonzept des – klassischen – Strafrechts die von juristischen Personen und Personenvereinigungen begangene Kriminalität nicht effektiv bekämpft werden. Vielmehr kann nach ihrer Ansicht nur mit einem weit gefächerten Sanktionen- und Maßnahmenkatalog, wie er in der Empfehlung des Ministerkomitees Europarates vom 20. Oktober 1988[582] beschrieben ist, die von Unternehmen zu verantwortende Kriminalität angemessen sanktioniert werden. Indem auf diese Empfehlung abgestellt wird, sprechen sich die Anfragenden auch dafür aus, Unternehmen nach dem Ausmaß ihrer Schuld selbst strafrechtlich verantwortlich zu machen.

Hervorzuheben ist, dass auch die Verfasser der Großen Anfrage an die Bundesregierung eindeutig eine Ausweitung des Kreises der tauglichen Individualtäter befürworten. Und auch einer Verantwortlichkeit von juristischen Personen und Personenvereinigungen nach dem klassischen Strafrecht stehen die Verfasser der Anfrage offensichtlich positiv gegenüber.

2. Antwort der Bundesregierung vom 09.09.1998

In ihrer Antwort[583] stellte die Bundesregierung fest, dass die rechtspolitische Diskussion hinsichtlich der strafrechtlichen Verantwortung juristischer Personen und Personenvereinigungen bei weitem noch nicht abgeschlossen sei. Sie verwies darauf, dass die Thematik die Grundstrukturen des materiellen Rechts und des Verfahrensrechts betreffe. Sie beinhalte neben gravierenden verfassungs-

582 Empfehlung des Ministerkomitees des Europarates Nr. R (88) 18, vom 20.10.1988; siehe hierzu näher unten: Teil 3, A, V, 1.

583 BT-Drucks. 13/11425.

rechtlichen Schwierigkeiten in gleicher Weise auch zivilrechtliche Probleme. Es bestehe daher Bedarf nach einer sorgfältigen Prüfung des gesetzgeberischen Handlungsbedarfs.

In Anlehnung an die 69. Justizministerkonferenz vom Juni 1998 verwies die Bundesregierung darauf, dass die Einführung einer strafrechtlichen Verantwortlichkeit für juristische Personen und Personenvereinigungen wesentliche Grundsatzfragen betreffe, von denen es abhängig sei, ob die vorzusehenden Sanktionen strafrechtlichen Charakter haben könnten oder ob ein neues eigenständiges System von Verbandssanktionen zu schaffen sei.

Die Bundesregierung hat zur Klärung der sich in diesem Zusammenhang stellenden Fragen die Einrichtung einer Kommission zur Reform des strafrechtlichen Sanktionensystems angekündigt. Diese soll sich neben anderen Themen auch mit der Frage der Einführung einer strafrechtlichen Verantwortlichkeit von juristischen Personen und Personenvereinigungen befassen.

IV. Kommission zur Reform des strafrechtlichen Sanktionensystems

Die von der Bundesregierung im Bundesministerium der Justiz eingerichtete „Kommission zur Reform des strafrechtlichen Sanktionensystems“ hat im März 2000 ihren Abschlussbericht vorgelegt.

Zur Vorbereitung ihrer Beratungen hatte die Kommission eine Arbeitsgruppe „Unternehmensstrafbarkeit“ eingesetzt. Kontroverse Ansichten bestanden innerhalb der Arbeitsgruppe bereits darüber, ob überhaupt ein gesetzgeberischer Handlungsbedarf auf strafrechtlichem Gebiet besteht. Einigkeit hingegen herrschte darüber, dass internationale und supranationale Regelungen die Einführung einer strafrechtlichen Unternehmenssanktionierung in Deutschland nicht zwingend gebieten. Die Einführung einer strafrechtlichen Unternehmensverantwortlichkeit würde einen „Weg in ein anderes Strafrecht“ bedeuten. Hierbei seien vielschichtige Probleme verfassungsrechtlicher, strafrechtlicher und strafverfahrensrechtlicher Art zu bewältigen.[584]

In den Beratungen der Kommission kamen schließlich zahlreiche Argumente zur Sprache, die einen gesetzgeberischen Handlungsbedarf auf strafrechtlichem Gebiet nahe legten oder auch verwarfen.

---

[584] Abschlussbericht der Kommission zur Reform des strafrechtlichen Sanktionensystems, S. 199.

Die Befürworter strafrechtlicher Unternehmenssanktionen führten unter anderem das Problem der organisierten Unverantwortlichkeit[585] an. Weiter wurde dargelegt, dass das Strafrecht in den letzten fünfzehn bis zwanzig Jahren einer erheblichen Veränderung unterworfen gewesen sei. Eine Diskussion der Verbandsstrafe auf der Grundlage von Argumenten aus den fünfziger Jahren des letzten Jahrhunderts sei daher in der heutigen Zeit nicht angezeigt.
Die Mehrheit der Kommission trat diesen Argumenten dennoch entgegen. Nach ihrer Auffassung seien Sanktionslücken nur in Einzelfällen vorhanden und das Phänomen der organisierten Unverantwortlichkeit sei nicht allgemein gegeben. Darüber hinaus bestehe bereits ein wirkungsvolles Instrumentarium zur Unternehmenssanktionierung, das ausreichende Reaktionsmöglichkeiten auf Rechtsverstöße im Zusammenhang mit dem Tätigwerden von Verbänden biete. Auch sei es mit der Einführung einfacher strafrechtlicher Sanktionsregelungen nicht getan. Die Einführung kriminalstrafrechtlicher Unternehmenssanktionen mache daneben auch ein neues Strafprozessrecht erforderlich. Ein solches neues straf- und strafprozessuales Regelungssystem werfe aber erhebliche Bedenken hinsichtlich des Schuldprinzips auf. Dies gelte nicht nur für die Schuldfähigkeit von Personenverbänden, sondern auch hinsichtlich der Bestrafung Unschuldiger.
Die Diskussion führte schließlich zu dem Beschluss der Kommission, dass die Einführung einer Unternehmenssanktionierung im Bereich des klassischen Kriminalstrafrechts abzulehnen sei.[586]

Die Kommission beschäftigte sich auch über die Grenzen des klassischen Strafrechts hinaus mit der Frage, ob eine Unternehmenssanktionierung in anderen Rechtsgebieten sinnvoll und angezeigt ist. In das Blickfeld der Kommission geriet hierbei vor allem die Frage nach der Erweiterung des ordnungswidrigkeitenrechtlichen Instrumentariums. Dabei kam sie zu der Erkenntnis, dass § 30 OWiG a.F. der Anpassung an die Rechtsinstrumente der Europäischen Gemeinschaft, nämlich dem zweiten Protokoll zum Übereinkommen über den Schutz der finanziellen Interessen der Europäischen Gemeinschaft[587], bedurfte.
Die Beschäftigung mit der Frage nach der Einführung einer originären Haftung von juristischen Personen und Personenvereinigungen mündete in dem Beschluss, dass neben §§ 30, 130 OWiG kein weiterer Ordnungswidrigkeitentatbestand, der auf dem Modell einer originären Verbandshaftung beruht, in das Ordnungswidrigkeitengesetz aufgenommen werden sollte. Befürwortet wurde aber die Erweiterung des Tatbestandes des § 30 OWiG hinsichtlich des Kreises der tauglichen Täter. Hier wurde vorgeschlagen, die Formulierung „in leitender

---

585 Siehe hierzu näher oben: Teil 1, B, II.

586 Abschlussbericht der Kommission zur Reform des strafrechtlichen Sanktionensystems, S. 202.

587 ABlEG Nr. C 221, v. 19.07.1997, S. 11 ff.; siehe hierzu näher unten: Teil 3, A, V, 2.

Stellung“ zu streichen. Auf diese Weise solle von § 130 OWiG der Druck zur Ausweitung individueller Verantwortlichkeit genommen werden.[588]
Auch die Überprüfung bestehender und möglicher weiterer Sanktionsmöglichkeiten im Ordnungswidrigkeitenrecht war Gegenstand der Diskussion. In diesem Zusammenhang wurde auch auf die Aufzählung denkbarer Sanktionen nach der Empfehlung des Ministerkomitees des Europarates vom 20.10.1988[589] eingegangen. Es wurde der Beschluss gefasst, die Erweiterung der Sanktionsmöglichkeiten im Ordnungswidrigkeitenrecht über die Geldbuße hinaus, entsprechend der Empfehlung des Ministerkomitees sowie den fakultativen Möglichkeiten, die in den EU-Rechtsinstrumenten genannt werden, zu überprüfen.[590] Die Arbeitsgruppe zur Vorbereitung der Beratungen hatte jedoch schon zuvor festgestellt, dass der überwiegende Teil der in der Empfehlung des Ministerkomitees genannten Sanktionen in Deutschland zwar nicht im Strafrecht, wohl aber im Ordnungswidrigkeitenrecht und vor allem im Verwaltungsrecht bereits existent ist.[591]

Bemerkenswert an den Ergebnissen der Kommission zur Reform des strafrechtlichen Sanktionensystems ist, dass sich auch die Kommission für eine Ausweitung des Kreises derjenigen natürlichen Personen ausspricht, deren Verhalten eine Verbandssanktion auslösen kann. Daneben ist hervorzuheben, dass sich auch dieses Gremium für ein flexibles, über die Geldbuße als einzige Sanktion des Ordnungswidrigkeitenrechts hinausgehendes Sanktionsinstrumentarium zur Bekämpfung der Verbandsdelinquenz ausspricht.

V. Recht der Europäischen Union

Auch verschiedene Gremien der Europäischen Union haben zu der Problematik der Unternehmensdelikte und der Möglichkeit, mit Sanktionen gegen juristische Personen und Personenvereinigungen vorzugehen, Stellung genommen.

---

588 Abschlussbericht der Kommission zur Reform des strafrechtlichen Sanktionensystems, S. 203.

589 Empfehlung des Ministerkomitees des Europarates Nr. R (88) 18, vom 20.10.1988.

590 Abschlussbericht der Kommission zur Reform des strafrechtlichen Sanktionensystems, S.204.

591 Abschlussbericht der Kommission zur Reform des strafrechtlichen Sanktionensystems, S. 200.

1. Empfehlung des Ministerkomitees des Europarates

Schon 1988 hat das Ministerkomitee des Europarates eine Empfehlung an die Mitgliedsstaaten „betreffend die Verantwortlichkeit von Unternehmen mit juristischer Persönlichkeit für in Ausübung ihrer Tätigkeit begangene Gesetzesverletzungen" beschlossen.[592] Anlass für die Verabschiedung einer solchen Empfehlung war augenscheinlich die auch in der Einleitung der Empfehlung zum Ausdruck kommende Erkenntnis des Gremiums, dass die Zahl der begangenen Straftaten im Zusammenhang mit der Ausübung unternehmerischer Tätigkeiten deutlich zugenommen hatte. Daneben wurde auch auf die Schwierigkeiten hingewiesen, dass aufgrund der häufig komplexen Führungsstruktur in einem Unternehmen es nicht immer gelingt, diejenigen natürlichen Personen zu ermitteln, die für die Begehung einer Gesetzesverletzung verantwortlich sind. Auch das Phänomen der organisierten Unverantwortlichkeit bot also für das Ministerkomitee Anlass zum Tätigwerden.

Nach Auffassung des Ministerkomitees sollten die Mitgliedsstaaten darauf hinwirken, Unternehmen auch selbst strafrechtlich verantwortlich machen zu können. Strafrechtliche Sanktionen sollten gegen die delinquenten Unternehmen dabei nach dem Ausmaß der Schuld auf Seiten des Unternehmens vorgesehen werden. Auch sollte ein Unternehmen zur Verantwortung gezogen werden, unabhängig davon, ob eine natürliche Person, welche die strafbare Handlung oder Unterlassung begangen hat, ermittelt werden kann oder nicht. Die Tatsache, dass das Unternehmen zur Verantwortung gezogen wird, sollte dabei eine in die Gesetzesverletzung verwickelte natürliche Person nicht von ihrer eigenen persönlichen Verantwortung entbinden. Es wird darüber hinaus vorgeschlagen, ähnlich einem Strafregister für Einzeltäter, ein Register einzurichten, in das alle Sanktionen oder Maßnahmen, die gegen ein Unternehmen verhängt wurden, einzutragen sind.

Auch das Ministerkomitee des Europarates geht in seiner Empfehlung an die Mitgliedsstaaten anscheinend ohne weiteres von der Möglichkeit einer strafrechtlichen Verfolgung juristischer Personen und Personenvereinigungen aus. Gleichwohl erkennt das Komitee auch die aus der Rechtstradition verschiedener Mitgliedsstaaten – zu denen auch Deutschland zählt – resultierenden Schwierigkeiten an, Unternehmen mit juristischer Persönlichkeit strafrechtlich verantwortlich zu machen. Das Ministerkomitee bringt jedoch den Wunsch zum Ausdruck, diese Schwierigkeiten zu überwinden, um Unternehmen als solche verantwortlich machen zu können. In der gleichzeitigen Verfolgung des Unternehmens und der für es handelnden natürlichen Personen sieht das Ministerkomitee hingegen

---

592 Empfehlung des Ministerkomitees des Europarates Nr. R (88) 18, vom 20.10.1988.

offensichtlich keine Schwierigkeiten. Auf die Gefahr einer möglichen Doppelbestrafung wird jedenfalls nicht eingegangen.

2. Übereinkommen über den Schutz der finanziellen Interessen der Europäischen Gemeinschaft

Weiteren Nährboden erhielt die Diskussion um die Ausweitung bestehender oder die Einführung neuer Sanktionen gegen juristische Personen und Personenvereinigungen von Seiten der Europäischen Union vor allem durch das „Übereinkommen über den Schutz der finanziellen Interessen der Europäischen Gemeinschaft" vom 27.11.1995[593], die dieses Übereinkommen ergänzenden Protokolle sowie den Vorschlag des Europäischen Parlaments und des Rates für eine Richtlinie über den strafrechtlichen Schutz der finanziellen Interessen der Gemeinschaft vom 23.05.2001[594]. Insbesondere das Zweite Protokoll[595] zum Übereinkommen vom 19.07.1997[596] und der Richtlinienvorschlag des Europäischen Parlaments und des Rates über den Schutz der finanziellen Interessen der Europäischen Gemeinschaft vom 23.05.2001[597] enthalten wortlautgleiche Bestimmungen zur Verantwortlichkeit und Sanktionierbarkeit von juristischen Personen.

Hiernach werden die Mitgliedsstaaten aufgefordert, sicherzustellen, dass eine juristische Person für eine zu ihren Gunsten von einer natürlichen Person begangene Zuwiderhandlung verantwortlich gemacht werden kann, wenn die natürliche Person entweder allein oder als Teil eines Organs der juristischen Person gehandelt und sie eine Führungsposition innerhalb der juristischen Person innehat.[598]

Jeder Mitgliedsstaat soll darüber hinaus sicherstellen, dass gegen eine in diesem Sinne verantwortliche juristische Person wirksame, angemessene und abschreckende Sanktionen verhängt werden können. Hierzu sollen jedenfalls strafrechtliche oder nichtstrafrechtliche Geldsanktionen gehören. Darüber hinaus können

---

593 ABlEG Nr. C 316, v. 27.11.1995, S. 48 ff.; siehe auch: ABlEG Nr. C 313, v. 23.10.1996, S. 1 ff. und ABlEG Nr. C 221, v. 19.07.1997, S. 11 ff.

594 ABlEG Nr. C 240 E, v. 28.08.2001, S. 125 ff.

595 Vgl. zum „Zweiten Protokoll": Korte, NJW 1998, 1464 ff.

596 ABlEG Nr. C 221, v. 19.07.1997, S. 11 ff.

597 ABlEG Nr. C 240 E, v. 28.08.2001, S. 125 ff.

598 Art. 3 (Verantwortlichkeit von juristischen Personen) des Zweiten Protokolls zum Übereinkommen über den Schutz der finanziellen Interessen der Europäischen Gemeinschaft, ABlEG Nr. C 221, v. 19.07.1997.

weitere Sanktionen verhängt werden, namentlich zum Beispiel richterliche Aufsicht oder die richterlich angeordnete Auflösung.[599]

Die Bestimmungen des Zweiten Protokolls bedeuten damit erstmals die Verpflichtung der Mitgliedsstaaten bei der Sanktionierung von juristischen Personen und Personenvereinigungen einen gewissen Mindeststandard sicher zu stellen. Die Regelungen enthalten insgesamt keine Verpflichtung zur Einführung einer strafrechtlichen Sanktion gegenüber juristischen Personen. Es werden vielmehr auch verwaltungsrechtliche Sanktionen als ausreichend angesehen. Verpflichtend ist jedoch die Schaffung einer strafrechtlichen oder nicht strafrechtlichen Geldsanktion.[600] Dieser Verpflichtung dürfte mit § 30 OWiG seitens des deutschen Rechts aber ausreichend nachgekommen sein. Die darüber hinaus erforderliche Anpassung des Kreises tauglicher Täter der Anknüpfungstat wurde mittlerweile durch das EU-Rechtsinstrumente-AG vom 22.08.2002 vorgenommen.[601]
Die Vorgaben des EU-Rechts folgen damit aber dennoch nicht dem sonst vorhandenen Trend, den Kreis der Personen, die eine Verbandssanktion auslösen können, nicht mehr auf Zugehörige der Leitungsebene zu beschränken, sondern juristische Personen und Personenvereinigungen für das Handeln aller für sie tätig werdenden Betriebsangehörigen haftbar machen zu können.
Beachtlich ist aber vor allem, dass in den Bestimmungen des Zweiten Protokolls ausdrücklich die Einführung von Sanktionen gefordert wird, die gerade gegenüber juristischen Personen eine abschreckende Wirkung entfalten sollen. Das Übereinkommen geht somit ohne weiteres davon aus, dass Sanktionen auch gegenüber juristischen Personen und Personenvereinigungen präventive Wirkungen entfalten können.

VI. Weitere internationale Regelungen

Eine weitere für den deutschen Gesetzgeber bindende Regelung enthält auch das von der Organisation für wirtschaftliche Zusammenarbeit und Entwicklung (OECD) beschlossene Übereinkommen vom 17. Dezember 1997.[602] In Artikel 2 des Übereinkommens verpflichtet sich jede Vertragspartei, in Übereinstimmung

---

599 Art. 4 (Sanktionen für juristische Personen) des Zweiten Protokolls zum Übereinkommen über den Schutz der finanziellen Interessen der Europäischen Gemeinschaft, ABlEG Nr. C 221, v. 19.07.1997.

600 Vgl. BT-Drucks. 13/11425, S. 16.

601 Zu den im Einzelnen vorgenommenen Änderungen an § 30 OWiG siehe oben: Teil 1, A, I.

602 BT-Drucks. 13/10428; vgl. hierzu auch: Korte, NJW 1997, 2556 ff.

onsgedanken ausgerichteten Strafrecht, bemesse sich die rechtliche Zulässigkeit einer strafrechtlichen Sanktion primär nach ihrer Geeignetheit, Erforderlichkeit und Verhältnismäßigkeit zur Erreichung ihrer Zweckbestimmung. Diese bestehe eben im Rechtsgüterschutz und damit in ihrer präventiven Nützlichkeit.[612] Die Legitimationsfunktion des Schuldprinzips sieht Schünemann als nicht in dem Sinne exklusiv an, als dass man nicht auch nach anderen Legitimationsprinzipien Ausschau halten könne, bei deren Beachtung der von einer präventiv nützlichen Sanktion Betroffene sich nicht unbillig beschwert fühlen könne.[613] Ein solches Legitimationsprinzip glaubt Schünemann in einem Rechtsgüternotstand gefunden zu haben. Das Vorliegen eines solchen Rechtsgüternotstandes sei dann anzunehmen, wenn eine natürliche Person in einem Wirtschaftsunternehmen eine mit Strafe oder Bußgeld bedrohte Handlung begeht, um dem Unternehmen einen Vorteil zu verschaffen und die zur Verhinderung solcher Taten erforderlichen Aufsichtsmaßnahmen im Unternehmen fehlten oder unvollständig waren.[614] Die von einer so legitimierten Verbandsgeldbuße oder Verbandsgeldstrafe letztlich getroffenen Träger des Unternehmens, wie etwa die Aktionäre einer AG, würden hierdurch nicht unbillig behandelt, da die Sanktion für sie nur eine Schmälerung ihrer Gewinnerwartung darstelle und damit nur ein finanzielles Haftungsrisiko sei, wie es bei jeder Veranlassung einer Unternehmenstätigkeit auftrete. Die spezielle Legitimation der zur Individualsanktion hinzutretenden Verbandsgeldbuße bestehe darin, dass ein einem einzelnen Menschen nicht mehr zurechenbares Phänomen durch ausschließlich individualstrafrechtliche Sanktionen nicht behoben werden könne. Es bestehe insofern ein Präventionsnotstand. Erforderlich sei es daher, kollektive Deliktsphänomene durch eine ebenfalls kollektiv wirkende Sanktion zu kompensieren.[615] Nach einer zunächst restriktiveren Auffassung vertritt Schünemann in neueren Arbeiten die Ansicht, die Verbandsgeldbuße sollte als eine zusätzliche kollektive Sanktion für jede Zuwiderhandlung irgendeines einzelnen Verbandsmitgliedes einsetzbar sein, also kumulativ neben eine Individualsanktion treten und sich nicht auf die Anknüpfungstaten oberster Leitungsorgane beschränken. Er weicht somit von der Vorstellung einer anonymen Verbandsgeldbuße ab, wie er sie zuvor vertreten hatte.[616]

---

612 Schünemann, Unternehmenskriminalität, 236; derselbe Taiwan, 461 f.
613 Schünemann, Unternehmenskriminalität, 241; derselbe, Taiwan, 461 f.
614 Schünemann, Taiwan, 465; derselbe, Unternehmenskriminalität, 254, 268.
615 Schünemann, Taiwan, 464 f.
616 Schünemann, Taiwan, 466; vgl. derselbe, Unternehmenskriminalität, 248; derselbe, Unternehmenskuratel, S. 129 ff.

3. Maßregelmodell

Für ein an den Prinzipien der Maßregeln der Besserung und Sicherung orientiertes Modell tritt Stratenwerth[617] ein. Dass der Schuldbegriff des Strafrechts auf Kollektive nicht übertragbar sei und dass sich schuldbezogene Strafen gegenüber Verbänden daher nicht rechtfertigen ließen, sieht er mit den Einwänden gegen eine solche Strafbarkeit, die in der Diskussion der fünfziger Jahre des letzten Jahrhunderts vorgebracht wurden, als gesichert an. An ihrer Stichhaltigkeit habe sich seither nichts geändert.[618] Maßregeln seien schon seit langem als Ersatz für eine Verbandsstrafe in der Diskussion. Dies biete sich eben gerade deshalb an, da sie keine Schuld voraussetzen und wenigstens theoretisch keinerlei sittlichen Tadel enthalten. Problematisch sei nur ihre lediglich auf die Spezialprävention ausgerichtete Zweckbestimmung, bezüglich derer im Blick auf die Unternehmenshaftung jedoch auch an die Ausrichtung auf andere Zwecke zu denken sei. Da Sanktionen für eine Unternehmenshaftung erst noch geschaffen werden müssten, stehe dem nichts entgegen, ihnen den kriminalpolitischen Bedürfnissen entsprechende Zwecke zuzuschreiben.[619] Ihre Rechtfertigung fänden diese Maßnahmen in einem überwiegenden öffentlichen Interesse, das sich gerade darin begründen ließe, dass Unternehmensdelikte durch das vorhandene individualstrafrechtliche Instrumentarium nicht angemessen gerechtfertigt werden könnten. Durch die unzureichende Sanktionierung bekannt werdender Unternehmensdelikte durch das Individualstrafrecht und die hiervon ausgehende Ermutigung gegenüber anderen Unternehmen, ebenfalls Rechtsverstöße zu begehen, werde der wünschenswerte generalpräventive Zweck der Maßnahmen gegen Unternehmen deutlich.[620]

---

617 Stratenwerth, FS-Schmitt, S. 302 ff.
618 Stratenwerth, FS-Schmitt, S. 302 f.
619 Stratenwerth, FS-Schmitt, S. 304.
620 Stratenwerth, FS-Schmitt, S. 304 f.

B. Verantwortlichkeit von Personenverbänden in ausländischen Rechtsordnungen

Das Phänomen delinquenten Verhaltens im Zusammenhang mit der (wirtschaftlichen) Tätigkeit juristischer Personen und Personenvereinigungen ist natürlich nicht auf den Bereich der deutschen Rechtsordnung beschränkt. Auch in anderen europäischen und außereuropäischen Rechtsordnungen spielt dieses Thema eine Rolle. Die Frage nach der Strafbarkeit von Verbänden beziehungsweise nach den ihnen gegenüber ansonsten anwendbaren Sanktionsmöglichkeiten wird in den ausländischen Rechtsordnungen dabei sehr unterschiedlich beantwortet. Vor allem in den Rechtsordnungen der zum angloamerikanischen Rechtskreis zählenden Staaten ist die Idee von strafrechtlichen Sanktionen gegen juristische Personen schon seit langem fest verwurzelt, auch eine echte strafrechtliche Haftung von Unternehmen ist hier nichts Ungewöhnliches. Die Rechtssysteme der kontinentaleuropäischen Staaten hingegen, die sich ganz überwiegend zum Individualstrafrecht und zum Schuldprinzip bekennen, stehen Verbandsstrafen überwiegend ablehnend gegenüber. Doch gibt es auch hier deutliche Anzeichen, die auf die Einführung oder Ausweitung von Verbandssanktionen hinweisen. Einige Staaten haben in den letzten Jahren diesbezügliche Reformen vorangetrieben.

I. angloamerikanischer Rechtskreis

Die Rechtsordnungen der zum angloamerikanischen Rechtskreis zählenden Staaten unterscheiden sich deutlich vom kontinentaleuropäischen beziehungsweise deutschen Rechtssystem. Dabei liegen die strukturellen Unterschiede vor allem darin begründet, dass das angloamerikanische Strafrecht im Gegensatz zum deutschen Strafrecht weniger allgemeine dogmatische Überlegungen zum Gegenstand hat. Die moderne angloamerikanische Strafrechtsentwicklung lässt sich vielmehr von praktischen Erwägungen zur öffentlichen Sicherheit, Ordnung und Wohlfahrt lenken.[621] Im Folgenden sollen daher zunächst die Besonderheiten des angloamerikanischen Rechts – vor allem in Bezug auf die Strafbarkeit von juristischen Personen – beschrieben werden, die zumindest in den Rechtsordnungen Englands und der USA, wohl aber auch in allen übrigen Staaten des angloamerikanischen Rechtskreises, Geltung beanspruchen.

---

621 Eidam, Straftäter, S. 30; Ackermann, S. 75; Jescheck, SchwZStr 1955, 243, 256.

1. Besonderheiten des angloamerikanischen Rechts

Sowohl das englische als auch das us-amerikanische Recht gehören der Rechtsfamilie des so genannten *common law* an. Dieses zeichnet sich vor allem dadurch aus, dass es, anders als das deutsche Strafrecht, das sich in erster Linie auf die Regelungen des Strafgesetzbuches bezieht, als Rechtsquelle vorrangig auf die kontinuierliche Folge richterlicher Entscheidungen zurückgreift. Die Entscheidungen höherer Gerichte, die *precedents*, stellen selbständige Rechtsquellen dar und entfalten Bindungswirkung gegenüber untergeordneten Gerichtsinstanzen. Auch das Obergericht selbst ist in der Regel an seine eigenen früheren Entscheidungen gebunden.[622] Neben diesem Fallrecht, dem so genannten *case law*, besteht als weitere Rechtsquelle das gesetzte Recht, die *statutes*. Zwar wurden die wesentlichen Straftaten des *case law* mittlerweile auch in gesetzlichen Bestimmungen (*statutes*) normiert, als primäre Rechtsquelle sind aber weiterhin die Einzelentscheidungen der Gerichte maßgebend. Dies liegt vor allem in dem allgemeinen Grundsatz begründet, dass die neuen Gesetze so auszulegen sind, dass sie mit den obergerichtlichen Entscheidungen, dem *case law*, in Einklang stehen. Darüber hinaus fehlt es den meisten gesetzlichen Regelungen an allgemeinen Normen, die etwa dem Allgemeinen Teil des Strafgesetzbuches entsprechen. In Ermangelung allgemeiner Regelungen wird somit auch hinsichtlich der grundsätzlichen Frage nach einer strafrechtlichen Verantwortung auf die generellen Regeln des *common law* zurückgegriffen.[623] Auch eine Unterscheidung von Delikten in echte Straftaten des Kriminalstrafrechts und bloße Ordnungswidrigkeiten, wie sie etwa im deutschen Strafrecht geläufig ist, kennen die angloamerikanischen Rechtssysteme nicht. Eine Einteilung in Verbrechen, Vergehen und Ordnungswidrigkeiten ist diesem Rechtskreis fremd.[624]

2. Grundvoraussetzungen strafrechtlicher Haftung

Eine strafrechtliche Verantwortlichkeit knüpft nach dem angloamerikanischen Recht grundsätzlich an zwei Voraussetzungen, eine objektive und eine subjektive Komponente an. Die objektive Komponente wird als *actus reus* bezeichnet und stellt die Handlung oder Unterlassung dar, die das Strafrecht zusammen mit allen Begleitumständen und Folgen als rechtswidrige Tatbestandsverwirklichung beschreibt. Die zweite subjektive Komponente, die *mens rea*, betrifft die geisti-

---

622 Ackermann, S. 75 f.; Ehrhardt S. 90 f.; beide m.w.N.
623 Ehrhardt, S. 90 f.; Ackermann, S. 75 f.
624 Ackermann, S. 85 f., m.w.N.

ge Einstellung des Täters zu seiner Tat und umfasst neben dem Vorsatz auch alle sonstigen, je nach Delikt erforderlichen subjektiven Voraussetzungen.[625]

Der *mens rea*-Grundsatz ist fester Bestandteil des angloamerikanischen Rechts. Hiernach darf also niemand einer strafbaren Handlung für schuldig befunden werden, wenn nicht auch die Schuldhaftigkeit seiner inneren Einstellung nachgewiesen ist.[626] Diese Grundvoraussetzung schließt demnach juristische Personen grundsätzlich von einer strafrechtlichen Verantwortung aus.[627]

Auch im Bereich der *statutes* gilt prinzipiell die *mens rea*-Regel.[628] Im Verlauf der Zeit wurden aber im Zuge der Kodifizierung immer häufiger Strafnormen eingeführt, die nicht dem *common law* entstammten, sondern neu geschaffen wurden. Bei diesen Normen verzichtet der Gesetzgeber immer häufiger darauf, das *mens rea*-Erfordernis ausdrücklich in den Wortlaut der neu geschaffenen Normen aufzunehmen. Es ist somit nicht gesetzlich bestimmt, ob auch in diesen Fällen die *mens rea*-Regel Anwendung finden soll oder nicht. Vielmehr stehen nun die Gerichte vor der Aufgabe, durch die Auslegung der Normen im Sinne des *common law* zu klären, ob auch in diese Normen das *mens rea*-Erfordernis hineinzuinterpretieren ist oder ob diese Regelungen wörtlich auszulegen sind und daher die *mens rea*-Regel in diesen Fällen keine Anwendung finden soll.[629] Diese Auslegungsbefugnis der Gerichte führte schließlich zu den Ausnahmeregelungen zum Prinzip der *mens rea* in Form der *strict liability*, der Strafbarkeit ohne Verschulden, und der *vicarious liability*, der stellvertretenden strafrechtlichen Verantwortlichkeit.[630] Beide Institute bereiten den Weg für die Zulassung der Strafbarkeit juristischer Personen.

a. Strict liability

Im Rahmen der Auslegung des geschriebenen Rechts hinsichtlich der Frage danach, ob *mens rea* erforderlich ist, ist grundsätzlich von der Vermutung auszugehen, dass dies der Fall ist.[631] Diese Regel kann aber widerlegt werden, wenn es sich durch Auslegung als offensichtlich darstellt, dass der Gesetzgeber von dem *mens rea* Erfordernis absehen wollte. Dies wird vor allem durch die Unter-

---

625 Eidam, Strafttäter, S. 30; Ackermann, S. 77; Ehrhardt, S. 91 f.; Honig, S. 35.
626 Ackermann, S. 79; Eidam, Straftäter, S. 30; Grünhut, S.197.
627 Eidam, Straftäter, S. 30.
628 Ackermann, S. 79.
629 Ehrhardt, S. 92 f.; Ackermann, S. 78 f.; Eidam, Straftäter, S. 30 f.
630 Eidam, Straftäter, S. 30 f.; Ehrhardt, S. 92 f.; Ackermann, S. 78 f.; Bähr, S. 62 ff.
631 Ackermann, S. 80 f., m.w.N.

scheidung zwischen strafbaren Handlungen *mala in se* und solchen *mala prohibita* erreicht.
Unter Delikten *mala in se* werden solche Verstöße verstanden, die schon ihrer Natur nach als moralisch verwerflich angesehen werden, weil sie gegen das Rechtsbewusstsein des Volkes verstießen.[632] Hierzu werden insbesondere Taten gezählt, die für Leib und Leben der Opfer gefährlich sind.
Delikte *mala prohibita* sind hingegen solche, die vom Gesetzgeber als Ausdruck verantwortungsbewusster Staatsgewalt deshalb unter Strafe gestellt wurden, weil sie schädliche Folgen für das Gemeinwesen haben könnten. Derartige Verstöße werden nicht als im eigentlichen Sinne kriminell, sondern als moralisch wertneutral aufgefasst.[633] Bei Delikten in diesem Sinne, die im öffentlichen Interesse unter Strafe stehen oder einen schweren sozialen Schaden zur Folge haben können, wird leicht auf *strict liability* erkannt und auf das Erfordernis der *mens rea* verzichtet.
Auch unter prozessualen Aspekten wird um so mehr vermutet, dass der Gesetzgeber auf das *mens rea* Prinzip verzichten wollte, je schwerer es ist, in bestimmten Bereichen die Wahrheit zu ermitteln.[634] Ist für die Begehung eines Deliktes eine Gefängnisstrafe angedroht, wird hingegen davon ausgegangen, dass der Gesetzgeber kein Delikt der *strict liability* schaffen wollte.[635]

b. Vicarious liability

In einem engen Zusammenhang zur *strict liability* steht auch die *vicarious liability*. Sie begründet die strafrechtliche Verantwortlichkeit eines Geschäftsherrn für ein rechtswidriges Verhalten seines Gehilfen im Rahmen eines Beschäftigungsverhältnisses.[636] Diese Haftung kann selbst dann eintreten, wenn der Gehilfe ausdrücklich gegen die Anweisungen des Geschäftsherrn gehandelt hat und dieser auch bei der Auswahl und Beaufsichtigung des Gehilfen die erforderliche Sorgfalt hat walten lassen.[637]

Ihren rechtsdogmatischen Ursprung hat die *vicarious liability* in der Übernahme der aus dem zivilrechtlichen Schadensersatzrecht stammenden *respondeat superior rule*.[638] Die Anwendung der *respondeat superior* rule auch auf dem Gebiet

---

632 Ehrhardt, S. 92 f.; Ackermann, S. 81.
633 Ehrhardt, S. 93, Ackermann, S. 81, m.w.N.
634 Eidam, Straftäter, S. 31; Ackermann, S. 81, m.w.N.
635 Eidam, Straftäter, S. 31; Ackermann, S. 81, m.w.N.
636 Ackermann, S. 83 ff.; Ehrhardt, S. 94 f.; Eidam, Straftäter, S. 33.
637 Ehrhardt, S. 94 f., m.w.N.
638 Ackermann, S. 84 f.; Ehrhardt, S. 94f.

des Strafrechts erfolgte teils durch ausdrückliche Anordnung des Gesetzgebers, teils durch Auslegung neuer Gesetze durch die Gerichte. Die *vicarious liability* wurde damit begründet, dass sie erforderlich sei, um Beweisschwierigkeiten zu umgehen und um eine ausreichende Abschreckungswirkung zu erzielen.[639] In einer Entscheidung des *US-supreme court*[640] wurde die Verurteilung des Präsidenten eines Pharmaunternehmens für eine Falschauszeichnung eines Produktes, obwohl er von dieser weder etwas wusste noch wissen konnte, damit begründet, dass der Gesetzgeber bei Vorschriften der betreffenden Art auf das konventionelle Erfordernis persönlicher Schuld verzichtet hätte. Zwar würde so das Haftungsrisiko einer Person aufgebürdet, die ansonsten unschuldig sei. Sie stehe jedoch in verantwortlicher Beziehung zu einer öffentlichen Gefahr und habe zumindest die Möglichkeit, sich über die zum Schutz der Öffentlichkeit bestehenden Vorschriften zu informieren. Daher sei es besser, ihr das Risiko zu übertragen, anstatt einer unschuldigen und völlig hilflosen Öffentlichkeit.

Zwar ähneln sich *strikt liability* und *vicarious liability* in ihrem Anwendungsbereich, doch weisen beide systematische Unterschiede auf. Bei der *strict liability* wird auf das Schulderfordernis verzichtet, nicht jedoch auf den *actus reus*, die rechtswidrige Verwirklichung eines Tatbestandes. Bei der *vicarious liability* ist es hingegen das Erfordernis der persönlichen Tatbestandsverwirklichung durch den Geschäftherrn, auf das verzichtet wird. Erforderlich bleibt aber ein Verschulden des Gehilfen.[641]

3. England

Im englischen Recht ist eine strafrechtliche Haftung von Unternehmen auch bei verschuldensabhängigen Delikten seit Mitte des zwanzigsten Jahrhunderts anerkannt.[642] Die Unternehmen werden nach der Identifikationstheorie[643] („*doctrine of identfication*", „*alter-ego-doctrine*") für Verstöße ihrer Leitungspersonen strafrechtlich verantwortlich gemacht. Hiernach werden bestimmte Entscheidungsträger der juristischen Person in rechtlicher Hinsicht als mit der juristischen Person identisch angesehen.[644] Sowohl die objektive Tatseite als auch die

---

639 Ackermann, S. 84 f.; Ehrhardt, S. 94f., beide m.w.N.

640 U.S. vs. Dotterweich, 320 U.S.277 (zitiert nach Ackermann, S. 84, Fn. 50).

641 Ackermann, S. 85; Ehrhardt, S. 95.

642 Schroth, Sanktionsobjekte, S. 141 ff.

643 Heine, Verantwortlichkeit, S. 217; Eidam, Straftäter, S. 30 ff.; Wells, ZStW 107 (1995) 676, 681; Kremnitzer/Ghanayim, ZStW 113 (2001) 539, 549 f.

644 KK-Rogall, § 30, Rn. 236; BReg., BT-Drucks. 13/11425, S. 13.

subjektiven Elemente samt psychischer Fähigkeiten der Leitungsperson gelten als eigenes verantwortliches Fehlverhalten des Verbandes.[645]

Seit Geltung der Identifikationstheorie ist es vor allem Aufgabe der englischen Rechtsprechung, sich mit der Frage auseinander zu setzen, welche natürlichen Personen als Angehörige eines Unternehmens zum Kreis derjenigen zu zählen sind, die mit dem Unternehmen identifiziert werden können. In einer Grundsatzentscheidung aus dem Jahr 1972[646] erkannte das *House of Lords* die *alter-ego-doctrine* an und entschied, dass nur die so genannten „*brains*", also die Köpfe des Unternehmens, die als zentrale Figuren der juristischen Person mit wirklicher Entscheidungsgewalt ausgestattet sind, mit ihrem Handeln eine Haftung des Verbandes begründen können.[647] Nur wenn eine zu diesem Personenkreis zählende Führungskraft ihre Entscheidungsgewalt an untergeordnete Mitarbeiter weitergibt, kann auch aus Verstößen dieser Mitarbeiter eine strafrechtliche Verantwortlichkeit des Unternehmens entstehen.[648]

Dabei schließt die Bestrafung des Unternehmens die eigene strafrechtliche Verantwortlichkeit der natürlichen Person nicht aus.[649] Zudem wurde durch den *Interpretation Act* von 1978 festgestellt, dass sich die strafrechtliche Verantwortlichkeit von Verbänden nicht nur auf rechtsfähige Zusammenschlüsse beschränkt. Somit ist auch eine Bestrafung nicht rechtsfähiger Personenvereinigungen möglich.[650]

Die Bestrafung von Unternehmen war zunächst auf den Bereich der Wirtschaftsstraftaten und insbesondere Vermögensdelikte beschränkt. Die strafrechtliche Aufarbeitung des Unglücks der britischen Kanalfähre „Herold of Free Enterprise" bot jedoch Anlass, diese Einschränkung zu überdenken und schließlich aufzuheben.[651] Seither wird von der englischen Justiz auch die Möglichkeit einer Strafbarkeit von Unternehmen wegen körperlicher Gewalt bis hin zu Tötungsdelikten anerkannt.[652]

---

645 Heine, Verantwortlichkeit, S. 217; Eidam, Straftäter, S. 30 ff.

646 Tesco Supermarkets Ltd. v. Natrass 1972 (AC 153), (zitiert nach BT-Drucks. 13/11425).

647 Vgl. BReg., BT-Drucks. 13/11425, S. 13; KK-Rogall, § 30, Rn. 236.

648 KK-Rogall, § 30, Rn. 236; Eidam, Straftäter, S. 31 ff.

649 Eidam, Straftäter, S. 33; BReg., BT-Drucks. 13/11425, S. 13.

650 BReg., BT-Drucks. 13/11425, S. 13.

651 Zu den Reformbestrebungen anlässlich dieses Falles siehe insbesondere: Wells, ZStW 107 (1995), 676 ff.

652 Eidam, Straftäter, S. 34; KK-Rogall, § 30, Rn. 236.

4. USA

Auch in den USA ist die Möglichkeit der strafrechtlichen Haftung von Unternehmen, der *coporate crime liability*, heute als allgemeines Prinzip anerkannt. Als Besonderheit im Vergleich zum englischen Recht ist dabei neben dem US-Bundesrecht auch das Recht der einzelnen Bundesstaaten zu berücksichtigen. Zahlreiche der einzelnen bundesstaatlichen Regelungen folgen jedoch dem *Modal Penal Code*[653], der als eine Art Musterstrafgesetzbuch für die Bundesstaaten vorgelegt wurde und Einzelheiten der strafrechtlichen Unternehmenshaftung näher regelt.

Dogmatisch stützt sich die strafrechtliche Verantwortlichkeit der Unternehmen wiederum auf das Prinzip der *vicarious liability*. Grundlage hierfür war die Übernahme der *respondeat superior rule* aus dem Zivilrecht durch den *US-supreme court*, wonach die Zurechnung der jeweils erforderlichen subjektiven Verbrechensmerkmale als unproblematisch angesehen wurde.[654]

Die Bestrafung eines Unternehmens setzt nach den Grundsätzen des US-Bundesrechts und der meisten Bundesstaaten dreierlei voraus. Eine natürliche Person muss (1.) als Angestellter des Verbandes (2.) im Rahmen seines Beschäftigungsverhältnisses eine Straftat begehen, (3.) in der Absicht, hierdurch dem Verband einen Vorteil verschaffen zu wollen.[655]
Anders als in England kann nach Ansicht der amerikanischen Rechtsprechung ein Unternehmen für das Verhalten jedes Angestellten strafrechtlich verantwortlich gemacht werden. Auf die Stellung des Täters innerhalb der Unternehmenshierarchie kommt es also nicht an. Teilweise wird jedoch auch von Vertretern des Schrifttums in Anlehnung an das englische Recht eine Einschränkung des Täterkreises auf Mitglieder der Unternehmensleitung befürwortet.[656]

Hinsichtlich möglicher Anknüpfungstaten werden kaum Einschränkungen gemacht. Unternehmen können für nahezu alle Arten von Straftaten ihrer Angestellten verantwortlich gemacht werden, dazu zählen insbesondere auch Tötungsdelikte. Eine Bestrafung des Unternehmens hat nur dann auszuscheiden, wenn das verletzte Gesetz ausschließlich eine Freiheits- oder die Todesstrafe vorsieht. Zahlreiche neuere Gesetze sehen jedoch in solchen Fällen ausdrücklich die Möglichkeit einer Unternehmensgeldstrafe vor.[657]

---

653 Im Einzelnen zum *Modal Penal Code* siehe die Ausführungen von Ehrhard, S. 111 ff.
654 KK-Rogall, § 30, Rn. 246; Ehrhardt, S. 100 ff.
655 BReg., BT-Drucks. 13/11425, S. 13 f.; Ehrhardt, S. 102 ff.; KK-Rogall, § 30, Rn. 246.
656 Ehrhardt, S. 102 ff., 116 f.
657 Ehrhardt, S. 106 ff., m.w.N.

Die Hauptsanktion gegen Unternehmen bildet bisher die Geldstrafe, doch ist das Sanktionsinstrumentarium damit nicht erschöpft. Besondere Bedeutung erlangt zunehmend die *corporate probation*[658]. Sie beinhaltet die Erteilung bestimmter Auflagen gegenüber dem delinquenten Unternehmen. Inhalt dieser Auflagen können zum Beispiel Reformen in der Unternehmensstruktur, die Wiedergutmachung des angerichteten Schadens oder gemeinnützige Leistungen sein. Zur Überwachung der Einhaltung dieser Auflagen kann ein *probation officer*, eine Art Bewährungshelfer, eingesetzt werden. Die *corporate probation* stellt dabei aber keine Strafaussetzung zur Bewährung dar, sondern wird als eigenständige Sanktion aufgefasst.[659] Gleichzeitig mit der Erteilung der Auflage kann für den Fall der Nichtbeachtung oder unabhängig davon eine Geldstrafe verhängt werden.

Bestraft werden können in der Regel nur *corporations*, also rechtsfähige Zusammenschlüsse. Nicht rechtsfähigen Vereinigungen, so genannten *partnerships*, wird hingegen keine eigene Rechtspersönlichkeit zugesprochen. Sie unterliegen daher grundsätzlich nicht der Unternehmensstrafbarkeit. Einzelne Gesetze sehen jedoch auch die Strafbarkeit von *partnerships* ausdrücklich vor.[660]

II. Niederlande

Nicht nur in den Staaten des angloamerikanischen Rechtskreises auch in Rechtsordnungen von Ländern, die sich grundsätzlich zum Schuldgrundsatz bekennen, sind heutzutage mitunter strafrechtliche Sanktionen gegen juristische Personen und Personenvereinigungen verankert.

In den Niederlanden wurde die Strafbarkeit juristischer Personen bereits 1951 in das Wirtschaftsstrafgesetz[661] eingeführt. Seither konnten Verbände zunächst für Wirtschaftsstraftaten verantwortlich gemacht werden.[662] 1976 wurde dann mit Art. 51 eine vergleichbare Regelung auch in das niederländische Strafgesetzbuch übernommen. Danach können Straftaten gleichermaßen durch natürliche wie auch durch juristische Personen begangen werden.[663]

---

658 Zu Einzelheiten der *corporate probation* siehe: Ehrhardt, S. 126 ff., mit zahlreichen weiteren Nachweisen.

659 BReg., BT-Drucks. 13/11425, S. 14; Ehrhardt, S. 126 f., m.w.N.

660 BReg., BT-Drucks. 13/11425, S. 14; Ehrhardt, S. 108 f., m.w.N.

661 Zum niederländischen Wirtschaftstrafgesetz siehe näher: Schaffmeister, ZStW 85 (1973) 782 ff.

662 Ackermann, S. 170 ff.; Eidam, Straftäter, S. 42 f.

663 Eidam, Straftäter, S. 42; BReg., BT-Drucks. 13/11425, S. 12 f.; KK-Rogall, § 30, Rn. 240; Huss, ZStW 90 (1978) 237, 248 f.

Grundsätzlich kommen nach dem niederländischen Strafrecht alle Straftatbestände nicht nur für natürliche Personen, sondern auch für eine Begehung durch juristische Personen in Betracht.[664] Ausgeschlossen sind nur solche Delikte, bei denen es offensichtlich ist, dass sie sich nur an natürliche Personen richten können.[665] Dazu zählen vor allem Tatbestände, die ausschließlich eine Freiheitsstrafe androhen, so zum Beispiel Mord und Totschlag.[666]

Verbände haften nicht nur für Fehlverhalten von Organen.[667] Vielmehr können sie auch für Verstöße von untergeordneten Mitgliedern verantwortlich gemacht werden. Erforderlich ist im letzteren Fall allerdings, dass diese eine einem Organ vergleichbare Funktion ausüben. Dabei kommt es aber nicht auf eine rechtliche Vertretungsbefugnis, sondern allein auf die praktisch ausgeübte leitende Verantwortlichkeit an.[668]

Bestraft werden können alle juristischen Personen des Privatrechts sowie Verbände ohne Rechtspersönlichkeit.[669] Dies gilt grundsätzlich auch für öffentlich-rechtliche Körperschaften, einschließlich der Gebietskörperschaften, wenn sie wie Privatpersonen am öffentlichen Leben teilnehmen. Handeln sie jedoch in Erfüllung der ihnen durch die Verfassung übertragenen Aufgaben, scheidet eine strafrechtliche Verfolgung von juristischen Personen des öffentlichen Rechts aus.[670]

Eine Bestrafung der handelnden natürlichen Person und des Verbandes schließen einander nicht aus. Die Strafverfolgung kann sich gegen die natürliche oder die juristische Person, sowie gegen beide gemeinsam richten.[671] Der Vorsatz und die Schuld der unmittelbar handelnden natürlichen Person können dem Verband zugerechnet werden.[672]

Als mögliche Sanktionen gegen Verbände kommen nach dem niederländischen Strafgesetzbuch die Geldstrafe, die öffentliche Bekanntmachung der Verurteilung, Verfall und die Wiedergutmachung des angerichteten Schadens in Betracht. Nach dem Wirtschaftsstrafgesetz kann auf Tätigkeitsbeschränkungen, Einsetzen eines gerichtlichen Verwalters, sowie der Erteilung von Auflagen er-

---

664 De Doelder, S. 311.
665 BReg., BT-Drucks. 13/11425, S. 13.
666 Schroth, Sanktionsobjekte, S. 148 ff.
667 De Doelder, S. 311.
668 KK-Rogall, § 30, Rn. 240; Eidam, Straftäter, S. 42 f.
669 KK-Rogall, § 30, Rn. 240.
670 BReg., BT-Drucks. 13/11425, S. 12 f.
671 Eidam, Straftäter, S. 42 f.
672 De Doelder, S. 311 f.

kannt werden. In Zusammenarbeit der Staatsanwaltschaft mit der zuständigen Handelskammer kann auch die Auflösung einer juristischen Person beantragt werden.[673]

III. Frankreich

Das französische Strafrecht in Form des Code Pénal von 1810 kannte bis in die neunziger Jahre des zwanzigsten Jahrhunderts hinein keine Strafbarkeit juristischer Personen. Erst mit dem neuen Code Pénal, der 1992 erlassen wurde und 1994 in Kraft trat, wurde erstmals seit der Zeit vor der französischen Revolution erneut die Strafbarkeit juristischer Personen gesetzlich verankert.[674]

Als allgemeine Regelung bestimmt Art. 121-2 des neuen Code Pénal[675], dass alle juristischen Personen, also sowohl solche des Privatrechts als auch juristische Personen des öffentlichen Rechts[676], als Täter einer Straftat in Betracht kommen, wenn die Norm, nach der eine Bestrafung erfolgen soll, die Bestrafung auch von juristischen Personen ausdrücklich vorsieht. Ausgeschlossen hiervon sind nur der Staat und regionale Gebietskörperschaften, wenn diese in Erfüllung nicht übertragbarer Verwaltungsaufgaben hoheitlich tätig werden.[677]

Voraussetzung für die Bestrafung eines Verbandes ist, dass ein Organ oder ein Vertreter der juristischen Person eine Straftat zu Gunsten beziehungsweise auf Rechnung des Verbandes begeht.[678] Eine strafrechtliche Haftung kommt also nur dann in Betracht, wenn ein Organ oder Vertreter die Straftat für die Organisation begangen hat. Eine Haftung des Unternehmens nicht nur für Straftaten der Organe und Vertreter, sondern auch für sonstige Betriebsangehörige ist hingegen grundsätzlich ausgeschlossen.[679] Keine Auswirkung auf die Strafbarkeit des Verbandes hat allerdings die Frage, ob die Tat eine Überschreitung der Vertretungsbefugnis des Vertreters darstellt.[680]

---

673 BReg., BT-Drucks. 13/11425, S. 12 f.
674 Koch, ZStW 107 (1995) 405 f.; Pradel, S. 37 ff.; Zieschang, ZStW 115 (2003) 117, 120 ff.
675 Eine deutsche Übersetzung des Art. 121-2 Code Pénal findet sich bei Zieschang, ZStW 115 (2003) 117, 119 f.
676 Koch, ZStW 107 (1995) 405, 407.
677 BReg., BT-Drucks. 13/11425, S. 11 f.
678 Delmas-Marty, S. 305 ff., 306 f.; Pradel, S. 49 ff.
679 Eidam, Strafttäter, S. 40; Koch, ZStW 107 (1995) 405, 411.
680 Eidam, Straftäter, S. 39 ff.

Dem Unternehmen wird das Fehlverhalten seiner Organe und Vertreter als eigenes Fehlverhalten zugerechnet.[681] Dabei wird davon ausgegangen, dass gegenüber der juristischen Person selbst kein Schuldnachweis erforderlich sei. Vielmehr wird der juristischen Person die Schuld der unmittelbar handelnden natürlichen Person zugerechnet.[682]
Die Bestrafung der juristischen Person schließt die individualstrafrechtliche Verantwortlichkeit der handelnden natürlichen Person nicht aus. Die Verurteilung des Verbandes lässt die Möglichkeit, auch gegen das Organ oder den Vertreter strafrechtlich vorzugehen, vielmehr unberührt, sie können neben dem Unternehmen als Mittäter verfolgt und bestraft werden.[683]

Die Norm, nach der eine Strafe verhängt werden soll, muss ausdrücklich die Möglichkeit der Bestrafung des Verbandes vorsehen.[684] Nach anfänglichen systematischen Ungereimtheiten, die darin bestanden, dass einzelne verbandsrelevante Delikte eine Strafbarkeit juristischer Personen vorsahen, andere jedoch nicht, ist die Möglichkeit der Bestrafung juristischer Personen mittlerweile auf eine große Vielzahl von Delikten ausgedehnt worden. Die Beschränkung der Strafbarkeit auf vom Gesetz vorgesehene Fälle stellt daher kaum noch eine wahre Einschränkung dar.[685]

Der Katalog der Delikte, für die ein Verband verantwortlich gemacht werden kann, ist breit gefächert. Er reicht von Völkermord, Verbrechen gegen die Menschlichkeit und Spionage bis hin zu Tötungsdelikten, Betrug, Diebstahl, Erpressung, Hehlerei, Sachbeschädigung und Bestechung. Darüber hinaus besteht auch außerhalb des Code Pénal im Bereich des Umwelt-, Arbeits-, Sozial- und Wirtschaftsrechts die Möglichkeit, strafrechtlich gegen Verbände vorzugehen.[686]

Als Regelstrafe ist auch im französischen Recht die Geldstrafe vorgesehen. Hervorzuheben ist hier die Möglichkeit, eine Strafe auch gegenüber Verbänden zur Bewährung auszusetzen.[687] Neben der Geldstrafe sind noch zahlreiche andere Sanktionsformen möglich, wenn diese vom Gesetz ausdrücklich vorgesehen sind. In Betracht kommen etwa Tätigkeitsbeschränkungen, die Unterstellung unter gerichtliche Aufsicht mittels Einsetzung eines Verwalters, der Ausschluss

---

681 Eidam, Straftäter, S. 40; Koch, ZStW 107 (1995) 405, 412.
682 Zieschang, ZStW 115 (2003) 117, 129.
683 Delmas-Marty, S. 309; Eidam, Straftäter, S. 41; BReg., BT-Drucks. 13/11425, S. 11 f.; Koch, ZStW 107 (1995) 405, 412 f.
684 Koch, ZStW 107 (1995) 405, 406 f.; Eidam, Straftäter, S. 39; BReg., BT-Drucks. 13/11425, S. 11 f.
685 Zieschang, ZStW 115 (2003) 117, 123 f.
686 BReg., BT-Drucks. 13/11425, S. 11 f.; Koch, ZStW 107 (1995) 405, 410.
687 BReg., BT-Drucks. 13/11425, S. 12.

von öffentlichen Aufträgen, die Einziehung, die öffentliche Bekanntmachung der Verurteilung bis hin zur Auflösung der juristischen Person, wenn diese zu dem Zweck gegründet wurde, Straftaten zu begehen.[688]

IV. Dänemark

Das dänische Rechtssystem kennt schon seit längerer Zeit die Möglichkeit, auch strafrechtlich gegen juristische Personen vorgehen zu können. Zunächst waren die Verbandssanktionen jedoch noch nicht im Kernstrafrecht, sondern nur im Nebenstrafrecht geregelt. Auf diese Weise sollten dogmatische Schwierigkeiten mit kernstrafrechtlichen Grundprinzipien umgangen werden. Der dänische Gesetzgeber entschied sich daher, die unterschiedlichen sich im Zusammenhang mit der Delinquenz von Unternehmen ergebenden Probleme durch zahlreiche nebenstrafrechtliche Sondernormen zu regeln. So entstanden außerhalb des dänischen Strafgesetzbuches cirka 200 verbandsstrafrechtliche Sondervorschriften.[689]

Im Jahr 1996 wurden die Regelungen zur Verbandsstrafbarkeit reformiert und in diesem Zusammenhang in den allgemeinen Teil des dänischen Strafgesetzbuches aufgenommen. Seither gelten alle strafrechtlichen Bestimmungen als grundsätzlich auch auf juristische Personen anwendbar. Die Regelungen beziehen sich dabei zum einen auf juristische Personen des Privatrechts, also vor allem Aktiengesellschaften, Gesellschaften mit beschränkter Haftung und andere wirtschaftlich tätige Verbandsformen. Zum anderen können aber auch juristische Personen des öffentlichen Rechts bestraft werden. Gegen Gemeinden und andere öffentlichrechtliche Körperschaften kann jedoch nur dann strafrechtlich vorgegangen werden, wenn ihr Verhalten funktional mit dem Verhalten einer natürlichen Person oder dem Verhalten einer privatrechtlich organisierten juristischen Person vergleichbar ist.[690]

Die juristische Person wird für eigene Gesetzesverstöße strafrechtlich verantwortlich gemacht, wenn es innerhalb ihrer betrieblichen Tätigkeit zu Normverstößen kommt. Der Verband muss sich dabei die Zuwiderhandlungen von Angestellten als eigenes Fehlverhalten zurechnen lassen. Es kommt dabei nicht darauf an, nachzuweisen, welche natürliche Person die Tat begangen hat. Es reicht aus, wenn der Verstoß von irgendeinem Angestellten begangen wurde. Darüber hin-

---

688 Koch, ZStW 107 (1995) 405, 414 f.; BReg., BT-Drucks. 13/11425, S. 12.
689 Siehe zur nebenstrafrechtlichen Lösung in Dänemark: Eidam, Straftäter, S. 44 f.
690 BReg., BT-Drucks. 13/11425, S. 11; KK-Rogall, § 30, Rn. 235.

aus haftet der Verband für Organisationsfehler, wenn diese zur Begehung einer Straftat geführt haben.[691]

Die Tatbestände, die zur strafrechtlichen Verantwortlichkeit einer juristischen Person führen können, sind ausschließlich dem Nebenstrafrecht zu entnehmen. Es wird hierbei also auf die cirka 200 Bestimmungen zurückgegriffen, die schon vor der Einführung der Verbandsstrafbarkeit in das Kernstrafrecht bestanden haben. Die einzige vorgesehene Sanktion gegen juristische Personen ist die Geldstrafe. Die Bestrafung einer juristischen Person schließt die Verurteilung auch der für sie handelnden natürlichen Personen nicht aus.[692]

V. Italien

Das italienische Recht zählt zu einem der Gesetzeswerke, das das Prinzip „societas delinquere non potest" stets am konsequentesten verfochten hat. Dieser Grundsatz, der sich in Italien im Laufe des 18. Jahrhunderts herausgebildet und durchgesetzt hat, hat sich seitdem über alle Gesetzesreformen hinweg bis in die heutige Zeit durchgesetzt.[693]

1. Bisherige Rechtsentwicklung

Grundlage der Geltung des Prinzips von der strafrechtlichen Unverantwortlichkeit juristischer Personen war bisher die Grundnorm des Art. 27 Abs. 1 der italienischen Verfassung von 1948. Seiner Formulierung folgend wurde die strafrechtliche Verantwortung als eine persönliche aufgefasst.[694] Nach Ansicht der ganz herrschenden Meinung konnte dieses Persönlichkeitserfordernis von einer juristischen Person nicht erfüllt werden. Diese Formulierung schloss damit eine direkte strafrechtliche Haftung der juristischen Personen für von ihren eigenen Organen begangene Straftaten aus. Als weiteres Argument gegen die Strafbarkeit von juristischen Personen wurde auch der Wortlaut des Art. 27 Abs. 3 der italienischen Verfassung angeführt. Hiernach müssen die Strafen der Resozialisierung des Verurteilten dienen. Doch mache es keinen Sinn, die Resozialisierung einer (juristischen) Person zu versuchen, die schuldlos eine Straftat began-

---

691 BReg., BT-Drucks. 13/11425, S. 11; KK-Rogall, § 30, Rn. 235.

692 BReg., BT-Drucks. 13/11425, S. 11.

693 Militello, Die strafrechtliche Haftung des Unternehmens in Italien, S.321 ff.; Eidam, Straftäter, S. 51 ff.

694 Militello, Die strafrechtliche Haftung des Unternehmens in Italien, S. 326 f.; KK-Rogall, § 30, Rn. 238; Eidam, Straftäter, S. 52.

gen hat. Das konstitutionelle Bild der strafrechtlichen Verantwortung zeige sich so auf Unternehmen unanwendbar, weil deren Wille ethisch nicht verwerflich sein könne und diese weder abgeschreckt noch zu den strafrechtlich geschützten Werten umerzogen werden könnten.[695]

Auch im italienischen Strafgesetzbuch hat der Grundsatz „societas delinquere non potest" Ausdruck gefunden. Um Strafsanktionen auch gegen juristische Personen nach dem italienischen Strafgesetzbuch verhängen zu können, hätte es aufgrund des Gesetzesvorbehalts einer ausdrücklichen Normierung dieser Möglichkeit bedurft. Eine Norm, die ausdrücklich die strafrechtliche Haftung juristischer Personen festsetzt war jedoch bisher im italienischen Recht nicht vorhanden.[696] Einzig im Wege einer subsidiären Haftung konnten juristische Personen des Privatrechts für Straftaten von ihren Vertretern, Verwaltern oder Angestellten verantwortlich gemacht werden. Konnten diese Personen die gegen sie verhängten Geldstrafen nicht bezahlen, traf die juristische Person die Zahlungspflicht in gleicher Höhe (Art. 197 des italienischen Strafgesetzbuches). Diese Haftung der juristischen Personen hatte jedoch aus zweierlei Gründen nur eine sehr begrenzte Wirksamkeit: Zum einen fand sie nur auf Straftaten minderer Schwere Anwendung, zum anderen erlangte sie aufgrund ihrer subsidiären Natur nur geringe praktische Bedeutung. Zudem bezeichnete das Gesetz die subsidiäre Haftung der juristischen Person für gegen ihre Organe verhängte Geldstrafen als zivilrechtliche Obligation. Aufgrund dieses Verständnisses der subsidiären Haftung wurde die nicht strafrechtliche Natur dieser Regelung vom ganz überwiegenden Teil der Wissenschaft anerkannt.[697]

Auch durch die Gesetzesreform von 1981 wurde an dem Grundsatz der Unmöglichkeit, juristische Personen strafrechtlich in Haftung zu nehmen, festgehalten. So wurde beibehalten, dass das Subjekt der Straftat und der entsprechenden Sanktion nicht die kollektive Körperschaft ist, sondern derjenige, der in ihrem Namen gehandelt hat. Aufgrund der Abneigung des Gesetzgebers gegen eine strafrechtliche Lösung wurde auf alternative Schutzinstrumente wie verwaltungs- und zivilrechtliche Maßnahmen gesetzt. Eine eigene Verantwortung des kollektiven Subjekts war daher nur in Bestimmungen außerhalb des eigentlichen Strafrechts zu finden. Hier wurde eine gesamtschuldnerische Haftung des Unternehmens für die Zahlung von Geldbußen vorgesehen, die gegen Organe, Ver-

---

695 Militello, Die strafrechtliche Haftung des Unternehmens in Italien, S. 327 f.; Eidam, Straftäter, S. 52.

696 Militello, Die strafrechtliche Haftung des Unternehmens in Italien, S. 325.

697 Eidam, Straftäter, S. 51 f.; Militello, Die strafrechtliche Haftung des Unternehmens in Italien, S. 325 f.

treter oder Angestellte wegen der Verletzung einer unternehmensbezogenen Pflicht verhängt wurden.[698]

Dennoch ist das Prinzip, juristische Personen nicht strafrechtlich treffen zu können, im Laufe der Zeit auch in Italien in Frage gestellt worden. Die in diesem Zusammenhang geführte Diskussion entwickelte schließlich ein neues Verständnis der strafrechtlichen Unverantwortlichkeit juristischer Personen. Dass juristische Personen nicht bestraft werden können, wurde seither als klare kriminalpolitische Entscheidung gesehen, die der herausragenden Bedeutung der Kapitalgesellschaften für die wirtschaftliche Entwicklung Rechnung tragen sollte. Ihre Immunität im strafrechtlichen Bereich sollte ebenso wie ihre Vermögensautonomie im Bereich des Zivilrechts dem Ziel dienen, das „Leben der juristischen Personen" vor den Risiken, die aus dem Verhalten der einzelnen Mitglieder entstehen könnten und sogar vor den strafrechtlichen Folgen der Tätigkeit der einzelnen Organe zu beschützen.[699]

2. Neuere Reformen

Internationale Vereinbarungen haben in der jüngeren Vergangenheit nun auch in Italien zu strukturellen Reformen in der Bekämpfung der Unternehmenskriminalität geführt. Mit der Änderung des Gesetzesdekrets Nr. 231/2001 hat der italienische Gesetzgeber nunmehr die Anforderungen des Übereinkommens der O-ECD zur Korruptionsbekämpfung[700] in nationales italienisches Recht übernommen.[701] Die in diesem Zusammenhang neu geschaffenen Rechtsfolgen gegen juristische Personen, die als „sanzioni" bezeichnet werden, zeichnen sich dadurch aus, dass hiermit eine neue Art von Sanktionen in das italienische Recht eingeführt wurde. Zwar kannte auch das bisherige italienische Recht nebenstrafrechtliche Bestimmungen und vor allem die so genannten Übertretungen. Doch handelt es sich bei den aufgrund dieser Rechtsverstöße verhängten Rechtsfolgen durchweg um Strafen im Sinne des italienischen Strafgesetzbuches. Eine Aufteilung in Straftaten und Ordnungswidrigkeiten, wie sie im deutschen Recht besteht, war der italienischen Rechtsordnung bisher fremd. Aufgrund dessen ist der Charakter der „sanzioni" gegen juristische Personen in der italienischen Strafrechtswissenschaft bisher auch weitgehend ungeklärt und umstritten. Er ist daher Gegenstand einer umfangreichen Diskussion in der wissenschaftlichen Debat-

---

698 Militello, Die strafrechtliche Haftung des Unternehmens in Italien, S. 330 ff.; vgl. Art. 6 Gesetz 689/1981 (zitiert nach Eidam, Straftäter, S. 53, Fn. 229).

699 Militello, Die strafrechtliche Haftung des Unternehmens in Italien, S. 324 f.

700 Vgl. BT-Drucks. 13/10428.

701 Cattaneo/Knickenberg-Giardia, Frankfurter Allgemeine Zeitung vom 04.09.2002, S. 19.

te.[702] Die allgemeine Meinung tendiert dahin, in den „sanzioni“ eine mit den Bestimmungen der §§ 30 und 130 des deutschen Gesetzes über Ordnungswidrigkeiten vergleichbare Rechtsfolge zu erkennen. Diese Einschätzung resultiert vor allem auch daraus, dass die Bestimmungen der italienischen Verfassung, die eine strafrechtliche Verantwortlichkeit von juristischen Personen ausschließen (Art. 27 Abs. 1 und 3 italienische Verfassung) nicht geändert worden sind. Nach dem ganz überwiegenden Verständnis des Art. 27 Abs. 1 und 3 der italienischen Verfassung kann es sich bei den „sanzioni“ mithin also nicht um Strafen im Sinne des italienischen Strafgesetzbuches handeln.
Inhaltlich führt die neue Rechtslage dazu, dass nun auch Kapital- oder Personengesellschaften, deren Vertreter sich Korruptionshandlungen, Subventionsbetrug, Computerbetrug, Bilanzfälschung oder verbotene Gewinnausschüttungen zu schulden kommen lassen, bestraft werden können.
Innerhalb der neu geschaffenen Sanktionsmöglichkeiten stehen vor allem Geldstrafen im Vordergrund. Darüber hinaus sind auch das richterliche Verbot, mit der öffentlichen Hand Verträge zu schließen, der Entzug von Konzessionen und die vorübergehende oder gar endgültige Schließung des Geschäftsbetriebes als mögliche Sanktionen vorgesehen.
Tatbestandliche Voraussetzung für die Haftung der Gesellschaft ist lediglich, dass die für die Gesellschaft handelnden Personen (auch) im Interesse oder zum Vorteil des Unternehmens handeln. Ist dies der Fall, wird die strafrechtliche Mitverantwortung der juristischen Person ohne weiteres angenommen.
Eine Besonderheit der Regelungen besteht in einer Exkulpationsmöglichkeit für die betroffene juristische Person. Kann sie nachweisen, dass geeignete interne Kontrollmechanismen vorhanden sind, um eine Tat, wie sie Gegenstand des Vorwurfes ist, zu verhindern, kann sie sich von der Haftung befreien. Der Täter muss in einem solchen Fall die vorhandenen Kontrollmechanismen also gezielt umgangen haben.

---

702 Eine ausführliche Darstellung der neuen Rechtslage und der Standpunkte in der italienischen Literatur findet sich bei: de Maglie, S. 326 ff.

C. Möglichkeiten der Rechtsgemeinschaft im Umgang mit Unternehmens- oder Verbandsdelinquenz

Wir haben gesehen, dass sich die Strafbarkeit juristischer Personen nicht mit dem in Deutschland vorherrschenden System des individuellen Schuldstrafrechts in Einklang bringen lässt.[703] Auch hinsichtlich der Frage der Handlungsfähigkeit von Verbänden gibt es erhebliche Bedenken, wenngleich diese nicht so geschlossen vorgetragen werden, wie dies bei der Frage der Schuldfähigkeit der Fall ist.[704] Schließlich haben wir feststellen müssen, dass sich alle Schwierigkeiten, die sich für die Einführung einer Verbandsstrafe ergeben würden, letztlich in mehr oder minder erheblicher Weise auch bei der Verbandsgeldbußenregelung zu Tage treten. Die Möglichkeiten, Sanktionen gegen juristische Personen zu verhängen, können also trotz ihres Vorhandenseins und der ihnen im Allgemeinen entgegengebrachten Akzeptanz, nicht mit den uneingeschränkt gültigen Grundsätzen unserer auf Individualtäter ausgerichteten Strafrechtsdogmatik in Einklang gebracht werden.

Halten wir also zunächst fest, dass eine Strafbarkeit von Verbänden nach dem Kriminalstrafrecht wegen unüberwindlicher Widersprüche zur geltenden Strafrechtsdogmatik bisher nicht eingeführt wurde und nach der hier vertretenen Auffassung auch de lege ferenda nicht zu verwirklichen ist. Kommen wir nun aber noch einmal zu der bestehenden Möglichkeit zurück, im Bereich des Ordnungswidrigkeitenrechts gegen juristische Personen oder Personenvereinigungen eine Verbandsgeldbuße zu verhängen. Trotz der parallel zum Kernstrafrecht bestehenden Bedenken gegen diese Sanktion[705], erscheint sie doch gleichwohl weniger als Fremdkörper im Sanktionensystem, als dies eine Verbandsstrafe nach dem StGB täte.

Woran nun mag dies liegen? Begründet sein dürfte diese Einschätzung in der Zwitterstellung, die das Ordnungswidrigkeitenrecht in seiner heutigen Form aufgrund seiner Entstehungsgeschichte einnimmt. Das heutige Ordnungswidrigkeitenrecht ist dadurch gekennzeichnet, dass es im Wesentlichen aus zweierlei Bereichen entstanden ist. Zum einen entstammt es dem Verwaltungsrecht, dessen Normen zur Aufrechterhaltung der Ordnung Einzug in das heutige Ordnungswidrigkeitenrecht gefunden haben. Zum anderen rührt das heutige Ord-

---

703 Zur Frage der Schuldfähigkeit von juristischen Personen und Personenvereinigungen siehe oben: Teil 2, A, II.

704 Zur Frage der Handlungsfähigkeit von juristischen Personen und Personenvereinigungen siehe oben: Teil 2, A, I.

705 Vgl. zum Verhältnis der Verbandsgeldbuße mit dem Schuldgrundsatz oben: Teil 2, A, II, 4.

nungswidrigkeitenrecht aus dem Kernstrafrecht her. So wurden Tatbestände, deren Schuldgehalt und Maß an Verwerflichkeit als eher gering eingeschätzt wurden, aus dem Strafgesetzbuch entfernt. Die Übertretungen aus dem besonderen Teil des Strafgesetzbuches wurden abgeschafft, zum überwiegenden Teil zu Ordnungswidrigkeiten umgewandelt und in das neu gestaltete Ordnungswidrigkeitengesetz eingefügt.[706] Damit stellt das Ordnungswidrigkeitenrecht, in seiner heutigen Form, eine Mischung aus kernstrafrechtlichen Normen sowie Bestimmungen des Polizei- und Ordnungsrechts und damit aus dem Bereich des Verwaltungsrechts dar.

Der auch verwaltungsrechtliche Ursprung der Normen des Ordnungswidrigkeitenrechts ist es denn letztlich auch, der Sanktionen gegen Verbände aus dem Bereich des Ordnungswidrigkeitenrechts weniger befremdlich wirken lässt, als dies bei kernstrafrechtlichen Regelungen der Fall wäre.

Wir kommen also zu dem Ergebnis, dass zwar insgesamt ein Bedürfnis für Sanktionen gegen juristische Personen und Personenvereinigungen anerkannt wird. Auf der anderen Seite werden aber die bestehenden Versuche, ein angemessenes Sanktionensystem in den bestehenden Bereichen des Strafrechts oder Ordnungswidrigkeitenrechts zu integrieren, unabhängig von den Unterschieden in den Ablehnungsgründen, insgesamt als nur bedingt oder sogar als überhaupt nicht durchführbar angesehen. Insbesondere die hierfür gegebenenfalls erforderliche Verwässerung des Schuldprinzips erscheint unzufriedenstellend.

Wenn nun aber unsere Rechtsordnung juristischen Personen und Personenvereinigungen Rechtspersönlichkeit verleiht, die Rechtsordnung selbst also erst dafür sorgt, dass Gebilde entstehen können, aus deren Agitation heraus sich Wirkungen auf die übrigen zur Rechtsordnung gehörenden Individuen ergeben, warum sollte die Rechtsordnung dann nicht auch Sanktionen gegen diese Gebilde erlassen können? Erforderlich hierfür ist natürlich, dass man sich der besonderen Eigenart dieser Gebilde bewusst ist.
Verbänden wird erst durch die Rechtsordnung Rechtspersönlichkeit verliehen. Mit anderen Worten erschafft die Rechtsordnung, indem sie juristischen Personen und Personenvereinigungen Rechtspersönlichkeit verleiht, eine neue Art von Mitgliedern der Rechtsgemeinschaft. Diese neuen erst durch Rechtsakt gebildeten Rechtssubjekte sind selbstverständlich grundsätzlich verschieden von den Menschen, die als Individuen die Grundlage der Rechtsordnung bilden und den Grundtypus der Mitglieder der Rechtsgemeinschaft darstellen. Wenn nun der Gesetzgeber eine neue Art von Rechtssubjekten schafft, die sich in bestimm-

---

706 Vgl. zur Entstehung des OWiG: KK-Rogall, Einleitung, Rn. 50 ff.; Lackner/Kühl, Vor § 13, Rn. 5 f.; Göhler, Einleitung, Rn. 1 ff.; Tröndle/Fischer, Einl. Rn. 6.

ter Weise grundsätzlich von den Menschen unterscheidet, so muss er auch Regelungen schaffen können, die eine Gleichbehandlung von diesen Rechtssubjekten und den Menschen, unter Berücksichtigung der besonderen Eigenschaften und Fähigkeiten oder eben auch nicht bestehender Fähigkeiten dieser neuen Art von Rechtssubjekten gewährleisten.

Wenn sich also Sanktionen gegen natürliche Personen grundsätzlich an deren besonderen Fähigkeiten orientieren, so zum Beispiel, dass diese in der Lage sind, Schuld zu empfinden, dann müssen Sanktionen gegen juristische Personen und Personenvereinigungen eben darauf Rücksicht nehmen, dass solche Fähigkeiten bei ihnen gerade nicht gegeben sind. In diese Richtung gehen letztlich gerade auch die Versuche, Sanktionen gegen juristische Personen und Personenvereinigungen de lege ferenda stärker im Bereich des Verwaltungsrechts zu etablieren oder auf die zweite Spur des Strafrechts zu setzen und durch ein erweitertes Maßnahmensystem[707] auf Verbände einzuwirken.

I. Anforderungen an angemessene Sanktionen gegen juristische Personen und Personenvereinigungen

Auf welchem Wege könnte nun aber ein System von Sanktionen gegen juristische Personen oder Personenvereinigungen etabliert werden und welche Anforderungen müsste ein solches Sanktionensystem erfüllen?

Oberstes Ziel aller Sanktionen, unabhängig davon ob strafrechtlicher, ordnungswidrigkeitenrechtlicher oder verwaltungsrechtlicher Art, ist es letztlich, darauf hinzuwirken, dass alle am Rechtsleben teilnehmenden Rechtsgenossen bei ihrer Tätigkeit die durch die Rechtsordnung gesteckten Grenzen einhalten und so ein friedvolles Miteinander Aller erreicht werden kann. Da es, wie wir gesehen haben, heutzutage nicht nur Menschen, sondern in erheblichem Maße auch juristische Personen und Personenvereinigungen sind, die, von der Rechtsordnung zu selbständigen Rechtssubjekten erhoben, am Rechtsverkehr teilnehmen, müssen auch Möglichkeiten bestehen, diese Verbände dazu anzuhalten, ihre Tätigkeit an den bestehenden Normen des rechtlichen Sollens auszurichten. Ziel eines umfassenden, sowohl an natürliche wie auch an juristische Personen und Personenvereinigungen gerichteten Sanktionensystems muss es daher sein, hinsichtlich der durch Rechtsverstöße ausgelösten Rechtsfolgen gegen das delinquente Rechtssubjekt, eine an dem Gerechtigkeitsempfinden gemessene möglichst weitgehende Gleichbehandlung von Menschen und Verbänden zu errei-

---

707 Vgl. zur stärkeren Betonung eines Maßregelmodells etwa den Ansatz von Stratenwerth, FS-Schmitt, S. 302 ff.

chen. Diese Gleichbehandlung ist dabei sowohl hinsichtlich repressiver wie auch präventiver Wirkungen der anzuwendenden Rechtsfolgen anzustreben.

Gegenüber dem einzelnen Menschen bietet unser am Individuum ausgerichtetes Strafrecht ein weitgehend ausgereiftes System, um ihn zur Einhaltung der Rechtsordnung zu motivieren und gegebenenfalls auf Verstöße zu reagieren. Fraglich bleibt aber, auf welchem Weg eine gleichermaßen wirksame und angemessene sanktionsrechtliche Behandlung juristischer Personen und Personenvereinigungen bewerkstelligt werden kann.

II. Mögliche Lösungswege für angemessene Sanktionen gegen juristische Personen und Personenvereinigungen

1. Verbandsstrafe

Das Für und Wider der Einführung einer echten Verbandsstrafe nach dem Kernstrafrecht ist zuvor schon ausführlich zur Sprache gekommen. Wie wir gesehen haben, ist ein solcher Schritt nach dem geltenden Grundverständnis des Schuldstrafrechts aufgrund unüberwindlicher dogmatischer Schwierigkeiten nicht zu verwirklichen.[708] Auch ist insbesondere fraglich, welche tatsächlichen Vorteile eine solche Verbandsstrafe im Vergleich zu den derzeitigen Sanktionsmöglichkeiten des Ordnungswidrigkeiten- und Verwaltungsrechts sowie den bestehenden auch auf Verbände anwendbaren kernstrafrechtlichen Bestimmungen erbringen könnte.

Als Folge von Rechtsverstößen durch juristische Personen und Personenvereinigungen wird sowohl bei einer kernstrafrechtlichen als auch bei einer ordnungswidrigkeitenrechtlichen Regelung stets eine Geldsanktion als Hauptreaktion den Mittelpunkt aller möglichen Sanktionssysteme bilden. Dabei dürfte es kaum einen Unterschied für die Wirkung einer Geldsanktion gegenüber einer juristischen Person oder Personenvereinigung bedeuten, ob eine solche in Form einer Geldstrafe oder einer Geldbuße ausgestaltet ist. Insbesondere für wirtschaftlich orientierte Verbände stellen beide Sanktionsformen letztlich eine gleichartige Schmälerung ihres Gewinns dar. Ein präventiver Gewinn wäre durch die Einführung der Verbandsstrafe also kaum zu erwarten.[709] Geldstrafen und Geldbußen gegen einen Verband unterscheiden sich auch nicht hinsichtlich der Wir-

---

708 Siehe oben.: Teil 2, A,II.
709 In diesem Sinne auch: Bottke, wistra 1991, 81, 89 f.

kung in der Öffentlichkeit. Eine erhebliche Sanktionierung eines Unternehmens nach dem Ordnungswidrigkeitenrecht wird in den Medien keine geringere Beachtung finden als es eine strafrechtliche Reaktion tun würde. Und auch ein etwaiger mit der Strafe verbundener in der Öffentlichkeit empfundener sittlicher Makel vermag nicht zugunsten einer Verbandsstrafe zu überzeugen. Zum einen ist es der Täter selbst, nicht aber eine nicht näher bezeichnete Öffentlichkeit, gegenüber der ein sittlicher Tadel durch die Strafe zum Ausdruck gebracht werden soll, zum anderen haben wir gesehen, dass gerade Verbände nicht in der Lage sind, den mit einer Strafe verbundenen sittlichen Tadel im Sinne der Schuld entgegenzunehmen.
Eine Verbandsstrafe nach dem Kernstrafrecht scheidet somit als vorzugswürdige Reaktion der Rechtsordnung gegen juristische Personen und Personenvereinigungen aus.

2. Maßnahmenrecht für Verbände

Beachtung verdienen die Überlegungen, die in Richtung der Einführung von Sanktionen gegen juristische Personen und Personenvereinigungen auf dem Weg eines Maßnahmenrechts weisen.[710] Unabweisbarer Vorteil eines solchen Systems ist die Tatsache, dass nach allgemeinem Verständnis auch des bestehenden Maßregelsystems der Besserung und Sicherung von Individualstraftätern, diese Art der Sanktionen unabhängig vom Nachweis einer persönlichen Schuld angewendet werden kann.[711] Bei der Schaffung vergleichbarer Regelungen als Reaktionsmöglichkeit der Rechtsordnung gegenüber einem delinquenten Verband würde somit das Hauptproblem im Zusammenhang mit der Bestrafung von juristischen Personen und Personenvereinigungen, die mangelnde Schuldfähigkeit dieser Art von Rechtssubjekten, für diese Form von Sanktionen keine Bedeutung erlangen.

Im Zusammenhang mit der Schaffung eines Maßnahmenrechts wird jedoch auch zu berücksichtigen sein, dass Maßregeln der Besserung und Sicherung wenigstens theoretisch keinerlei repressiver Charakter zukommt. Sie knüpfen nicht an die Schuld des Täters, sondern an dessen Sozialgefährlichkeit an und sind im Wesentlichen auf den Schutz der Gesellschaft vor weiteren Straftaten gerichtet.[712] Die Maßregeln der Besserung und Sicherung sind somit als rein präventi-

---

710 Siehe zu diesem Ansatz z.B.: Stratenwerth, FS-Schmitt, S. 295 ff.; von Freier, S. 184 ff.; sowie die Diskussionsentwurf des Hessischen Ministeriums der Justiz vom August 1997 (zum hessischen Diskussionsentwurf siehe oben: Teil 3, A, I).

711 Wessels/Beulke, Rn. 11; Tröndle/Fischer, Vor § 61, Rn 1.

712 Wessels/Beulke, Rn. 11; Tröndle/Fischer, Vor § 61, Rn 1.

ve Maßnahmen angelegt.[713] Im Laufe der Untersuchung ist aber deutlich geworden, dass präventive Ziele zwar eine ganz bedeutende Rolle bei der Reaktion der Rechtsordnung auf Verbandsdelinquenz einnehmen, dass sich die Ziele gleichwohl aber nicht in der Prävention erschöpfen, sondern es vielmehr auch repressive Wirkungen sind, die mit Reaktionen der Rechtsordnung auf delinquentes Verhalten eines Verbandes erreicht werden sollen. Dieser Auffassung schließt sich auch die ganz überwiegende Zahl der Autoren an. Ein Maßnahmenrecht für Verbände vermag daher im Ergebnis nicht die Anforderungen zu erfüllen, die an ein wirksames Verbandssanktionensystem zu stellen sind.

3. Sanktionssystem sui generis

Werden alle im Verlauf der Untersuchung beschriebenen Schwierigkeiten betrachtet, denen unser auf den Einzeltäter ausgerichtetes Individualstrafrecht dabei begegnet, die Anforderungen zu erfüllen, die an Sanktionen zu stellen sind, die sich gegen Verbände richten sollen, liegt es nicht allzu fern, auf den Gedanken zu kommen, zur Sanktionierung von juristischen Personen und Personenvereinigungen ein neues, eigens auf diese Tätergruppe zugeschnittenes Sanktionensystem einzuführen.[714] Ein solches eigenes Regelungswerk für Verbände könnte den Vorteil für sich beanspruchen, nicht zugleich auch auf natürliche Personen anwendbar sein zu müssen. Vielmehr könnten in einem solchen Verbandssanktionensystem sui generis all die dogmatischen Schwierigkeit berücksichtigt und einer Lösung zugeführt werden, die sich bislang bei dem Versuch ergeben, Verbandssanktionen in das bestehende System des Individualstrafrechts zu integrieren.

Auf den ersten Blick erscheint dieser Weg auch relativ leicht gangbar. Es könnte ein neuer Terminus entwickelt werden, mit dem alle neuen Normen des Sanktionensystems gegen Verbände bezeichnet werden könnten. Auf diese Weise könnten Verwechslungen mit bereits gebräuchlichen Begriffen und dadurch entstehende Missverständnisse und Auslegungsschwierigkeiten vermieden werden. Weiter könnten speziell auf die verschiedenen Arten von Verbänden ausgerichtete Sanktionsformen sowie allgemeine Regelungen getroffen werden, die eigenständig oder in Ergänzung zu bestehenden Vorschriften grundsätzliche Fragen der Sanktionierbarkeit von Verbänden, vergleichbar mit dem Allgemeinen Teil des Strafgesetzbuches, regeln. Im Rahmen eines solchen neuen Sanktionen-

713 Lackner/Kühl, § 61, Rn. 1.

714 Auch in der Debatte der 69. Justizministerkonferenz von 1998 ist diese Alternative ausdrücklich nicht ausgeschlossen, sondern vielmehr in die angestellten Überlegungen einbezogen worden. Vgl. oben: Teil 3, A, II.

systems könnte schließlich auch bestimmt werden, dass genau all die dogmatischen Probleme, die bei der Einführung von Verbandssanktionen in das bisherige Strafrecht so hinderlich waren, für das neu zu schaffende Verbandssanktionensystem gerade nicht zutreffen. Auf diese Weise könnte ein Sanktionstyp entworfen werden, der zur Sanktionierung von Verbandsdelikten zum Beispiel gerade auf das Erfordernis einer persönlichen Schuld verzichtet, dem aber dennoch präventiver und repressiver Charakter zugesprochen werden könnte. Auf diese Weise könnte ein solches eigenes Sanktionensystem für Verbände den Charakteristika von juristischen Personen und Personenvereinigungen gerecht werden. Zugleich würden so die zuvor aufgezeigten Probleme gegenstandslos, die auftreten, wenn Verbandssanktionen in das bestehende System des Individualstrafrechts integriert werden sollen.

Der Gedanke, für einen besonderen Kreis von Tätern einen auf die Besonderheiten dieser Personengruppe zugeschnittenen Sanktionskatalog einzurichten, ist dabei nicht einmal etwas gänzlich Neues. Für den Bereich der Jugendkriminalität bestehen etwa in Form des Jugendgerichtsgesetzes bereits derartige Sonderregelungen. Das Jugendgerichtsgesetz normiert unter der grundsätzlichen Beibehaltung der Regelungen und insbesondere der Tatbestände des Strafgesetzbuches spezielle Rechtsfolgen und Prozessvorschriften für den speziellen Täterkreis von Jugendlichen und Heranwachsenden.
Ein solcher Vergleich zwischen den Sonderregelungen des Jugendgerichtsgesetzes für den Täterkreis von Jugendlichen und Heranwachsenden und der Problematik der Verbandskriminalität kann jedoch nur sehr begrenzt angestellt werden. Zwar stellt das Jugendgerichtsgesetz für die Verantwortlichkeit und damit für die Bestrafung eines Jugendlichen ganz wesentlich auf dessen Einsichtsfähigkeit ab, nach seiner sittlichen und geistigen Entwicklung das Unrecht seiner Tat einsehen zu können, doch selbstverständlich bekennt sich auch das Jugendgerichtsgesetz grundsätzlich zu den Prinzipien der Handlungsfähigkeit, Schuldfähigkeit und Straffähigkeit. Anders als bei einem Verbandssanktionensystem sui generis werden diese Grundpfeiler des Strafrechts nicht umgangen, sondern wie im Strafgesetzbuch auch in den Vordergrund gestellt.

Die Einführung eines Verbandssanktionensystems sui generis ist aber zumindest in der näheren Zukunft nicht kurzfristig umsetzbar: Schon die dogmatische Diskussion um die bisher in die deutsche Rechtsordnung aufgenommenen Regelungen mit verbandssanktionsrechtlichem Inhalt ist sehr umfangreich und langwierig gewesen. Die darüber weit hinausgehende Einführung eines kompletten eigenen Verbandssanktionenrechts würde nicht von heute auf morgen möglich sein, sondern vielmehr eine sehr lange und ausführliche wissenschaftliche Erörterung erfordern. Dies wäre selbst dann der Fall, wenn man die Frage nach der Notwendigkeit einer solchen Regelung ausklammern würde und sich die Diskussion nur auf die Frage nach der Ausgestaltung eines solchen Gesetzes beschränken würde. Langfristig ist diese Lösung dennoch der einzige Weg, um ein Sanktionssystem gegen juristische Personen und Personenvereinigungen zu schaffen, das mit einem angemessenen dogmatischen Fundament ausgestattet ist. Die erforderliche Zeit, die verstreichen wird, um ein solches Verbandssanktionensystem sui generis zu entwickeln, ist jedoch Anlass dafür, nach Lösungen zu suchen, die bis zur Einführung eines Verbandssanktionensystems sui generis eine vertretbare Lösung darstellen.

4. Ausbau der bestehenden Reaktionsmöglichkeiten des StGB und des OWiG

In der deutschen Rechtsordnung besteht bereits eine Reihe von Sanktionsmöglichkeiten, mit deren Androhung und Anwendung auf ein rechtstreues Verhalten auch von juristischen Personen und Personenvereinigungen hingewirkt werden soll. Im Vordergrund stehen hierbei mit der Verbandsgeldbuße (§ 30 OWiG) und der Aufsichtspflichtverletzung (§ 130 OWiG) vor allem Vorschriften aus dem Bereich des Ordnungswidrigkeitenrechts.[715] Nach diesen Regelungen haften juristische Personen und Personenvereinigungen zunächst einmal für Verstöße von obersten Leitungspersonen, durch die Pflichten des Verbandes verletzt worden sind oder die eine Bereicherung der Organisation zum Ziel hatten. Für Rechtsverletzungen von Mitgliedern unterhalb der Leitungsebene können Verbände nach diesen Vorschriften jedoch nur über den Umweg der Aufsichtspflichtverletzung verantwortlich gemacht werden.

Auch das Kernstrafrecht des Strafgesetzbuches enthält Bestimmungen, die auf Verbände Anwendung finden. Die Vorschriften über den Verfall (§ 73 Abs. 3 StGB) und die Einziehung (§ 75 StGB) sind ebenso auf natürliche wie auch auf juristische Personen und Personenvereinigungen anwendbar.[716] Nach diesen Bestimmungen kann auch gegenüber Verbänden der Verfall eines durch eine rechtswidrige Tat erlangten Gegenstandes oder die Einziehung eines Gegenstandes, der durch eine vorsätzliche Straftat hervorgebracht oder zu ihrer Begehung oder Vorbereitung gebraucht wurde, angeordnet werden.

Neben dem Ordnungswidrigkeitenrecht und dem Strafrecht enthält auch das Verwaltungsrecht zahlreiche Regelungen, die sich in erheblichem Maße auch an

---

715 Näher zur Verbandsgeldbußenregelung oben: Teil 1, C, I.

716 Näher zu Einziehung und Verfall gegenüber juristischen Personen und Personenvereinigungen oben: Teil 1, C, II und III.

juristische Personen und Personenvereinigungen richten.[717] Maßnahmen, die nach diesen verwaltungsrechtlichen Vorschriften ergriffen werden können, enthalten vielfach Tätigkeitsbeschränkungen, wie etwa die Rücknahme oder den Widerruf von Genehmigungen oder Konzessionen. Die härteste Rechtsfolge der verwaltungsrechtlichen Sanktionen ist die Auflösung des jeweiligen Verbandes.

Kernpunkte der Kritik, die gegen dieses bestehende System von Verbandssanktionen nach dem geltenden Recht vorzubringen ist, sind vor allem der Kreis der Personen, die eine strafrechtliche beziehungsweise ordnungswidrigkeitenrechtliche Verantwortung eines Verbandes auslösen können. Auch der Katalog der Sanktionsmöglichkeiten gegenüber Verbänden scheint erweiterungswürdig. Doch sind dies im Grunde durchweg Argumente, die durch eine Novellierung der bestehenden Regelungen Berücksichtigung finden können. Den Täterkreis etwa des § 30 OWiG auch auf Personen unterhalb der Leitungsebene eines Unternehmens oder sogar auf alle Betriebsangehörigen auszudehnen, dürfte dogmatisch keine allzu große Hürde darstellen. Und auch die Einführung von Rechtsfolgen, die neben der Geldbuße des Ordnungswidrigkeitenrechts, nicht nur nach dem Verwaltungsrecht, sondern auch nach OWiG selbst verhängt werden können, scheint nicht unerreichbar. So könnte etwa die Unteraufsichtstellung eines Unternehmens, die teilweise bereits in ausländischen Rechtsordnungen vorgesehen ist, eingeführt werden.[718]

Das Bedürfnis nach einer effektiven Ausweitung des Sanktionsinstrumentariums gegen juristische Personen und Personenvereinigungen scheint somit durchaus auf der Basis der bestehenden Regelungen realisierbar. Für eine solche Lösung spricht, dass die bestehenden Sanktionsmöglichkeiten im Laufe der Zeit, trotz aller bestehenden Kritik, eine gewisse Akzeptanz erfahren und sich durchaus auch bewährt haben.
Die dogmatischen Bedenken, vor allem hinsichtlich der Schuldfrage und der Verbandsgeldbuße, würden auf diesem Wege jedoch nicht ausgeräumt. Würden die Sanktionsmöglichkeiten des Ordnungswidrigkeitenrechts noch ausgebaut und ihre Bedeutung damit noch erhöht, würden vielmehr auch die dogmatischen Bedenken noch verstärkt. Im Vergleich zur Einführung einer echten Verbandsstrafe sind hierbei aber wohl dennoch eher überschaubare Probleme zu befürchten. Bis zu der erforderlichen Einführung eines dogmatisch selbständigen Verbandssanktionensystems scheint eine angemessene Ausweitung der nach dem geltenden Recht bestehenden Sanktionsmöglichkeiten als der sinnvollste Weg, dem Phänomen der Verbandsdelinquenz angemessen zu begegnen.

---

717 Näher zu den verwaltungsrechtlichen Sanktionen oben: Teil 1, C, IV und V.
718 Vgl. zu den einzelnen Regelungen im ausländischen Recht oben: Teil 3, B.

5. Ergebnis

Abschließend kann also festgehalten werden, dass eine Erweiterung des bestehenden Sanktionsinstrumentariums in angemessenem Umfang die praktisch sinnvollste Lösung ist, um die Sanktionsmöglichkeiten gegenüber juristischen Personen und Personenvereinigungen kurz- und mittelfristig wirkungsvoll zu erweitern. Berücksichtigung finden sollte und muss dabei vor allem die Anpassung des Kreises der natürlichen Personen, die durch ihr Handeln eine Verbandssanktion auszulösen in der Lage sein sollen.

Die nach wie vor bestehenden Zweifel hinsichtlich der Vereinbarkeit der Verbandsgeldbuße mit dem Schuldprinzip, welche letztlich auch in dem Streit um das Wesen der Ordnungswidrigkeiten verhaftet sind, können jedoch nicht ausgeräumt werden. Dieser Umstand begründet daher das Bedürfnis, langfristig ein Verbandssanktionensystem einzurichten, das auf einem eigenen dogmatischen Fundament beruht und auf diese Weise die Schwierigkeiten der Einführung von Verbandssanktionen in das bestehende individualstrafrechtliche System gegenstandslos werden lässt.

D. Zusammenfassung

Die Untersuchung hat gezeigt, dass die deutsche Rechtsordnung dem Phänomen von Rechtsverstößen im Zusammenhang mit dem Tätigwerden von juristischen Personen und Personenvereinigungen im Rechtsverkehr keineswegs machtlos gegenübersteht. Das aktuelle Recht hält grundsätzlich ein durchaus funktionierendes System von Reaktionsmöglichkeiten auf das Phänomen der Verbandsdelinquenz bereit. Es hat sich gezeigt, dass juristische Personen und Personenvereinigungen durch gegen sie gerichtete Sanktionen durchaus auf vielfältige Weise, insbesondere auch präventiv ansprechbar sind.

Doch vermag die bestehende Rechtslage nicht allen Anforderungen, die an wirksame Verbandssanktionen zu stellen sind, zu genügen. Ziel eines umfassenden Systems von Verbandssanktionen muss es sein, eine ebenso effektive, wirksame und angemessene Sanktionierung von juristischen Personen und Personenvereinigungen für aus ihrer Tätigkeit heraus begangene Rechtsverstöße zu erreichen, wie dies das bestehende Strafrechtssystem bereits für durch Individuen begangene Rechtsverletzungen gewährleistet. Es muss also angestrebt werden, eine möglichst weitgehende Gleichbehandlung beider Gruppen, gemessen an den Kategorien des Gerechtigkeitsempfindens aller Rechtsgenossen, zu erreichen. Hierbei müssen natürlich die Unterschiede zwischen natürlichen und juristischen Personen oder Personenvereinigungen in angemessener Weise Berücksichtigung finden. Die Reformen des § 30 OWiG haben in der Vergangenheit beachtliche Fortschritte dahin gemacht, diese Ziele zu erreichen. Ganz verwirklicht haben sie sie dennoch noch nicht, denn noch immer gibt es natürliche Personen innerhalb eines Verbandes, für deren Rechtsverstöße die Organisation nicht einzustehen hat, auch wenn sie von diesen profitiert. Und auch die Anwendung des § 30 OWiG zusammen mit den §§ 9 und 130 OWiG hat sich aufgrund der recht komplizierten Struktur dieser Normentroika als nur bedingt praxistauglich erwiesen.

Hinsichtlich der dogmatischen Grundlagen von Verbandssanktionen hat die Untersuchung gezeigt, dass juristischen Personen und Personenvereinigungen die Handlungen der für sie befugterweise handelnden natürlichen Personen zugerechnet können. Sie sind insoweit also als handlungsfähig anzusehen.
Schuldhaft im Sinne des StGB oder verantwortlich im Sinne des OWiG können Verbände hingegen nicht handeln. Ihnen fehlt die Einsichtsfähigkeit, Unrecht zu tun. Die Fähigkeit, das Unrecht eines Verhaltens zu erkennen und sich aufgrund dieser Erkenntnis gegen das Unrecht und für die Einhaltung der Rechtsordnung zu entscheiden, kann immer nur einem Menschen zu eigen sein, niemals aber einem Verband als solchem. Juristische Personen und Personenvereinigungen können also nicht als schuldfähig angesehen werden.

Aus alledem folgt, dass Sanktionen, die sich gegen juristische Personen und Personenvereinigungen richten sollen, von einer Art sein müssen, die ohne das Erfordernis der Schuldfähigkeit im Sinne des klassischen Kriminalstrafrechts auskommt. In diesem Zusammenhang bleiben gegenüber der Verbandsgeldbußenregelung des § 30 OWiG erhebliche Bedenken bestehen. Denn auch diese Norm setzt hinsichtlich ihres auch repressiven Gehalts im Zusammenhang mit § 1 OWiG eine Verantwortlichkeit des Täters voraus und ist damit nicht mit dem bestehenden Schuldprinzip im deutschen Strafrecht vereinbar. Diese dogmatischen Bedenken gegen die Verbandsgeldbußenregelung scheinen jedoch vor allem in der Praxis im Laufe der Zeit, durch die ganz überwiegende Anerkennung des Bedürfnisses nach der Sanktionierbarkeit von Verbänden und der Akzeptanz einer solchen Regelung, in den Hintergrund getreten zu sein.
Um diese dogmatischen Probleme zu lösen und zukünftig Widersprüche von Verbandssanktionen mit dem Schuldprinzip zu vermeiden, ist langfristig die Einführung eines eigenen Sanktionensystems gegen Verbände erforderlich, das auf angemessene Weise Rücksicht auf die strukturellen Unterschiede zwischen natürlichen Personen sowie juristischen Personen und Personenvereinigungen als gleichgestellte Mitglieder der Rechtsordnung nimmt.

Literaturverzeichnis

Achenbach, Hans: Individuelle Zurechnung, Verantwortung, Schuld, in: Schünemann Bernd (Hrsg.), Grundfragen des modernen Strafrechtssystems, Berlin, New York 1984.

Achenbach, Hans: Das Zweite Gesetz zur Bekämpfung der Wirtschaftskriminalität, NJW 1986, 1835 ff.

Achenbach, Hans: Diskrepanzen im Recht der ahnenden Sanktionen gegen Unternehmen, in: Küper, Wilfried / Welp, Jürgen (Hrsg.), Festschrift für Walter Stree und Johannes Wessels, Heidelberg 1993.

Achenbach, Hans: Ahnende Sanktionen gegen Unternehmen und die für sie handelnden Personen im deutschen Recht; in: Schünemann, Bernd / de Figueiredo Dias, Jorge (Hrsg.), Bausteine des europäischen Strafrechts, Ciombra-Symposium für Claus Roxin; Köln, Berlin, Bonn, München 1995.

Achenbach, Hans: Ausweitung des Zugriffs bei den ahnenden Sanktionen gegen die Unternehmensdelinquenz, wistra 2002, 441 ff.

Achenbach, Hans: Die Sanktion gegen die Unternehmensdelinquenz im Umbruch, JuS 1990, 601 ff.

Ackermann, Bruni: Die Strafbarkeit juristischer Personen im deutschen Recht und in ausländischen Rechtsordnungen, Frankfurt a.M., Bern, New York 1984.

Adam, Dirk H. V.: Die Begrenzung der Aufsichtspflicht in der Vorschrift des § 130 OWiG, wistra 2003, 285 ff.

Alwart, Heiner: Strafrechtliche Haftung des Unternehmens – vom Unternehmerstrafrecht zum Täterunternehmen, ZStW 105 (1993), 752 ff.

Arndt: Diskussionsbeiträge, Sitzungsprotokolle des Sonderausschusses für die Strafrechtsreform des dt. Bundestages, 5. Wahlperiode, 57. Sitzung, Protokolle S. 1079 ff., 1086 f. und 1089, Bonn 1967.

Backes, Otto: Umweltstrafrecht, JZ 1973, 337 ff.

Bähr, Ehrich-G.: Strafbarkeit ohne Verschulden (Strict Liability) im Strafrecht der USA, Baden-Baden 1974.

Baumann, Jürgen: Zur strafrechtlichen Verantwortlichkeit der Wirtschaftsprüfer in einer Wirtschaftsprüfungsgesellschaft, BB 1966, 1237 ff.

Baumann, Jürgen: Strafrecht im Umbruch, Neuwied 1977.

Baumann, Jürgen: Grundbegriffe und System des Strafrechts, 5. Auflage, Stuttgart, Berlin, Köln, Mainz 1979.

Baumann, Jürgen / Weber, Ulrich / Mitsch, Wolfgang: Strafrecht, Allgemeiner Teil, 10. Auflage, Bielefeld 1995.

Bender, Peter: Die GmbH & Co. KG als Bußgeld-Oase, ZfZ 1971, 239 ff.

Bender, Peter: Sanktionen zur straf- und bußgeldrechtlichen Gewinnabschöpfung gegenüber Gesellschaften, ZfZ 1976, 139 ff.

Beuthien, Volker: Zur Theorie der Stellvertretung im Gesellschaftsrecht, in: Lieb, Manfred / Noak, Ulrich / Westermann, Harm Peter (Hrsg.), Festschrift für Wolfgang Zöllner, Band I, Köln, Berlin, Bonn, München 1998.

Blau, Günter: Zur kriminellen Strafbarkeit juristischer Personen, MDR 1954, 466 ff.

Blauth, Peter: „Handeln für einen anderen" nach geltendem und kommendem Strafrecht, Heidelberg 1968.

Bockelmann: Diskussionsbeitrag, Niederschriften über die Sitzungen der Großen Strafrechtskommission, 4. Band, S. 329 f., Bonn 1958.

Bode, Hans Jürgen: Geldbuße gegen juristische Personen und Personenvereinigungen im Strafrecht, NJW 1969, 1286 ff.

Bottke, Wilfried: Empfiehlt es sich, die strafrechtliche Verantwortlichkeit für Wirtschaftsstraftaten zu verstärken? wistra 1991, 81 ff.

Bottke, Wilfried: Reform des Wirtschaftsstrafrechts in der Bundesrepublik Deutschland, in: Schünemann, Bernd (Hrsg.), Deutsche Wiedervereinigung, Die Rechtseinheit, Arbeitskreis Strafrecht, Band III, Unternehmenskriminalität, Köln, Berlin, Bonn, München 1996.

Bottke, Wilfried: Standortvorteil Wirtschaftskriminalrecht: Müssen Unternehmen „strafmündig" werden? wistra 1997, 241 ff.

Bottke, Wilfried: Täterschaft und Teilnahme im deutschen Wirtschaftskriminalrecht – de lege lata und de lege ferenda, JuS 2002, 320 ff.

Boujong, Karlheinz (Hrsg.): Karlsruher Kommentar zum Gesetz über Ordnungswidrigkeiten, Hrsg. von Karlheinz Boujong, 2. Auflage, München 2000.

Brender, Markus: Die Neuregelungen der Verbandstäterschaft im Ordnungswidrigkeitenrecht, Freiburg (Breisgau), Berlin 1989.

Bruns, Hans-Jürgen: Über die Organ- und Vertreterhaftung im Strafrecht, JZ 1954, 12 ff.

Bruns, Hans-Jürgen: Grundprobleme der strafrechtlichen Organ- und Vertreterhaftung (§ 14 StGB, § 9 OWiG), GA 1982, 1 ff.

Bruns, Hans-Jürgen: Anmerkungen zum „Stahlhändlerurteil" des BGH, JZ 1954, 251 ff.

Bundesministerium der Justiz (Hrsg.): Abschlußbericht der „Kommission zur Reform des strafrechtlichen Sanktionensystems", Hrsg. vom BMin der Justiz, Berlin 2000.

Bundesministerium der Justiz (Hrsg.): Sachverständigenkommission zur Bekämpfung der Wirtschaftskriminalität, Schlussbericht über die Beratungsergebnisse, Hrsg. vom BMin der Justiz, Bonn 1980.

Busch, Richard: Grundfragen der strafrechtlichen Verantwortlichkeit der Verbände, Leipzig 1933.

Cattaneo, Fabio / Knickenberg-Giardia, Eva: Italien lässt deutsche Manager für Bilanzfehler haften, zivil- und strafrechtliche Sanktionen, Frankfurter Allgemeine Zeitung, S. 19, vom 04.09.2002.

Dannecker, Gerhard / Fischer-Fritsch, Jutta: Das EG-Kartellrecht in der Bußgeldpraxis, Köln, Berlin, Bonn, München 1989.

De Doelder, Hans: Zur Strafbarkeit juristischer Personen in den Niederlanden, in: Schünemann, Bernd / Suárez González, Carlos (Hrsg.), Bausteine des europäischen Wirtschaftsstrafrechts, Madrid-Symposium für Klaus Tiedemann, Köln, Berlin, Bonn, München 1994.

de Maglie, Christina: L `estica e il mercato – La responsiabilità penale delle società, Mailand 2002.

Delmas-Marty, Mirelle: Die Strafbarkeit juristischer Personen nach dem neuen französischen Code Pénal, in: Schünemann, Bernd / Suárez González, Carlos (Hrsg.), Bausteine des europäischen Wirtschaftsstrafrechts, Madrid-Symposium für Klaus Tiedemann, Köln, Berlin, Bonn, München 1994.

Demuth, Hennrich / Schneider, Tilmann: Die besondere Bedeutung des Gesetzes über Ordnungswidrigkeiten für Betrieb und Unternehmen, BB 1970, 642 ff.

Deruyck, Filiep: Verbandsdelikt und Verbandssanktion, Gießen, Univ., Diss. 1990.

Deruyck, Filiep: Probleme der Verfolgung und Ahndung von Verbandskriminalität im deutschen und belgischen Recht, ZStW 103 (1991), 705 ff.

Ehrhardt, Anne: Unternehmensdelinquenz und Unternehmensstrafe: Sanktionen gegen juristische Personen nach deutschem und US-amerikanischem Recht, Berlin 1994.

Eidam, Gerd: Straftäter Unternehmen, München 1995.

Eidam, Gerd: Die Verbandsgeldbuße des § 30 Abs. 4 OWiG – eine Bestandsaufnahme, wistra 2003, 447 ff.

Engisch, Karl: Referat zum 40. deutschen Juristentag, in: Verhandlungen des 40. deutschen Juristentages, Hrsg. von dem Schriftführer der ständigen Deputation des deutschen Juristentages, Band II, Seite E 7 ff., Tübingen 1954.

Exner, Franz: Die Theorie der Sicherungsmittel, Berlin 1914.

Ferner, Wolfgang: Gesetz über Ordnungswidrigkeiten, Kommentar, Band 1, §§ 1-78, Loseblattsammlung, Stand: 51. Aktualisierungslieferung, Neuwied, Kriftel, Berlin Dezember 2001.

Freier, Friedrich von: Kritik der Verbandsstrafe, Berlin 1998.

Fuß, Ernst-Werner: Grundrechtsgeltung für Hoheitsträger? DVBl 1958, 739 ff.

Gierke, Otto: Die Genossenschaftstheorie und die Deutsche Rechtsprechung, Berlin 1887.

Goetzeler, Richard: Die rationalen Grundlagen des Steuerstrafrechts, Stuttgart 1934.

Göhler, Erich: Zur bußgeldrechtlichen Verantwortung der juristischen Person bei aufgespaltener Zuständigkeit ihrer Organe, wistra 1991, 207 ff.

Göhler, Erich: Gesetz über Ordnungswidrigkeiten (OWiG), Kommentar, 13. Auflage, München 2002.

Groß, Rolf / Trapp, Erwin: Handbuch zum Ordnungswidrigkeitenrecht, Nachlieferungstand 1971, Wiesbaden 1971.

Grünhut, Max: Das englische Strafrecht, in: Metzger, Edmund / Schönke, Adolf / Jescheck, Hans-Heinrich (Hrsg.), Das ausländische Strafrecht der Gegenwart, 3. Band, Berlin 1959.

Güntert, Lothar: Gewinnabschöpfung als strafrechtliche Sanktion, Köln 1983.

Haertel, Kurt / Joel, Günther / Schmidt, Eberhard: Wirtschaftsstrafgesetz, Heidelberg 1949.

Hafter, Ernst: Die Delikts- und Straffähigkeit der Personenverbände, Berlin 1903.

Hafter, Ernst: Lehrbuch des schweizerischen Strafrechts, Berlin 1926.

Hafter, Ernst: Lehrbuch des schweizerischen Strafrechts, 2. Auflage, Bern 1946.

Hamann, Hartmut: Das Unternehmen als Täter im europäischen Wettbewerbsrecht, Pfaffenweiler 1992.

Hamm, Rainer: Auch das noch: Strafrecht für Verbände, NJW 1998,662 f.

Hamm, Reiner: Thesen zum Referat von Rainer Hamm und Beschlüsse der strafrechtlichen Abteilung, in: Verhandlungen des 57. deutschen Juristentages, Hrsg. von dem Schriftführer der ständigen Deputation des deutschen Juristentages, Band II, Seite L 60 ff., L 80 ff. und L 279 ff., München 1988.

Hartung, Fritz: Korreferat zu Karl Engisch, in: Verhandlungen des 40. deutschen Juristentages, Hrsg. von dem Schriftführer der ständigen Deputation des deutschen Juristentages, Band II, Seite E 43 ff., Tübingen 1954.

Heine, Günter: Die strafrechtliche Verantwortlichkeit von Unternehmen, Baden-Baden 1995.

Heine, Günter: Die strafrechtliche Verantwortlichkeit von Unternehmen: internationale Entwicklung – nationale Konsequenzen, ÖJZ 1996, 211 ff.

Heinitz, Ernst: Der Ausbau des Strafensystems, ZStW 65 (1953), 26 ff.

Heinitz, Ernst: Empfiehlt es sich, die Strafbarkeit der juristischen Person gesetzlich vorzusehen? Gutachten zum 40. deutschen Juristentag, in: Verhandlungen des 40. deutschen Juristentages, Hrsg. von dem Schriftführer der ständigen Deputation des deutschen Juristentages, Band I, Seite 65 ff., Tübingen 1954.

Heinitz, Ernst: Anmerkungen zum Stahlhändlerurteil des BGH (St 5, 28 ff.), JR 1954, 67.
Henkel, Albert: Die strafrechtliche Verantwortlichkeit von Verbänden im Steuer- und Wirtschaftsrecht, Bonn, Univ., Diss., 1960.
Hetzer, Wolfgang: Schuldlose Sanktionsobjekte – Unternehmenskriminalität und Verbandsstrafe, wistra 1999, 361 ff.
Hippel, Robert von: Deutsches Strafrecht, zweiter Band, das Verbrechen, Berlin 1930.
Hirsch, Hans Joachim: Ehre und Beleidigung, Karlsruhe, 1967.
Hirsch, Hans Joachim: Die Frage der Straffähigkeit von Personenverbänden, Opladen 1993.
Hirsch, Hans Joachim: Strafrechtliche Verantwortlichkeit von Unternehmen, ZStW 107 (1995), 285 ff.
Honig, Richard M.: Das amerikanische Strafrecht, in: Metzger, Edmund / Schönke, Adolf / Jescheck, Hans-Heinrich (Hrsg.), Das ausländische Strafrecht der Gegenwart, 4. Band, Berlin 1962.
Huss, Alphonse: Die Strafbarkeit der juristischen Person, ZStW 90 (1978), 237 ff.

Immenga, Ulrich / Mestmäcker, Ernst-Joachim: Gesetz gegen Wettbewerbsbeschränkungen, Kommentar, 2. Auflage, München 1992.

Jähnke, Burkhard / Laufhütte, Heinrich Wilhelm / Odersky, Walter (Hrsg.): Strafgesetzbuch, Leipziger Kommentar, 11. Auflage, 11. Lieferung, §§ 13-14, Berlin, New York 1993.
Jähnke, Burkhard / Laufhütte, Heinrich Wilhelm / Odersky, Walter (Hrsg.): Strafgesetzbuch, Leipziger Kommentar, 11. Auflage, 34. Lieferung, §§ 73 -76a, Berlin, New York 2000.
Jakobs, Günther: Strafrecht, Allgemeiner Teil, 2. Auflage, Berlin, New York 1991.
Jeger, Torsten van: Geldbuße gegen juristische Personen und Personenvereinigungen, Leipzig, Univ., Diss., 2001.
Jescheck, Hans-Heinrich: Zur Frage der Strafbarkeit von Personenverbänden, DÖV 1953, 539 ff.
Jescheck, Hans-Heinrich: Die strafrechtliche Verantwortlichkeit der Personenverbände, ZStW 65 (1953), 211 ff.
Jescheck, Hans-Heinrich: Die Behandlung der Personenverbände im Strafrecht, SchwZStr 1955, 243 ff.
Jescheck, Hans-Heinrich: Diskussionsbeitrag, Niederschriften über die Sitzungen der Großen Strafrechtskommission, 1. Band, S. 295 ff., Bonn 1956.
Jescheck, Hans-Heinrich: Das deutsche Wirtschaftsstrafrecht, JZ 1959, 457 ff.

Jescheck, Hans-Heinrich: Die Strafgewalt übernationaler Gemeinschaften, ZStW 65 (1953), 496 ff.
Jescheck, Hans-Heinrich / Weigend, Thomas: Strafrecht Allgemeiner Teil, 5. Auflage, Berlin 1996.

Kaiser, Günther: Kriminologie, Ein Lehrbuch, 3. Auflage, Heidelberg 1996.
Kaiser, Volker: Verbandssanktionen des Ordnungswidrigkeitengesetzes, Münster, Univ., Diss., 1975.
Kaufmann, Arthur: Dogmatische und kriminalpolitische Aspekte des Schuldgedankens im Strafrecht, JZ 1967, 553 ff.
Koch, Birgit: Die Strafbarkeit juristischer Personen nach dem neuen französischen Code Pénal, ZStW 107 (1995), 405 ff.
Koffka, Else: Diskussionsbeitrag, in: Niederschriften über die Sitzungen der Großen Strafrechtskommission, 1. Band, S. 300 ff., Bonn 1956.
Koffka, Else: Referat zum Thema: Behandlung der juristischen Personen, in: Niederschriften über die Sitzungen der Großen Strafrechtskommission, 4. Band, S. 564 ff., Bonn 1958.
Kohler, Josef: Regelsberger Pandekten, I Band, Leipzig 1893, in: kritische Vierteljahresschrift, XXXVI. Band, München, Leipzig 1894.
Kohler, Josef: Strafbarkeit der juristischen Person, GA 64 (1917), 500 ff.
Korte, Matthias: Juristische Personen und strafrechtliche Verantwortung, Bonn, Univ., Diss., 1991.
Korte, Matthias: Der Schutz der finanziellen Interessen der Europäischen Gemeinschaft mit den Mitteln des Strafrechts – Das „Zweite Protokoll", NJW 1998, S. 1464 ff.
Korte, Matthias: Kampfansage an die Korruption, NJW 1997, 2556 ff.
Krekeler, Wilhelm: Brauchen wir ein Unternehmensstrafrecht?, in: Udo Ebert / Claus Roxin / Peter Rieß / Eberhard Wahle (Hrsg.), Festschrift für Ernst-Walter Hanack, Berlin, New York 1999.
Kremnitzer, Mordechai / Ghanayim, Khalid: Die Strafbarkeit von Unternehmen, ZStW 113 (2001), 539 ff.
Kuhlen, Lothar: Zum Umweltstrafrecht in der Bundesrepublik Deutschland (1. Teil), WiVerw 1991, 181 ff.

Lackner, Karl / Kühl, Kristian: Strafgesetzbuch mit Erläuterungen, 24. Auflage, München 2001.
Lampe, Ernst-Joachim: Systemunrecht und Unrechtssysteme, ZStW 106 (1994), 731 ff.
Lang, Johann / Weidemüller / Metz, Egon / Schaffland, Hans-Jürgen: Genossenschaftsgesetz, 33. Auflage, Berlin, New York 1997.
Lange, Richard: Zur Strafbarkeit von Personenverbänden, JZ 1952, 261 ff.

Lang-Hinrichsen, Dietrich: Verbandsunrecht, zugleich ein Beitrag zur Lehre von den Ordnungswidrigkeiten, in: Geerds, Friedrich / Naucke, Wolfgang (Hrsg.), Festschrift für Hellmuth Mayer, Berlin 1966.
Larenz, Karl: Allgemeiner Teil des bürgerlichen Rechts, 8. Auflage, München 1997.
Laumann: Diskussionsbeiträge, in: Sitzungsprotokolle des Sonderausschusses für die Strafrechtsreform des dt. Bundestages, 5. Wahlperiode, 57. Sitzung, Protokolle S. 1079 ff., 1086 f. und 1089, Bonn 1967.
Lilienthal, Karl von: Die Strafbarkeit der juristischen Person, Vergleichende Darstellung des deutschen und ausländischen Strafrechts, Allgemeiner Teil, V. Band, Berlin 1908.
Liszt, Franz von: Lehrbuch des Deutschen Strafrechts, 26 Auflage, Berlin, Leipzig 1932.
Lütolf, Sandra: Strafbarkeit der juristischen Person, Zürich 1997.

Maiwald, Manfred: Gedanken zu einem sozialen Schuldbegriff, in: Küper, Wilfried (Hrsg.), Festschrift für Karl Lackner, Berlin, New York 1987.
Marcuse, H.: Die Verbrechensfähigkeit der juristischen Person, GA 63 (1917), 478 ff.
Marxen, Klaus: Die strafrechtliche Organ- und Vertreterhaftung – eine Waffe im Kampf gegen die Wirtschaftskriminalität, JZ 1988, 286 ff.
Maurach, Reinhart / Zipf, Heinz: Strafrecht Allgemeiner Teil, Teilband 1, Grundlehren des Strafrechts und Aufbau der Straftat, 8. Auflage, Heidelberg 1992.
Meyer, Emil Heinrich / Meulenbergh, Gottfried / Beuthien, Volker: Genossenschaftsgesetz, 13. Auflage, München 2000.
Militello, Vincenzo: Die strafrechtliche Haftung des Unternehmens und der Unternehmensorgane in Italien, in: Schünemann, Bernd; de Figueiredo Diaz, Jorge (Hrsg.), Bausteine des europäischen Strafrechts, Ciombra-Symposium für Claus Roxin, Köln, Berlin, Bonn, München 1995.
Mitsch, Wolfgang: Recht der Ordnungswidrigkeiten, Berlin, Heidelberg 1995.
Möhrenschlager, Manfred: Der Regierungsentwurf eines Zweiten Gesetzes zur Bekämpfung der Wirtschaftskriminalität (Schluss), wistra 1983, 49 ff.
Müller, Ekkehard: Die Stellung der juristischen Person im Ordnungswidrigkeitenrecht, Köln 1985.
Müller, Klaus: Kommentar zum Gesetz betreffend die Erwerbs- und Wirtschaftsgenossenschaften, 2. Aufl., Bielefeld 2000.
Müller-Emmert: Diskussionsbeiträge, Sitzungsprotokolle des Sonderausschusses für die Strafrechtsreform des dt. Bundestages, 5. Wahlperiode, 57. Sitzung, Protokolle S. 1079 ff., 1086 f. und 1089, Bonn 1967.
Müller-Gugenberger, Christian / Bieneck, Klaus: Wirtschaftsstrafrecht, 3. Auflage, Köln 2000.

Ostermeyer, Helmut: Kollektivschuld im Strafrecht, ZRP 1971, 75 f.
Otto, Harro: Die Strafbarkeit von Unternehmen und Verbänden, Berlin, New York 1993.
Otto, Harro: Die Haftung für kriminelle Handlungen in Unternehmen, Jura 1998, 409 ff.

Palandt, Otto: Bürgerliches Gesetzbuch, Kommentar, 63. Auflage, München 2004.
Pelgau, Jens: Strafbarkeit von Personenverbänden – Problematik und Entwicklungen, JA 2001, 606 ff.
Pohl-Sichtermann, Rotraut: Anmerkungen zum Urteil des OLG Hamm vom 27.04.1973, NJW 1973, 2217 f.
Pohl-Sichtermann, Rotraut: Die von § 26 OWiG betroffenen Verbände und Personen, VOR 1973, S. 411 ff.
Pohl-Sichtermann, Rotraut: Geldbuße gegen Verbände – § 26 OWiG Bochum, Univ., Diss., 1974.
Pradel, Jean: Die strafrechtliche Verantwortlichkeit juristischer Personen im französischen Recht, in: Tiedemann, Klaus (Hrsg.), Wirtschaftsstrafrecht in der Europäischen Union, Freiburg-Symposium, Köln, Berlin, Bonn, München 2002.

Ransiek, Andreas: Unternehmensstrafrecht: Strafrecht, Verfassungsrecht, Regelungsalternativen, Heidelberg 1996.
Rebmann / Roth / Herrmann (Hrsg.): Gesetz über Ordnungswidrigkeiten, Kommentar, Band I, §§ 1-110, Loseblattsammlung, 3. Auflage, Stand: 6. Lieferung, Stuttgart, Januar 2001.
Rotberg, Hans Eberhard: Für Strafe gegen Verbände, in: Caemerer, Ernst von / Friesenhahn, Ernst / Lange, Richard (Hrsg.), Festschrift zum 100 jährigen Bestehen des DJT, Karlsruhe 1960.
Rotberg, Hans Eberhard: Ordnungswidrigkeitengesetz Kommentar, 5. Auflage, München 1975.
Rothenpieler, Friedrich Wilhelm: Der Gedanke einer Kollektivschuld in juristischer Sicht, Berlin, 1982.
Rotsch, Thomas: Unternehmen, Umwelt und Strafrecht – Ätiologie einer Misere, wistra 1999, 321 ff. und 368 ff.
Roxin, Claus: Strafrecht Allgemeiner Teil, Band I, Grundlagen – Der Aufbau der Verbrechenslehre, 3. Auflage, München 1997.

Säcker, Franz-Jürgen: Münchener Kommentar zum Bürgerlichen Gesetzbuch, Band 1, Allgemeiner Teil (§§ 1-240), München 1978.
Savigny, Friedrich Karl von: System des heutigen Römischen Rechts, Band II, Berlin 1840.

Schaffmeister, Dieter: Das niederländische Wirtschaftsstrafgesetzt, seine Handhabung und seine grundsätzliche Bedeutung für die deutsche Reform des Wirtschaftsstrafrechts, ZStW 85 (1973) 782 ff.

Schaffstein, Friedrich: Abhandlungen zur Strafrechtsgeschichte und zur Wissenschaftsgeschichte, Aalen 1986.

Schall, Hero: Probleme der Zurechnung von Umweltdelikten in Betrieben, in: Bernd Schünemann (Hrsg.), Deutsche Wiedervereinigung, Die Rechtseinheit, Arbeitskreis Strafrecht, Band III, Unternehmenskriminalität, Köln, Berlin, Bonn, München 1996.

Schall, Hero / Schreibauer, Marcus: Gegenwärtige und zukünftige Sanktionen bei Umweltdelikten, NuR 1996, 440 ff.

Schmidt, Eberhard: Das neue westdeutsche Wirtschaftsstrafrecht, Beihefte zur Deutschen Recht-Zeitschrift, Beiheft 11, 1954, S. 38 – 55.

Schmidt, Karsten: Zur Verantwortung von Gesellschaften und Verbänden im Kartell- und Ordnungswidrigkeitenrecht, wistra 1990, 131 ff.

Schmidt, Karsten: Handelsrecht, 5. Auflage, Köln, Berlin, Bonn, München 1999.

Schmidt, Karsten: Die BGB-Außengesellschaft: rechts- und parteifähig / Anmerkungen zum Urteil des BGH vom 29.01.01, NJW 2001, 993 ff.

Schmidt, Ulrich / Huth, Klaus-Dieter: Das Gesetz gegen Wettbewerbsbeschränkungen und die Wirtschaftstätigkeit der öffentlichen Hand in materiell- und verfahrensrechtlicher Sicht, BB 1964, 1106 ff.

Schmitt, Rudolf: Strafrechtliche Maßnahmen gegen Verbände, Stuttgart 1958.

Schmitt, Rudolf: Ordnungswidrigkeitenrecht dargestellt für den Bereich der Wirtschaft, Köln, Berlin, Bonn, München 1970.

Schmitt, Rudolf: Wie weit reicht § 30 des Ordnungswidrigkeitengesetzes? in: Warda, Günter / Waider, Heribert / v. Hippel, Reinhard / Meurer, Dieter (Hrsg.), Festschrift für Heinrich Lange, Berlin, New York 1976.

Schönke, Adolf / Schröder Horst: StGB Kommentar, 26. Auflage, München 2001.

Schreiber, Hans-Ludwig: Recht und Ethik – am Beispiel des Arztrechts, in: Hanack, Ernst-Walter / Rieß, Peter / Wendisch, Günter (Hrsg.), Festschrift für Hans Dünnebier, Berlin, New York 1982.

Schroth, Hans-Jürgen: Der Regelungsgehalt des 2. Gesetzes zur Bekämpfung der Wirtschaftskriminalität im Bereich des Ordnungswidrigkeitenrechts, wistra 1986, 158 ff.

Schroth, Hans-Jürgen: Unternehmen als Normadressaten und Sanktionsobjekte, Gießen 1993.

Schultzky, Hendrik / Weissinger, Martina: Die Rechtsfähigkeit der BGB-Gesellschaft, JA 2001, 886 ff.

Schünemann, Bernd: Unternehmenskriminalität und Strafrecht, Köln, Berlin, Bonn, München 1979.

Schünemann, Bernd: Strafrechtsdogmatische und kriminalpolitische Grundfragen der Unternehmenskriminalität, wistra 1982, 41 ff.
Schünemann, Bernd: Ist eine direkte strafrechtliche Haftung von Wirtschaftsunternehmen zulässig und erforderlich? in: Taiwan/ROC Chapter, Int. Assoc. of Penal Law, International Conference on Environmental Criminal Law 1992.
Schünemann, Bernd: Die Strafbarkeit der juristischen Person aus deutscher und europäischer Sicht, in: Schünemann, Bernd / Suárez González, Carlos (Hrsg.), Bausteine eines europäischen Wirtschaftsstrafrechts, Madrid Symposium für Klaus Tiedemann, Köln, Berlin, Bonn, München 1994.
Schünemann, Bernd: Plädoyer zur Einführung einer Unternehmenskuratel, in: Schünemann, Bernd (Hrsg.), Deutsche Wiedervereinigung, Die Rechtseinheit, Arbeitskreis Strafrecht, Band III, Unternehmenskriminalität, Köln, Berlin, Bonn, München 1996.
Schünemann, Bernd: Die Entwicklung der Schuldlehre in der Bundesrepublik Deutschland, in: Hirsch, Hans-Joachim / Weigend, Thomas (Hrsg.), Strafrecht und Kriminalpolitik in Japan und Deutschland, Berlin 1989.
Schwander, Vital: Der Einfluss der Fiktions- und Realitätstheorie auf die Lehre von der strafrechtlichen Verantwortlichkeit der juristischen Personen, in: Festgabe für Max Gutzwiller, herausgegeben von der Juristischen Fakultät der Universität Freiburg (Schweiz), Basel 1959.
Schwertfeger, Christian: Die Reform des Umweltstrafrechts durch das Zweite Gesetz zur Bekämpfung der Umweltkriminalität (2. UKG), insbesondere unter kriminalpolitischen Gesichtspunkten, Frankfurt a.M. 1998.
Schwinge, Christina: Strafrechtliche Sanktionen gegenüber Unternehmen im Bereich des Umweltstrafrechts, Pfaffenweiler 1996.
Seiler, Walter: Strafrechtliche Maßnahmen als Unrechtsfolgen gegen Personenverbände, Freiburg (Schweiz) 1967.
Siegert, Karl: Haftung für fremde Schuld im Steuer- und Wirtschaftsstrafrecht, NJW 1953, 527 ff.
Soergel, Hans Theodor: Bürgerliches Gesetzbuch, Kommentar, Band 1, Allgemeiner Teil 1, §§ 1-103,13. Auflage, Stuttgart 2000.
Stratenwerth, Günter: Die Zukunft des strafrechtlichen Schuldprinzips, Heidelberg, Karlsruhe 1977.
Stratenwerth, Günter: Strafrechtliche Unternehmenshaftung? in: Geppert, Klaus / Bohner, Joachim / Reninger, Rudolf (Hrsg.), Festschrift für Rudolf Schmitt, Tübingen 1992.

Tiedemann, Klaus: Literaturübersicht, ZStW 83 (1971) 796.
Tiedemann, Klaus: Der Allgemeine Teil des europäischen supranationalen Strafrechts, in: Vogler, Theo u.a. (Hrsg.), Festschrift für Hans-Heinrich Jescheck, 2. Halbband, Berlin 1985.

Tiedemann, Klaus: Welche strafrechtlichen Mittel empfehlen sich für eine wirksamere Bekämpfung der Wirtschaftskriminalität? Gutachten zum 49. Deutschen Juristentag, in: Verhandlungen des 49. deutschen. Juristentages, Band I, Teil C, S. C 1- C 106, Hrsg. von dem Schriftführer der Ständigen Deputation des deutschen Juristentages, München 1972.

Tiedemann, Klaus: Die Bekämpfung der Wirtschaftskriminalität durch den Gesetzgeber, JZ 1986, 865 ff.

Tiedemann, Klaus: Die strafrechtliche Vertreter und Unternehmenshaftung, NJW 1986, 1842 ff.

Tiedemann, Klaus: Die „Bebußung" von Unternehmen nach dem 2. Gesetz zur Bekämpfung der Wirtschaftskriminalität, NJW 1988, 1169 ff.

Timme, Michael / Hülk, Fabian: Rechts- und Parteifähigkeit der Gesellschaft bürgerlichen Rechts – BGH, NJW 2001, 1056, JuS 2001, 536 ff.

Többens, Hans W.: Die Bekämpfung der Wirtschaftskriminalität durch die Troika der §§ 9, 130 und 30 des Gesetzes über Ordnungswidrigkeiten, NStZ 1999, 1 ff.

Torz, Robert: Die privatwirtschaftliche Betätigung der öffentlichen Hand und das Grundgesetz, DÖV 1958, 205.

Triffterer, Otto: Umweltstrafrecht, Baden-Baden 1980.

Triffterer, Otto: Kommentar zum Manuskript von Prof. Schünemann, In: Taiwan/ROC Chapter, Int. Assoc. of Penal Law, International Conference on Environmental Criminal Law 1992.

Tröndle, Herbert / Fischer, Thomas: StGB Kommentar, 51. Auflage, München 2003.

Volk, Klaus: Zur Bestrafung von Unternehmen, JZ 1993, 429 ff.

von der Groeben, Hans / Thiesing, Jochen / Ehlermann, Claus-Dieter: Kommentar zum EU-/EG-Vertrag, Band 2/I, Artikel 85-87 EGV, 5. Auflage, Baden-Baden 1999.

Weber Hellmuth von: Zum SRP-Urteil des Bundesverfassungsgerichts, JZ 1953, 293 ff.

Weber, Hellmuth von: Die Sonderdelikte, DRiZ 1951, 153 ff.

Weber, Hellmuth von: Über die Strafbarkeit juristischer Personen, GA 1954, 237 ff.

Weber, Ulrich: Konzeption und Grundsätze des Wirtschaftsstrafrechts (einschließlich Verbraucherschutz), ZStW 96 (1984), 376 ff.

Weber, Ulrich: Das Zweite Gesetz zur Bekämpfung der Wirtschaftskriminalität, NStZ 1986, 481 ff.

Wegner, Carsten: Strafrecht für Verbände? Es wird kommen! ZRP 1999, 186 ff.

Band 24 Sönke Bahnsen: Das Akteneinsichtsrecht der Verteidigung im Strafverfahren. Dogmatische Grundlagen und Einzelprobleme im Lichte einer rechtsstaatlichen Verfahrensgestaltung. 1996.

Band 25 Dirk Schwieger: Der Vorteilsbegriff in den Bestechungsdelikten des StGB. 1996.

Band 26 Stephanie Meinecke: Die Auswirkungen von Verfahrensfehlern auf die Strafbarkeit nach den Aussagedelikten. 1996.

Band 27 Ute Lambrecht: Strafrecht und Disziplinarrecht. Abhängigkeiten und Überschneidungen. 1997.

Band 28 Carsten Momsen: Verfahrensfehler und Rügeberechtigung im Strafprozeß. Die Strukturen der Revisionsberechtigung unter besonderer Berücksichtigung des Begriffs "Rechtsnormen, die lediglich zugunsten des Angeklagten gegeben sind" in § 339 StPO. 1997.

Band 29 Ursula Epp: Die Abgeordnetenbestechung – § 108 e StGB. 1997.

Band 30 Bernd Scheiff: Wann beginnt der Strafrechtsschutz gegen kriminelle Vereinigungen (§ 129 StGB)? 1997.

Band 31 Ulrike Fontaine: Max Grünhut (1893-1964). Leben und wissenschaftliches Wirken eines deutschen Strafrechtlers jüdischer Herkunft. 1998.

Band 32 Claudia Keiser: Das Kindeswohl im Strafverfahren. Zur Notwendigkeit eines am Kindeswohl orientierten Umgangs mit minderjährigen Opfern und Zeugen, den Möglichkeiten de lege lata und den Erfordernissen de lege ferenda. 1998.

Band 33 Wiebke Schürer-Mohr: Erlaubte Risiken. Grundfragen des "erlaubten Risikos" im Bereich der Fahrlässigkeitsdogmatik. 1998.

Band 34 Stephan Voigtel: Zum Freibeweis bei Entscheidungen der Strafvollstreckungskammer. Eine Untersuchung zu ausgewählten Fragen des Beweisrechts im gerichtlichen Verfahren in Strafvollstreckungs- und Strafvollzugssachen. 1998.

Band 35 Volkmar Wißgott: Das Beweisantragsrecht im Strafverfahren als Kompensation der richterlichen Inquisitionsmaxime. Die Judikatur des Reichsgerichts zum strafprozessualen Beweisrecht. 1998.

Band 36 Susanne Merz: Strafrechtlicher Ehrenschutz und Meinungsfreiheit. 1998.

Band 37 Uwe Schlömer: Der elektronisch überwachte Hausarrest. Eine Untersuchung der ausländischen Erfahrungen und der Anwendbarkeit in der Bundesrepublik Deutschland. 1998.

Band 38 Michael Liedke: Die Vermögensstrafe gemäß § 43a StGB in ihrer kriminalpolitischen Bedeutung. 1999.

Band 39 Danja Domeier: Gesundheitsschutz und Lebensmittelstrafrecht. Zur Konkretisierung der Verkehrspflichten und ihrer Strafbewehrung, insbesondere mit Blick auf §§ 8 ff. LMBG. 1999.

Band 40 Ritva Westendorf: Die Pflicht zur Verhinderung geplanter Straftaten durch Anzeige. Eine kritische Betrachtung der §§ 138, 139 StGB im Kontext der Unterlassungsdelikte. 1999.

Band 41 Hans Theile: Tatkonkretisierung und Gehilfenvorsatz. 1999.

Band 42 Nicole Lange: Vorermittlungen. Die Behandlung des staatsanwaltschaftlichen Vorermittlungsverfahrens unter besonderer Berücksichtigung von Abgeordneten, Politikern und Prominenten. 1999.

Band 43 Tanja Gunder: Der Umgang mit Kindern im Strafverfahren. Eine empirische Untersuchung zur Strafverfolgung bei Sexualdelinquenz. 1999.

Band 44 Sven-Markus Thiel: Die Konkurrenz von Rechtfertigungsgründen. 2000.

Band 45 Jan Schlüter: Die Strafbarkeit von Unternehmen in einer prozessualen Betrachtung nach dem geltenden Strafprozeßrecht. 2000.

Band 46 Detlef Heise: Der Insiderhandel an der Börse und dessen strafrechtliche Bedeutung. Eine Untersuchung des neuen deutschen Insiderrechts speziell unter Bezugnahme auf die strafrechtstheoretischen und strafrechtsdogmatischen Grundlagen. 2000.

Band 47 Hermann Wichmann: Das Berufsgeheimnis als Grenze des Zeugenbeweises. Ein Beitrag zur Lehre von den Beweisverboten. 2000.

Band 48 Rainer T. Cherkeh: Betrug (§ 263 StGB), verübt durch Doping im Sport. 2000.

Band 49 Kristian Hohn: Die Zulässigkeit materieller Beweiserleichterungen im Strafrecht. Eine Untersuchung über Erscheinungsformen und Grenzen der Lösung beweisrechtlicher Probleme im materiellen Strafrecht. 2000.

Band 50 Malte Rabe von Kühlewein: Der Richtervorbehalt im Polizei- und Strafprozeßrecht. 2001.

Band 51 Donata Meinecke: Die Gesetzgebungssystematik der Versuchsstrafbarkeit von Verbrechen und Vergehen im StGB. 2001.

Band 52 Joachim Bock: Begriff, Inhalt und Zulässigkeit der Beweislastumkehr im materiellen Strafrecht. 2001.

Band 53 Gabriele Rose: Grenzen der journalistischen Recherche im Strafrecht und Strafverfahrensrecht. 2001.

Band 54 Wiebke Reitemeier: Täuschungen vor Abschluß von Arbeitsverträgen. Zum Verhältnis zwischen dem Straftatbestand des Betrugs und dem Anfechtungsrecht wegen arglistiger Täuschung (§§ 263 Abs. 1 StGB, 123 Abs. 1 Alt. 1 BGB). 2001.

Band 55 Peter Rackow: Das DNA-Identitätsfeststellungsgesetz und seine Probleme. 2001.

Band 56 Frank Zschieschack: Geiselnahme und erpresserischer Menschenraub (§§ 239a, 239b StGB) im Zwei-Personen-Verhältnis. 2001.

Band 57 Natascha Sëyfi: Das Sicherungsverfahren (§§ 413 - 416 StPO). 2002.

Band 58 Dirk Seiler: Die *Sperrwirkung* im Strafrecht. 2002.

Band 59 Dorothee Sydow: Die actio libera in causa nach dem Rechtsprechungswandel des Bundesgerichtshofs. 2002.

Band 60 Inga Metrikat: Die Unterbringung in einer Entziehungsanstalt nach § 64 StGB – Eine Maßregel im Wandel? Eine vergleichende, empirische Untersuchung zur Entscheidung des Bundesverfassungsgerichts vom 16.03.1994, BVerfGE 91, 1 ff. 2002.

Band 61 Sabine Caroline Bechtoldt: Die Erledigungserklärung im Maßregelvollzug des § 63 StGB. Eine empirische Untersuchung der Erledigungserklärung und zugleich rechtsdogmatische Erörterung ihrer Rechtskraftproblematik. 2002.

Band 62 Sandra Schulte-Nover: Strafrichter in Deutschland und England. Ein systematischer Rechtsvergleich im Hinblick auf die richterlichen Kompetenzen im Strafverfahren. 2003.

Band 63 Tim Schurig: Belehrung und Beratung des Beschuldigten über sein Aussageverhalten. Eine gemeinsame Aufgabe von Gericht und Verteidigung? 2003.

Band 64 Markus Laski: Die strafrechtlichen Bezüge des Bundes-Bodenschutzgesetzes. 2003.

Band 65 Gunnar Lüer: Die Versäumung im Berufungsverfahren. Das strafprozessuale Anwesenheitsprinzip im Spannungsfeld von autonomer Subjektstellung und öffentlichen Interessen am Beispiel des § 329 Abs. 1,2 StPO. 2003.

Band 66 Thomas Grützner: Die Sanktionierung von Submissionsabsprachen. Eine Untersuchung der bestehenden Möglichkeiten einer Bekämpfung von Submissionsabsprachen unter besonderer Berücksichtigung des § 298 StGB. 2003.

Band 67 Bettina Noltenius: Kriterien der Abgrenzung von Anstiftung und mittelbarer Täterschaft. Ein Beitrag auf der Grundlage einer personalen Handlungslehre. 2003.

Band 68 Bettina Kraft: Tendenzen in der Entwicklung des Jugendstrafrechts seit der Jugendgerichtsbewegung. 2004.

Band 69 Jessica Däbritz: Die Bestimmung strafbaren fahrlässigen Verhaltens in der Forschung am Beispiel ärztlicher Humanerprobungen. Ein Beitrag zur methodischen Ermittlung und inhaltlichen Bestimmung von Sorgfaltspflichten in der Humanforschung. 2004.

Band 70 Maike Steenbock: Über die Unfallflucht als Straftat. Eine kritische Untersuchung zum Zusammenhang der Strafbarkeit der Unfallflucht mit den Besonderheiten des Straßenverkehrs. 2004.

Band 71 Holger Mann: Beschleunigungspotential im Jugendstrafverfahren. 2004.

Band 72 Dorothee Krutisch: Strafbarkeit des unberechtigten Zugangs zu Computerdaten und -systemen. 2004.

Band 73 Heinz-Helmut Fuhrmann: Das Begehen der Straftat gem. § 25 Abs. 1 StGB. Unter besonderer Berücksichtigung der sogenannten "eigenhändigen" Delikte. 2004.

Band 74 Gerwin M. Moldenhauer: Eine Verfahrensordnung für Absprachen im Strafverfahren durch den Bundesgerichtshof? 2004.

Band 75 Dirk Busch: Konzernuntreue. Eine Untersuchung spezifischer Untreuestrafbarkeit innerhalb von Konzernverbindungen mit Aktiengesellschaften und Gesellschaften mit beschränkter Haftung. 2004.

Band 76 Mitsuru Iijima: Die Entwicklung des strafrechtlichen Unrechtsbegriffs in Japan. Eine kritische Betrachtung aus strafrechtsdogmatischer und rechtsphilosophischer Perspektive. 2004.

Band 77 Lena Barbara Kötter: Private Elemente in der Strafvollstreckung. Zur Privatisierung von Bewährungshilfe, Gerichtshilfe und gemeinnütziger Arbeit. 2004.

Band 78 Martin Maria Laufen: Der Wucher (§ 291 Abs. 1 Satz 1 StGB). Systematische Einordnung und dogmatische Struktur. 2004.

Band 79 Maike Aselmann: Die Selbstbelastungs- und Verteidigungsfreiheit. Ein Beitrag zu den Garantiewirkungen von Verfahrensrechten im Hinblick auf die Beweiswürdigung, Strafzumessung und Strafbarkeit des Beschuldigten im Strafprozess. 2004.

Band 80 Ingmar Wolf: Graffiti als kriminologisches und strafrechtsdogmatisches Problem. 2004.

Band 81 Misuk Son: Straftatfolgen im deutschen und koreanischen Strafrecht. Ein prinzipieller Vergleich. 2004.

Band 82 Matthias Saal: Die Beteiligung an einer Schlägerei (§ 231 StGB). Ein Plädoyer für die Streichung der schweren Folge. 2004.

Band 83 Michael Stüber: Die Entwicklung des Prinzips der Unmittelbarkeit im deutschen Strafverfahren. 2005.

Band 84 Patrick Gerberding: Das Rechtsmittelsystem im US-amerikanischen Strafverfahren. Eine rechtsvergleichende Betrachtung. 2005.

Band 85 Rouven Seeberg: Aufgedrängte Nothilfe, Notwehr und Notwehrexzess. 2005.

Band 86 Andre Knoerchen: Schadenswiedergutmachung über anwaltliche Schlichtungsstellen. Rechtsökonomische Analyse eines Modellprojekts. 2005.

Band 87 Andreas Quante: Sanktionsmöglichkeiten gegen juristische Personen und Personenvereinigungen. 2005.

www.peterlang.de

Roland von Lilienfeld-Toal

Das allgemeine Persönlichkeitsrecht juristischer Personen des Zivilrechts

Frankfurt am Main, Berlin, Bern, Bruxelles, New York, Oxford, Wien, 2003.
XXX, 163 S.
Europäische Hochschulschriften: Reihe 2, Rechtswissenschaft. Bd. 3811
ISBN 3-631-51760-2 · br. € 39.–*

Der Persönlichkeitsschutz der Menschen findet – insbesondere bei Ehrverletzungen – immer wieder medienwirksam Beachtung. Weit weniger Interesse wird der Frage beigemessen, ob auch juristischen Personen ein vergleichbarer Schutz zuzusprechen ist. Kann sich z. B. eine Aktiengesellschaft auf das Recht der informationellen Selbstbestimmung oder auf den Schutz eigener Ehre berufen? In Literatur und Rechtsprechung wird diese Frage unterschiedlich beantwortet. Die Arbeit zeichnet den gegenwärtigen Stand der Diskussion nach und verfolgt einen eigenen Begründungsansatz, der zur Konkretisierung eines allgemeinen Persönlichkeitsrechtes juristischer Personen dient.

Aus dem Inhalt: Bestandsaufnahme: Rechtsprechung; Zivilrecht; Literatur; besondere Persönlichkeitsrechte · Eigener Ansatz: Juristische Persönlichkeit; Grundlage von Einzelrechten; Eigenschaften und *Wesen* juristischer Personen; Verfassungsrechtliche Grundlage des Rechts; Zivilrechtliche Anwendung des Rechts

FSC
www.fsc.org
MIX
Papier | Fördert gute Waldnutzung
FSC® C083411

Kolibri 360 GmbH
Ferdinand-Jühlke-Straße 7
99095 Erfurt, Deutschland
produktsicherheit@kolibri360.de

Druck:
CPI Druckdienstleistungen GmbH
im Auftrag der
Kolibri 360 GmbH
Ferdinand-Jühlke-Str. 7
99095 Erfurt